未名·观点丛书

东亚历史比较研究

王晓秋 著

北京大学出版社

图书在版编目（CIP）数据

东亚历史比较研究／王晓秋著. —北京：北京大学出版社，2012.4
（未名・观点丛书）
ISBN 978-7-301-20304-0

Ⅰ.①东… Ⅱ.①王… Ⅲ.①东亚-历史-对比研究 Ⅳ.①K310.7

中国版本图书馆 CIP 数据核字（2012）第 029933 号

书　　　　名：	东亚历史比较研究
著作责任者：	王晓秋　著
策 划 编 辑：	杨书澜
责 任 编 辑：	魏冬峰
标 准 书 号：	ISBN 978-7-301-20304-0/K・0841
出 版 发 行：	北京大学出版社
地　　　　址：	北京市海淀区成府路 205 号　100871
网　　　　址：	http://www.pup.cn
电　　　　话：	邮购部 62752015　发行部 62750672　编辑部 62752824
	出版部 62754962
电 子 邮 箱：	weidf02@sina.com
印　刷　者：	三河市博文印刷厂
经　销　者：	新华书店
	965 毫米×1300 毫米　16 开本　15 印张　213 千字
	2012 年 4 月第 1 版　2012 年 4 月第 1 次印刷
定　　　价：	30.00 元

未经许可，不得以任何方式复制或抄袭本书之部分或全部内容。
版权所有，侵权必究
举报电话：010-62752024　电子邮箱：fd@pup.pku.edu.cn

前言

历史比较研究的意义和方法

人们常说"有比较才有鉴别",可见比较可以深化对事物的认识。历史比较研究,就是通过对不同时间或不同空间条件下发生的复杂的历史现象,进行对比研究,分析其异同,深化其认识,发现其联系与差别,从而探索历史真相、历史本质以至历史规律的一种研究方法。

历史的比较研究由来已久,其实古代的历史学家已经常常运用这种方法去叙述历史事件和历史人物,如在中国史学家司马迁的《史记》和希腊史学家希罗多德的《历史》等著作中都有这样的例子。不过到了近代,比较历史学才成为一门有理论和专门著作的学科。例如被称为"比较史学之父"的法国历史学家马克·布洛克的名著《论欧洲社会的历史比较》,就是一部比较历史学代表作。现在,它已经成为国际史学界广泛运用的一种重要的历史研究方法,而且出现许多分支学科,如比较政治史、比较经济史、比较社会史、比较文化史等等。历史比较研究在中国也日益受到重视和运用,发展方兴未艾,成果不断涌现。

历史比较研究可以开阔视野,活跃思想,有助于启发思考,深化认识,探索规律以及开拓研究的新领域、新课题。它也有助于克服一般历史研究中简单化、概念化和片面性、狭隘性的弊病。尤其在以史为鉴,总结历史经验教训,探索历史发展规律,认识现实,启示未来等方面,能发挥特殊的作用。

中国近代革新思想家和史学家们曾经运用中外历史比较来激发民族觉醒,鼓吹救亡图存,变法维新。笔者曾在北京故宫博物院看到1898年戊戌变法期间,维新派领袖康有为进呈给光绪皇帝的一部《列国政要比较表》。他在序言中大声疾呼:"凡物进退赢缩之故,率视其比较而已。有比较,则长短、高下、大小立见,而耻心生,惧心生,竞心生;无比较,则长短、高下、大小俱不见,独尊自大,不耻,不惧,不竞,无复有求进之心,则退将至矣。"他把比较视为民族能否觉醒、自强、变革、进步的关键。因此康有为在戊戌维新期间,集中精力写了《俄彼得变政记》、《日本变政考》、《波兰分灭记》等历史比较研究的著作,进呈给光绪皇帝,希望光绪皇帝学习俄国彼得大帝的变法决心,仿效日本明治天皇的变法措施,吸取波兰变法失败被瓜分亡国的惨痛教训,这些书对戊戌维新运动起到了有力的推动作用。

近现代中国政治家、思想家、史学家们还常用中外或古今历史比较的方法来鼓吹改良和革命,号召救亡和启蒙。例如对中国戊戌维新与日本明治维新的比较,中国革命与法国大革命、俄国革命的比较,中国近代农民革命与古代李自成起义、外国德国农民战争的比较,中国新文化运动与欧洲文艺复兴运动、思想启蒙运动的比较,中国民族解放运动与印度、土耳其等国民族解放运动的比较等等。改革开放以来,中国史学界更加关注中外改革开放历史的比较和中外现代化进程历史的比较研究。曾涉及中国和日本、俄国、英国、美国、法国、韩国、泰国、土耳其、墨西哥等国家的改革、革命和现代化进程的比较。有的论述更深入到改革和现代化进程中的某个阶段、某个领域如政治、经济、文化、思想等层面的比较,或者是某些具体历史事件、历史人物的比较。

然而,历史的比较研究并非随意把两个历史现象拿来就可以作比较的。它必须要遵循可比性的原则,也就是一般应属于同类型或同层次的历史现象才可以作比较,如同样是改革、革命、农民战争,或者同样是政治家、思想家、军事家等等,或者至少是比较的双方之间存在着某种联系或关系。因此在运用历史比较研究方法时,一般首先要确定可比性的主题,然后分别研究可比项各方的特点、过程和根本属性,再比较其异同,从同中求异,异中求同,进而寻找历史现象之间的联系、本质和规律。

马克思曾经对历史比较研究的意义和方法做过非常精辟的论述。他指出:"极为相似的事变发生在不同的历史环境中,就引起了完全不同的结果。如果把这些演变中的每一个都分别加以研究,然后再把它们加以比较,我们就会很容易地找到理解这种现象的钥匙。"当然,这把钥匙并不是轻易能够找到的,由于它涉及两个或更多个国家、时代的历史事件或人物的比较,就必须先吃透比较项各方的历史,因此就要比一般历史研究难度更大,需要付出更多的艰苦劳动,收集更多的中外史料,进行更加深刻的分析和思考。

东亚历史比较研究是一个很有学术意义和现实意义而且大有发展潜力的研究领域。东亚国家曾经处于同一个东亚文明圈,有着悠久的交往历史,并在近代都受到西方势力的冲击。东亚各国的历史既有许多共同性,又有不少差异性,还有不少关联性,从中可以找到大量比较研究的课题,而且也是东亚各国文化学术发展以及政治、经济、外交、国际关系等方面现实的迫切需要。

笔者多年从事中国近代史和中外关系史的研究和教学,近三十年来特别关注东亚历史的比较研究,而且有机会多次到日本、韩国、泰国等东亚国家访问研究、讲学或出席国际会议,收集了大量中外文资料,并与各国学者广泛交流,在此基础上进行了深入钻研,写出了一批较有新意的东亚历史比较研究论文与讲稿。如本书收集的第一、二篇是笔者在国家图书馆举办的部级领导干部历史文化讲座上讲演的讲稿。第一篇《东亚国家不同发展道路的比较》是试图从东亚历史的大视野出发,运用纵向比较和横向比较相结合的方法,来论述东亚国家在各个时代的变迁和不同时代东亚各国发展道路上的共性和个性,并剖析东亚国家发展史上的一些热点和难点问题。这是一个比较宏观长时段的比较研究课题。相比起来,第二篇《近代中日改革和现代化历史的比较》则缩小时空范围,集中比较近代中日两国的改革和现代化历史进程,探讨近代中日两国处境的起点极为相似,而改革与现代化的成效结果却大不相同的各种原因和因素。并着重从比较两国应对外来挑战、制定改革目标、领导能力与政策,以及甲午战争的影响等几个方面来总结历史的经验教训和历史的启示。

第三篇《19世纪东亚各国对外意识的比较》,是在国家图书馆文津讲坛的讲演稿。它是从对外意识这个角度切入做东亚历史比较。对外意识主要指对世界形势、国际关系和外国事情的考察、认识和判断、评价。对其作深入比较分析有助于理解19世纪东亚各国不同的方向、道路选择,也会对当今东亚国际关系有所启示。第四篇《19世纪下半叶中、日、泰三国改革与现代化的比较》,是作者到泰国访问研究后的成果,发现在19世纪下半叶西方殖民势力冲击下,东亚只有日本、中国、泰国三个国家保持了"独立国"地位,而且三国都进行了君主制政权下自上而下的改革并启动了现代化的进程,其中的共同性和差异性,关联性和互相影响,值得深入比较研究探讨。因此归国后便尝试做了这个三国历史比较的课题,并分别在北京大学和泰国法政大学的学术刊物上发表。

第五篇至第十篇是从不同角度对近代中日两国历史以及两国之间关系与两国对待西方文化态度等方面进行的比较研究。如《中日两国闭关锁国与开国比较》、《中国戊戌维新与日本明治维新成败原因的比较》。在西方势力冲击下,中日两国都从锁国到开国,从洋务到维新,历史背景相近,目标类似,措施雷同,为什么成效、结局如此不同?这几乎成了世界各国学者都想探讨、解答的"历史之谜"。作者试图从新的视角和切入点加以由表及里的层层剖析,给出自己的答案。此文曾被中学语文教学参考教材作为比较研究的一篇范文。此外还有从文化思想角度分析比较中日两国文化观、价值观的差异。如《近代中日两国吸收西方文化态度的比较》、《晚清中日文化交流中的价值观差异的比较》、《晚清中国形形色色明治维新观的比较》等文,读来颇耐人寻味。第十篇则是从军事战争的角度所作的《近现代两次中日战争的比较》。对相隔半个世纪、影响两国历史命运的甲午战争和抗日战争的历史,从战争的性质、手段、成败原因,以及两次战争之间的联系和历史经验教训等方面加以比较研究,以史为鉴,发人深省。

对于中国与朝鲜、韩国历史的比较,除了前面谈到的发展道路、对外意识外,第十一篇是以近代中、韩两国两次最大规模的农民革命为比较主题,即《中国太平天国农民革命与韩国东学农民革命的比较》。这也是很少有人做过的课题,论文从两次农民革命发生的历史背景、原因、性质、组织形式、思想宣传、历史作用、失败原因等多个方面来分析比较中、韩这两次农民革命的相似点和不同点。该文曾在韩国举行的纪念东学农民革命学术大会上作过讲演。

最后几篇是中国近代史上的比较研究个案,但也都与东亚历史有关。如《近代中国改革先驱者对世界认识的比较》、《康有为三部外国变政考的比较》、《晚清中国官员三次集体出洋的比较》等文,都涉及对日本的认识、考察和借鉴。最后一篇是为纪念辛亥革命一百周年所作的《辛亥前孙中山在日本和南洋革命活动的比较》,论述孙中山如何把东北亚的日本和东南亚的南洋变成中国革命党人的两个海外革命基地,并对孙中山在两地的革命活动的异同作了较深入具体的比较,同时也论述了留日学生和南洋华侨对辛亥革命的重大贡献。

以上只是作者治史四十余年,古今求索,东西纵横,在东亚历史比较研究领域的一部分研究成果和体会。抛砖引玉,贡献给对历史比较研究有兴趣的学者同行、青年学生和广大读者,并欢迎批评指正。如果能对大家有一点帮助和启发,我就很满足了。由于本书所收各篇讲演稿和论文是作者在不同时间、不同场合、不同刊物发表的讲演和论著,其中有些内容和词句难免有某些重复和雷同,为保持讲稿和论文原貌,未作太多删改,特此说明,敬请读者鉴谅。

最后,我还想借此书出版的机会,向我曾经访问过的日本、韩国、泰国、美国、法国等国的许多学者和大学及研究机构所给予的学术交流、研究考察、收集资料等方面的帮助,致以衷心的感谢!并向支持本书出版的北京大学出版社表示感谢!

王晓秋

2011 年 10 月

于北京大学蓝旗营公寓遨游史海斋

目　录

东亚国家不同发展道路的比较 / 1

近代中日改革与现代化历史的比较 / 20

19世纪东亚各国对外意识的比较 / 51

19世纪下半叶中、日、泰三国改革与现代化的比较 / 62

中日两国闭关锁国与开国的比较 / 77

中国戊戌维新与日本明治维新成败原因的比较 / 91

近代中日两国吸收西方文化态度的比较 / 104

近代中日文化交流中的价值观差异的比较 / 118

晚清中国形形色色的明治维新观的比较 / 125

近现代两次中日战争的比较 / 141

中国太平天国农民革命与韩国东学农民革命的比较 / 157

近代中国先驱者世界认识的比较 / 172

康有为三部外国变政考的比较 / 184

晚清中国官员三次集体出洋的比较 / 207

辛亥前孙中山在日本和南洋革命活动的比较 / 220

东亚国家不同发展道路的比较

今天我试图从全球和东亚的大视野出发,运用纵向比较和横向比较相结合的方法,论述东亚国家各个时代的变迁和不同时代东亚各国发展的历史。重点探讨中国、日本、韩国三个东亚国家发展道路上的共性和个性,进行政治、经济和文化的综合分析,并且剖析一些东亚发展史上的热点和疑点,特别是西方学者提出来的一些观点。力求总结历史的经验教训,探索历史的发展规律,以史为鉴,面向未来。

一、古代东亚文明的兴盛

谈发展道路,决不能割断历史。每个国家的发展,都是建立在这个国家的文化传统和历史积淀的基础之上,对于东亚国家来说更是如此。东亚地区有着悠久的历史和灿烂的文化,而且是现存唯一延续不断的人类古代文明。东亚文明为人类社会的发展做出过突出的贡献,甚至使得许多西方的旅行家、思想家为之倾倒。古代的东亚不仅文化发达,经济发展也处在当时世界的前列。英国经济学家麦迪森在《世界千年经济史》中估算,在1700年,也就是清代康熙三十九年,中国的国内生产总值(GDP)占世界总量的22.3%,日本占4.1%,中国和日本加起来占世界总量的1/4还多。而当时整个西欧国家的生产总量加起来不过22.5%。当时的英国只占2.9%,美国仅仅是0.1%,这是1700年世界经济的情况。所以当时的中国无论文化还是经济都处在世界的前列。那么古代东亚国家的发展究竟有什么奥秘呢?下面我们来分析一下。

(一) 东亚的地理概念和特征

东亚顾名思义指亚洲的东部,与之相对的有西亚、南亚和中亚。从各自所处的地理位置和立场出发,西方人常常称东亚为"远东",而东亚的人则曾称西方为"泰西"。东亚分为广义的东亚和狭义的东亚。广义的东亚包括东北亚和东南亚。现代的东北亚包括中国、日本、韩国、朝鲜、蒙古还有俄国的远东地区,东南亚包括越南、泰国、缅甸、老挝、柬埔寨、印尼、马来西亚、新加坡、文莱、菲律宾等东盟国家。

狭义的东亚指的主要是中国、朝鲜半岛和日本列岛这一区域。为什么把中、日、朝、韩叫作狭义的东亚?因为这几个国家不仅有地理上的联系,而且还有着历史、文化、经济等方面的共同性。过去我们称之为"东亚文化圈"、"东亚朝贡贸易圈"或"东亚华夷秩序"。我们不是地理决定论者,不能用地理来决定一切。但是不能否认,地理因素对各国的发展有着重大影响,尤其在古代。我们知道东亚东临黄海、东海、日本海、太平洋,西靠喜马拉雅山、青藏高原、昆仑山、帕米尔高原。所以它实际上形成了一个半封闭的、和其他的文明相对隔离的小环境。而东亚的气候比较温和,中国有大江大河,适宜于农业和水利的发展,也便于江河和沿海的交通,这个地理环境培育出了古代东亚一种较高水平的农业文明。东亚地区的中国、朝鲜、韩国（在古代，朝鲜半岛北南的朝、韩统称朝鲜）和日本从地理上看恰好是大陆、半岛和岛国，也就是从核心、外围到边缘的放射型文化圈。中国是核心，朝鲜半岛是外围，到了日本列岛已经是东亚文化圈的边缘了。这种地理位置对这几个国家的发展道路和国民的心理都有很大的影响。日本人常常说他们是"岛国根性"。岛民的心理一般来说比较狭隘。但是他们处于东亚文化圈的边缘，也有他们的有利条件，就是他们更容易接受外来新事物。因为它跟核心地区离得比较远。

（二）关于东亚文化圈

古代东亚之所以能创造出高度的农业文明，与中华文化的传播和影响是离不开的。东亚文化圈又可以叫做"汉字文化圈"或"儒学文化圈"，还有的人更通俗地叫它"筷子文化圈"。那么，中华文化是如何传播、辐射到朝鲜半岛和日本列岛，促进两国社会文化的发展，并且共同创造了辉煌的东亚文明呢？中华文化向朝鲜半岛、日本列岛的传播，有各种途径和方式，这里主要讲四个途径。

第一个途径是移民。在古代，中国和朝鲜半岛可以很方便地交通，到日本列岛可以通过朝鲜半岛渡海或沿着东海过去。所以中国的移民在很早的时候就到达了朝鲜半岛和日本列岛。传说公元前11世纪，就是周武王的时候，箕子带了很多人到朝鲜去。秦汉的时候，为了躲避战乱，有更多的中国人逃到朝鲜。汉初的时候，卫满率领他的族人到朝鲜自立为王。中国到日本的移民也很早。中国人到了朝鲜以后，通过两条路到日本，一条是通过朝鲜海峡到马岛，另一条是沿着所谓的日本海环流路，到达日本的北陆地区，本州的北部。

在公元2、3世纪的秦汉之际，有一批中国人移民到日本。其中象征性的代表人物就是大家熟悉的徐福。徐福骗了秦始皇，带了三千童男童女和中国的工具种子等出海东渡。"徐福东渡"是司马迁《史记》中最早记载的。但司马迁没有明确说徐福到了日本，后来中日两国民间传说都把徐福描述成中国上古向日本移民的代表人物。当时的日本社会正从以采集为主的绳文时代进化到以农耕为主的弥生时代,这个发展跟中国的大批移民带去先进的生产技术有关系,这一点连日本学者也承认。中国去日本的移民一直没有断,魏晋南北朝、隋唐、宋元、明清都有。比如明末有名的思想家朱舜水和隐元和尚等等。

第二个途径是通过遣使。公元1世纪到7世纪,朝鲜半岛处于三国时代,三个国家一个叫高句丽、一个叫百济、一个叫新罗。这三个国家都跟中国有遣使来往。唐代初年百济派了20多次使节到唐朝,新罗派了30多次,同时唐朝也派了9次使节到新罗。日本遣使也很早,倭奴国早在公元1世纪的时候,就向当时的东汉王朝派遣使节,后来倭五王时代也向中国遣使进贡。特别是到了日本的奈良平安时代,开始派遣大型的使节团即遣隋使、遣唐使到当时中国的隋朝和唐朝,全面学习中国的经济、文化、制度、艺术等各个方面,推动了日本社会的进步。日本的第一次改革"大化改新",就是在这种学习的基础上进行的。明朝的时候,日本还派过遣明使,朝鲜在李朝时代的初年也向明朝派遣使节,据统计有300多次,到了清朝,李朝的使节有500多次,大量吸收中华文化。

第三个途径是留学。早在隋唐时期就有不少日本、朝鲜留学生来中国。还有一种是留学僧,即留学的和尚。比较有名的日本留学生有阿倍仲麻吕。唐朝的时候,国子监里的新罗留学生有200多人,有些人还考中了中国的进士,在唐朝做官。宋代、元代、明代来中国的,更多的是日本的僧人,他们被称为入宋僧、入元僧和入明僧。

第四个途径是贸易。朝鲜对中国主要是朝贡贸易。日本对中国,在宋、元时期主要是民间贸易,明代是勘合贸易,到了清代是信牌贸易。

中华文化传播的内容也是丰富多彩的,比如生产技术、生产工具、文字、制度、法律、经济、思想、宗教、文学、艺术,一直到社会习俗等等,有些影响一直到今天都还存在。其中影响最大、最深远的是文字和儒学,这两个成为中华文化圈各国最重要的共性。

大约公元1世纪时,汉字传到了朝鲜半岛。4、5世纪时成为朝鲜的书面文字,直到19世纪末。朝鲜李朝的档案叫《李朝实录》,完全是使用汉字写的。"二战"以后,朝鲜首先于1949年停用汉字,韩国1970年也停止用汉字。但是现在很多韩国学者又提出要恢复汉字,他们认为停用汉字是一个很不明智的做法,影响了文化的发展。

汉字大概是在公元3、4世纪传到日本的。根据日本史书记载,最初是一个叫王仁的博士,到朝鲜当五经博士,讲授儒学,在朝鲜又应日本官方的邀请,到日本去传授儒学。他为日本带去了《论语》和《千字文》等书籍。日本东京的上野公园还专门立了一块碑,叫做"王仁博士碑",上面介绍了他怎样把《论语》等书籍带到日本。汉字也成为日本官方的书面文字。

到了公元8、9世纪,日本才在汉字的基础上创造了假名。但是公文中大部分还是汉字,即使假名发明了以后,仍然是假名和汉字混用。直到现在,日本的文字中间还是既有假名又有汉字,还有很多西方的外来语。现在日文里面还有1945个常用汉字,他们的中小学生必须要学会,否则就看不了日文。古代东亚三国共同使用汉字,为三国之间在外交、贸易,以及文化交流、人际交往、感情沟通等方面创造了一个极为有利的条件。

中国的儒家思想早在公元1世纪就传入了朝鲜半岛,当时有些朝鲜人已经能够背诵《诗经》。到3、4世纪的时候,朝鲜半岛的高句丽已经建立了儒学的最高学府——太学。百济设立了五经博士,专门讲儒学。7世纪的时候,新罗国也开设了国学,学习儒学。到12世纪的时候,朝鲜高丽王朝还设立了经筵制度,专门讲授儒学。到了朝鲜李朝,专门设立了一个机构——成均馆,讲授儒学。后来成均馆变成了一个大学,叫成均馆大学。这个学校是以前世界上唯一有儒学院的大学,这个儒学院不但学儒学经典,还学儒家的礼仪,包括祭祀的仪式、舞蹈等。

日本是在4世纪的时候,由王仁博士带去儒家的经典《论语》。后来派往中国的遣隋使、遣唐使、留学生更是带回了大量的儒家经典。到了

17世纪,日本的江户时代,中国儒家的朱子学,就是朱熹的理学,已经成为日本的官学。日本民间盛行的是阳明学。儒家思想也深刻影响到朝鲜和日本的政治、经济、文化、社会、宗教以及伦理道德、价值观念、行为准则等等各个方面。所以它成为东亚文化圈的一个重要特征。

朝鲜和日本在吸收和借鉴中华文化的过程中,也有改造、创新和发展。我们不能认为它们完全是模仿、照搬中国的文化。比如日本,吸收了唐朝的大量文化,当时称为唐风文化。但是后来经过他们的融合、改造,逐渐形成了国风文化,就是具有日本本国民族特色的文化。朝鲜古代虽然使用汉字,但是后来为了使一般的民众、官员能够按朝鲜语来阅读,所以在7世纪的时候,新罗的薛聪就仿照汉字的结构,创造了一种韩文,叫做吏读文,又叫做谚文,就是官吏也能读的文字。到15世纪的时候,朝鲜李朝的世宗大王,命令官员用汉字的笔画创造了一种表音文字,当时称为正音字,就是今天的韩文。

日本人在公元8、9世纪的时候,也是在汉字的基础上,创造了假名,作为日本的字母来拼写日语。日语里边的假名有两种,一种假名是简化了汉字楷书的偏旁、部首制造的,叫片假名,现在大部分用来记载外来语。更常用的是简化了汉字的草书而形成的,叫做平假名,平假名是现在日语里边最常用的文字。所以现在的日语就是由假名、汉字、再加上西方的外来语混合的一种文字。日本人在吸收了汉字的很多词汇以后,又创造了很多有新含义的汉字。例如"干部"、"主义"、"哲学"、"社会"等很多新名词,这些词是明治维新以后,日本人在向西方学习的过程中创造的,中国的留日学生又把这些汉字吸收回中国,成为汉语中的新名词,所以应该说中日的汉字文化是互相交流补充的。

日本人在学习中国的制度、礼俗时,有两样东西没有学。一个是宦官制度,一个是缠足的礼俗。因为太监制度、缠脚风俗是陋习,所以他们没有学这些,我觉得是明智的。日本还对学习到的东西加以改造、推陈出新,有些方面甚至青出于蓝而胜于蓝。中国的儒学传到日本后,逐渐被日本化了,他们把儒学与日本固有的神道结合起来,神儒调和,还把儒学跟佛教结合起来,儒佛调和。朝鲜也有很多儒家的学者对儒学进行了发展。比如说朝鲜学者李退溪,他对儒学的研究很深,被称为朝鲜的"朱子"。

中国的饮茶、书法、插花、武术等传到日本后,被改造成一种独特的道的文化和艺能,日本人称为道文化。如喝茶变成茶道,书法成为书道,插花变成花道,剑术变成剑道,射箭变成弓道,武术变成柔道,这是日本人的一种发展。还有中国的一些工艺,比如中国的扇子、刀箭、漆器、陶器、瓷器等传到日本和朝鲜以后,也得到推陈出新。中国的扇子原来主要是圆的团扇,后来日本和朝鲜把它改造成折扇,可以折叠起来。而且扇面上可以有各种画,这种扇子后来又传回中国。所以我们可以看到东亚文化圈的共性,使得古代中、日、朝三国人民更容易沟通、交流,这是东亚各国应该发扬和利用的一种传统文化遗产。

但是现在有些日本人和韩国人,企图否认中国文化的影响,鼓吹所谓的"去中国影响化",要把中国的影响去掉。有的日本学者说,日本的文化跟中国没有关系,日本是一种海洋文化,中国是大陆文化。有的日本学者为了证明日本的历史也是非常古老的,不惜弄虚作假。日本东北旧石器文化研究的副理事长藤村新一,为了证明日本历史很早,自己偷偷地往地里埋文物,然后再挖出来,说是新发现。

韩国有些学者现在也在制造一些舆论,说黄河文明的祖先实际上是韩民族。有的韩国电视剧也在歪曲历史,这是一种极端的民族主义,应该尊重历史。

(三)关于华夷秩序和朝贡贸易

古代东亚各国之间有一种前近代的国际秩序,就是人们常说的"华夷秩序"和"朝贡贸易"。它对古代东亚各国的发展道路影响非常大,学术界有各种各样的看法。

"华夷观念"是从中国发源的,后来逐渐成为东亚文化圈各国统治者和知识分子共同的传统观念,它以儒家的仁义、礼仪作为价值标准,以"内华外夷"、"华夷之辨"、"以华变夷"作为价值取向。实际上华夷观念包含了一种华夏的中心地理观,认为中国就是世界的中心,还有一种就是华夏文化的优越观,认为中华的文化是最优越的。从这种华夷观念出发,企图要构造一种东亚的国际秩序。"华夷秩序"以中国的天朝为中心,然后向周围四方传播教化,传播儒家思想、导以礼仪,而周围的藩属、邻国,像朝鲜、琉球、日本、越南等,应该向中国朝拜进贡,慕德向化。这种华夷秩序主要通过中国的册封、赏赐、颁正朔(历法)和各国的遣使、奉表、朝贡等一整套制度礼仪来体现,因此有的学者也称为"册封朝贡体制"或"天朝礼治体制"。

古代东亚华夷秩序和朝贡贸易体系有个形成和演变的过程。两汉时期,朝鲜中南部有三韩,叫辰韩、马韩、弁韩,它们通过汉代在朝鲜北部的乐浪郡向中国进贡。东晋时期百济国向东晋王朝正式遣使进贡,受册封。高丽王朝向北宋和元朝进贡,李氏朝鲜王朝向明朝和清朝进贡。

日本最早是在东汉的时候,由倭奴国向中国进贡。《后汉书》上记载,公元57年倭奴国来奉贡朝贺,汉光武帝赐给国王一个金印。1784年在日本九州福冈县志贺岛上,出土了一个金印,就是当年汉光武帝赐给倭奴国王的金印,这个金印叫做"汉倭奴国王金印",经过考古学家各方面的考证,确实就是当年汉光武帝赐给日本的金印,证实了这段史料的记载。隋唐时代日本派出许多次大型遣隋使团、遣唐使团,全面向中国学习,推动了日本的"大化改新"和社会进步。宋元时代日本曾脱离华夷体系,明代日本室町幕府将军足利义满一度恢复对中国朝贡,后因倭寇问题又游离华夷秩序之外,但明清时期还保持半官方的勘合贸易和信牌贸易。明清之际朝鲜与日本还一度产生"华夷变态",即不承认清朝是中华正统,而认为自己才是"小中华"或华夷体系中心的思想。一直到1895年中日甲午战争以后,"华夷秩序"才彻底解体。

应该承认这种华夷秩序具有封建的不平等性质,但它与西方殖民主义国际秩序、宗主国与殖民地关系有着本质的不同。中国基本上不干涉朝贡国的内政,册封只是承认既成事实,并且主要采取和平手段,注重礼仪形式。还实行厚往薄来原则,赏赐品往往远多于贡品,并允许在中国贸易。朝鲜、日本等国曾把朝贡当做与中国进行贸易的重要途径。因此日本学者滨下武志认为朝贡的特征是商业贸易行为,对古代东亚经济发展起了重要作用。

二、近代东亚的巨变

19世纪东亚文明由盛极转衰之时,遭到西方资本主义列强的冲击和挑战,东西方历史走向出现巨大的反差。可以说19世纪中叶,中、日、朝(韩)三国后发型近代化启动的时候,基本上处于同一条起跑线上,尚有选择本国发展道路的机会。三国统治者先后进行了类似的近代化改革,如中国的洋务运动、日本的明治维新、朝鲜的开化运动。然而到19世纪末,三国已经走上了三条不同的道路,中国沦为半殖民地,朝鲜沦为殖民地,而日本却成为亚洲唯一的帝国主义强国。为什么近代东亚三国发展道路有如此大的不同?以往中外学者从各种角度、有各种分析,往往强调一两种因素。我认为实际上是东亚三国各种内外因素合力作用的结果。

(一)中国沦为半殖民地的曲折历程

中国是西方列强冲击的主要对象。1840年鸦片战争使中国成为东亚最早被西方用武力打开门户的国家。但由于中国的封建统治者对世界形势愚昧无知,缺乏危机意识和变革意识,鸦片战争后错失近20年改革机遇。鸦片战争结束以后,签订了《南京条约》,当时统治者把它称为"万年和约",认为可以保一万年的太平,所以他们仍然苟且偷安、麻木不仁,过着享乐腐化的生活。他们对西方的冲击反应迟钝,没有及时地改弦更张。

外力的冲击往往可以刺激一个国家的改革,但是清朝的最高统治者没有这样做,直到1860年英法联军打进了北京,火烧了圆明园。清政府在太平天国农民起义和第二次鸦片战争的双重打击下,才不得不启动了近代中国的第一次改革——洋务运动。所以中国的近代化改革是在第二次鸦片战争以后才启动,如果在第一次鸦片战争以后马上启动,中国的改革就可以提前20年。

洋务运动是中国近代化的一个开端,办工厂、建海军、办学校、派留学生,这些应该说是符合历史发展潮流的,但它根本的指导思想是用西方技术维护封建体制的"中体西用",制约了改革的深入。1895年甲午战争失败,洋务派创建的北洋海军全军覆没,《马关条约》割地赔款,又引发了瓜分危机。在这样严重的民族危机之下,洋务运动实际上破产了,所以维新派提出了"维新变法、救亡图存",就是要求进行政治上的改革,推动光绪皇帝实行戊戌变法。但是1898年的百日维新最后也失败了,其根本原因是当时中国新旧力量的对比过于悬殊,而当时光绪皇帝和维新派脱离中国的国情,企图照搬日本明治维新的模式。我认为戊戌维新的失败,实际上使中国丧失了选择发展道路的主动权。从此以后,清王朝统治下的中国已经没有自主选择发展道路的可能了。

八国联军侵华以后,慈禧太后也不得不实行清末新政。她改革官制、废除科举、操练新军,应该承认这些也是近代化的措施,但是毕竟已经不能挽救腐朽不堪的清王朝了,最终被辛亥革命所推翻。辛亥革命后的近代化努力又被军阀混战延误,再遭日本侵略所打断。中国在半殖民地深渊中越陷越深。

(二)朝鲜沦为殖民地的悲惨命运

朝群历史上将西方的冲击称为"洋扰"。虽然李朝统治者也产生过危机意识,但对危机反应比较迟钝,一旦西方军舰被打退,他们又高枕无忧、不思进取了。

当时朝鲜的统治阶级叫作"两班"官僚,所谓的"两班"就是文官和武官。1876年爆发"江华岛事件",朝鲜门户被日本打开,日本用武力强迫朝鲜签订了《江华条约》。当时朝鲜的统治阶级也实行了一些改革,叫做开化运动。推动开化运动的官员叫开化派,开化派又分成两派:一派是所谓的激进开化派,他们主张全盘仿效日本明治维新,而且企图依靠日本的势力来推进改革。激进派在1884年发动了一个政变,叫甲申政变,这个政变劫持了国王,杀戮了大臣,结果迅速地失败了,当时清朝也派军队去镇压。另外一派是温和改革派,它主张仿效中国的洋务运动缓进改革,并且维持和中国的宗藩关系,主要依靠中国的势力。

19世纪90年代,列强在朝鲜展开了一场激烈的争夺。1894年爆发了朝鲜历史上最大规模的东学农民战争。他们提出的口号是"逐灭倭夷"、"尽灭权贵",就是要赶走日本和西方侵略者,打倒权贵,最后被政府军和日本军队联合镇压了。开化派后来又在日本的支持下,搞了两次改革与政变。1894年的叫"甲午更张",1895年的叫"壬午改革"。在这次政变中,他们在日本操纵下,监禁了国王,杀害了闵妃,这样它也失去了人心,很快失败了。

1897年朝鲜的李朝政权改国号为大韩帝国,国王改称皇帝,企图通过改国号加强专制的皇权,提高它的国际地位。但结果不仅不能维护独立主权,反而进一步沦为日本的殖民地。1904年,日本通过"韩日协约"把韩国变成了它的保护国。1910年还逼签了"日韩合并条约",从此以后,韩国完全沦为日本的殖民地。根据韩国学者的研究,当时韩国纯宗皇帝没有签字,是当时的总理大臣李完用在上面签的字。所以现在韩国正在追究韩奸的历史责任。

(三)日本走上资本主义、军国主义的道路

日本的明治维新为什么能够成功?为什么能够走上资本主义道路?

有着多方面复杂的原因,我简单地归纳为以下几条:

1. 江户时代发展的基础和特色

日本并不是在明治维新时一下子就发展起来的。日本在江户时代,已经有了一定的基础。日本的体制跟中国不太一样,它的政治体制是一种幕藩体制。藩主实际就是各个封建领主,他们有一小块自己的领地。因此日本的经济体制是一种领主制的土地制,跟中国的地主所有制不太一样。这种土地制度相对更接近于欧洲的领主制。所以有学者分析,正是因为日本的这种体制比较接近于欧洲,所以更容易产生资本主义。

日本虽然在文化上学习儒学,但是它还有学习西学和兰学的传统。当时日本实行锁国体制,但是它允许两个国家跟它进行贸易,一个是中国,一个是荷兰。它得到的外国知识主要是通过长崎这个贸易窗口。

日本的国门是被美国的舰队打开的。美国培理舰队于1853年、1854年两次抵达日本,最后打开了日本的门户。开国以后,日本统治者感到严重的民族危机,所以从中央的幕府到地方上各个藩都开始进行改革。因此在明治维新以前,日本已经在搞幕藩改革了。

当时中国发生了两次鸦片战争,给日本敲响了警钟。这一点日本的学者也承认。正因为有了中国鸦片战争这个前车之鉴,才使得日本的统治者产生强烈的危机意识和变革意识。

2. 日本新旧势力的力量对比

日本维新势力以天皇为首,以中下级的武士作为骨干,以地方上强藩作为后盾,而且得到很多农民、市民、商人的支持。维新势力大大超过了幕府的守旧势力。维新派利用幕府内外交困的条件,抓住了机遇。当时中国爆发了太平天国运动,西方列强主要关注的是中国的局势发展,没有更多精力重视日本。所以当时就有日本学者说,如果没有太平天国运动,英法早就对日本"大动干戈"了。

过去我们有个误解,以为明治维新完全是一个和平式的改革,实际上倒幕维新也经过战争,日本历史上称为戊辰战争。这场战争打得也很激烈,死了很多人。只是最后打到江户(今东京)的时候幕府军投降了,之后建立了明治新政权,利用国家的力量,推行了各项改革措施。

3. 明治政权全面地逐步地推行了资产阶级的改革

1871年,明治政权刚刚建立,就派出"岩仓使节团"出访欧美。明治政府的重要人物几乎都在使节团内。他们到欧美12个国家考察了一年多的时间。岩仓使节团的口号是"求知识于世界"。他们通过考察明确了发展方向,就是要全方位地学习、引进西方资本主义的政治、经济、文化、教育制度。回国以后他们制订了三大政策,"文明开化、殖产兴业、富国强兵"。还制定了一个目标,就是"脱亚入欧",即争取与欧美列强联合,掠夺亚洲邻国。1889年日本颁布了《大日本帝国宪法》,1890年召开了帝国议会。标志着日本基本完成了向资本主义近代国家转型的过程。

4. 日本的资本主义发展,与掠夺亚洲邻国是分不开的

日本近代能够得到如此迅速的发展,与掠夺、牺牲亚洲邻国的主权利益分不开。

通过《马关条约》,规定中国向日本赔款2亿两白银,实际上是2亿3150万两,3000万两是三国干涉还辽后的所谓赎辽费,还有150万是威海卫的驻兵费,它在中国驻兵还要我们交费。这样一大笔赔款,使得日本成为亚洲的暴发户。这些钱他们用来做什么了呢?我特别查了日本的财政史,其中百分之七八十都用来扩军备战,发展海陆军和重工业了。这使得它的工业基础大大地加强了。还有一部分用来开发殖民地台湾和朝鲜,再有一部分作为教育基金和天皇的经费了。

日本还利用这笔赔款把它的货币单位从银本位转为金本位,从而进入世界金融贸易体制里。同时它通过掠夺、榨取殖民地的资源、原料、农产品、劳动力等等,进一步完成了向帝国主义的过渡。1931年日本发动了"九一八事变",开始侵略、掠夺中国东北的资源,以后又发动全面的侵华战争、太平洋战争。它不但对中国、朝鲜,还对东南亚各国进行掠夺,这就成为日本帝国主义经济发展的重要支撑。

再谈谈日本为什么会在走上资本道路的同时走上军国主义道路。

1. 历史渊源。从古代到中世纪,日本形成了一个武士阶级,所谓的幕府就是将军执政的武家政权。武家政权弘扬的是一种武士道精神,它宣传的是"海外雄飞论"。他们认为日本只是一个岛国,资源太贫乏,应该到海外去发展。日本明治维新的一个重要思想家叫吉田松阴,他认为"失之于欧美应该取之于中朝"。他认为日本如果被欧美侵略了,失掉的东西应该到中国和朝鲜去寻找补偿。

2. 明治维新的不彻底性。明治维新虽然是一次成功的改革,但是它并不彻底,保留了很多封建残余,特别是它的天皇制度。日本军人的势力很强,通过军部即参谋本部来干涉政权。

3. "脱亚入欧"的道路。"脱亚入欧"是日本著名的启蒙思想家福泽谕吉提出来的。他认为日本应该跟西方列强联合起来去改造亚洲的邻国。"脱亚入欧"的本质就是牺牲和掠夺亚洲的邻国,来达到自己走上西方发展道路的目标。

4. 屡次发动侵略战争得手致使野心膨胀。日本通过甲午战争,成为亚洲暴发户。后来又参加八国联军,强迫中国签订《辛丑条约》,分得一部分赃款。日俄战争,日本又打败了俄国,取得东亚霸权。它不断地扩大对外侵略战争,"二战"时期,又勾结德、意法西斯,建立法西斯同盟,发动了太平洋战争,妄图称霸世界。

所以近代东亚历史的巨变,东亚三国近代的三条不同发展道路是非常令人深思、发人深省的。

三、现代东亚的重新崛起

20世纪中叶,第二次世界大战刚结束时的东亚,已是满目疮痍,当时被认为是"世界上最没有希望、最不稳定的地区"。曾几何时,日本首先重新崛起,成为世界第二经济大国;韩国也经济起飞,成为新兴工业国家;

中国在改革开放后经济高速增长,正在实现伟大的民族复兴。西方人不禁惊呼"东亚奇迹",把东亚看做"世界上最有活力、最有前途的地区"。半个世纪之间,变化反差如此之大,令人难以置信,其中原因奥秘何在?学者们做了各种探讨,简要分析归纳如下。

(一)日本重新崛起之路

1945年日本投降时,本土一百多个城市被美军轰炸。广岛和长崎被投放了两颗原子弹,国土一片废墟,国民经济濒临崩溃。为什么日本能很快恢复,重新崛起呢?

1. 战前工业化遗产是战后经济复兴的基础

"二战"中,日本虽然被轰炸,但它的一些生产设备、技术优势还保留着,特别是它的智力资本和教育普及。日本当时已经培养了一批优秀的技术人才、设计人才,这些都为它下一步的发展提供了基础。

2. 特殊的国际环境提供了发展机遇

20世纪50—70年代,正好是世界资本主义上升和现代化浪潮兴起的时代,出现了新一轮的技术革命。尤其是冷战国际形势,给日本提供了一个有利的条件。西方阵营当时为了跟东方社会主义阵营进行冷战,把日本看成是东亚的战略枢纽,看成是东亚的反共前哨和基地,所以对日本加以扶植。

3. 最重要的是美国的扶植支持

战后美国单独占领日本,由于冷战的需要,对日政策从压制打击转为扶植支持,提供美援贷款,削减赔偿,主导经济、民主改革。1951年,由美国操纵举行了旧金山和会,片面对日媾和。签订了《日美安全保障条约》,就是我们平时说的《安保条约》。规定美军驻扎在日本,与日本建立军事同盟,美国给日本提供安全保障。日本在美国的安全保护伞下节省了大量国防军费的开支。1986年以前,日本的军费在GDP中连1%都不到。所以我认为美国的扶植是日本能够重新崛起的一个最重要的因素。

朝鲜战争、越南战争给日本带来了大量的特需供应。所谓的特需经济就是战争给它带来了大量的订货单,向日本购买武器、弹药和其他各种军用品,订单之多以至于日本的工厂都来不及生产,这大大地刺激了日本的经济繁荣。

4．日本自身的因素

日本政府采取了政府主导型的市场经济模式,这种模式的调控主要是通过通商产业省进行。通商产业省制定了官、产、学三位一体的产业政策。日本还实行了一些特别的经济制度,比如说日本的企业采用终身雇佣制、年功序列制、企业工会制和个人储蓄制。这些管理制度也起到了一些推动的作用。

日本重视科学教育和国民素质、劳动者技能的提高。在这些内外因素合力的作用下,1979年日本一跃成为世界第二经济强国。美国学者傅高义写了一本书叫《日本:世界第一》,主要讲日本是怎么创造这个奇迹的。日本人自己也说"日本可以说不"。当时西方普遍流传"日本威胁论",日美的贸易摩擦很尖锐。但是到90年代,日本经济泡沫破灭,各种危机也暴露出来。这以后很长一个阶段日本的经济都不景气。经济的不景气也引起了社会的右倾化和国民心理的扭曲。

(二) 韩国经济起飞之路

朝鲜半岛在1945年二次大战结束时,摆脱了日本的殖民统治,取得了独立。但是它分裂成南部的大韩民国和北部的朝鲜民主主义人民共和国,也就是我们今天说的韩国和朝鲜。1950年爆发了朝鲜战争,1953年朝鲜战争结束,韩国也是满目疮痍,1960年人均产值仅83美元。然而从1962年经济起飞到70年代末,在不到20年的短短时间内,韩国一跃成为实现了工业化的"亚洲四小龙"之一,1996年人均产值已经超过了1万美元。韩国经济为什么能如此迅速地起飞呢?我分析,主要原因如下:

1．韩国经济起飞前的经济基础。日本殖民统治时期,韩国积累了一些资本主义因素。"二战"后,在美国的推动下,李承晚政权进行了一些改革,包括土地改革、拍卖日资工矿企业、将银行私有化、启动城市化等,美国给予了一定的经济援助。但是由于当时行政腐败,经济恢复得很缓慢。

2. 朴正熙上台以后,确立了以经济发展为中心的发展路线。1962年5月16日,朴正熙军事集团发动军事政变,建立了一个军人独裁政权。但是朴正熙上台后,把经济发展作为压倒一切的中心任务和国家目标。朴正熙政权虽然是一个军人政权,但是他却把经济建设作为中心任务。有些学者把它叫做威权主义,就是利用政治上的专制来保护经济上的自由和发展。朴正熙还严惩贪污腐败,保持行政机构的廉洁和效率。

3. 政府主导型的市场经济发展模式。政府加大对经济的干预,制定了几个五年计划,完成了从进口替代向出口导向型的工业化战略转变。政府与企业家密切融合。70年代初,韩国的经济增长很快,主要是靠轻工业的出口生产,以后又进一步鼓励发展汽车工业、重化工业等工业。韩国起飞以后也暴露了很多问题,如产业结构畸形、劳动力工资上升过快、外债负担过重、依赖国际市场和进口能源、中小企业发展不够等等。1979年朴正熙被暗杀,全斗焕军人政府上台。全斗焕开始推动政府主导型向民间主导型转变,进行了产业结构的调整。80年代,韩国经济又出现了一个新的增长。1987年卢泰愚上台,开始推行政治民主化改革与经济自由化改革的结合。1988年汉城奥运会对韩国是一个机遇。韩国的发展道路是先实行经济的现代化,再转向政治的民主化。韩国发展模式的特点是政府和财阀相互依赖。这种特点也存在很多的矛盾和问题,特别是财阀的膨胀、官商勾结,还有过热的民族主义情绪等等。韩国后来也出现了泡沫经济。1997年亚洲金融危机的时候,韩国的经济遭到了沉重的打击,这些都是值得我们引以为戒的。

(三)中国的民族复兴之路

1949年中华人民共和国成立时也是一穷二白,人民革命胜利和社会主义制度的确立,为中国奠定了根本的政治前提和制度基础。但如何发展,还需要不断探索。建国后曾照搬苏联发展模式,搞计划经济,"大跃进"走了弯路,接着是三年自然灾害,"文革"浩劫。1978年三中全会后坚持改革开放,以经济建设为中心,抓住机遇,30年高速发展。2008奥运会、2010世博会又是机遇。我们终于找到了一条有中国特色的社会主义道路,用科学发展观全面建设小康社会。这条道路我们一定要坚定不移走下去。

四、几点心得体会

回顾上述东亚国家从古代到近代、现代的发展历史,最后再谈谈几点心得体会。

(一) 传统与现代化的结合

东亚的传统文化是东亚国家发展道路上的一个重要因素,这个因素究竟是财富还是包袱?我们应该做全面的分析。我们对传统文化应该采取取其精华、去其糟粕的态度,使它和当代的社会相适应,与现代的文明相协调,我们还要和世界的优秀文化相融合,在中国特色的社会主义现代化建设中发挥更大的作用。我觉得这里特别重要的一点是,要保持一种文化的自觉,这是费孝通先生提出来的。文化自觉就是要知道我们中华民族的文化到底是什么样的文化,到底哪些是精华、哪些是糟粕,知道世界其他国家的文化是什么,这样才能够在全球化的浪潮中间不失去自我,保持民族性、体现时代性,用中国特色的文化来丰富世界的文化。

(二) 机遇与挑战同在

回顾东亚各国发展的历史,我们可以看到能不能抓住机遇、能不能应对挑战、能不能把外来的压力变成动力、能不能保持一种危机意识和忧患意识,对一个国家的发展来说至关重要。近代的中国曾经多次错失机遇,而战后日本、韩国抓住了机遇。2008年的奥运会和2010年的世博会对中国也是巨大的机遇。但是机遇和挑战总是并存的,所以我们还要居安思危,应对挑战。实际上我们面临的挑战很多,全球化的国际竞争,国内的发展不平衡,贫富差别以及金融、能源、环境、安全等等都有很多风险和挑战。东亚发展历史上的很多教训值得我们引以为戒。

(三) 借鉴与创新并举

中国的现代化是一种后发型、赶超型的现代化,所以我们必然要借鉴一些西方发达国家和东亚邻国的经验教训。人类文明的一切优秀成果都是可以共享的,但是我们绝对不可以简单地模仿和全盘照搬。我们必须要立足本国的国情进行探索,特别是要创新,走出自己的发展道路,坚定不移地走中国特色的社会主义道路。特别要强调提高自主的创新能力,建设创新型的国家,这是国家发展战略的核心,也是提高综合国力的关键。我们要不断地完善中国特色社会主义的理论体系,实践科学的发展观,实现中华民族的伟大复兴。

(四) 走东亚和平合作发展之路

东亚的历史证明,中、日、韩三国关系是东亚地区和平发展的重要因素。过去历史上那种以邻为敌、以邻为壑,企图靠侵略、掠夺损害邻国使自己富强的发展道路已经彻底破产了。中、日、韩三国是搬不走的邻邦,有着两千多年的文化交流传统,所以我们只能够以邻为伴、与邻为善,要加强同周边国家的睦邻友好和务实合作。东亚各国应该发扬互信、互惠、互利、协作的精神,共同营造东亚地区和平稳定、合作共赢的环境,走一条东亚和平、合作、发展之路。

近代中日改革与现代化历史的比较

我们正在进行改革开放,建设有中国特色的社会主义现代化这样一个伟大的事业。在这个时候回顾和比较一下近代中日两国改革和现代化的历史(在日本一般叫作近代化,我们把它统称为现代化或者早期现代化),我们可以得到很多有益的借鉴和启发。为什么要比较近代中国和日本呢?因为两者之间有很强的可比性。我认为,世界上恐怕很难找到两个国家能够像中国和日本那样,交往的历史这么悠久,有两千多年的交流史。我写过中日文化交流史,两千多年中有许多动人辉煌的事迹,互相的影响非常大。中日两国关系可以说影响到两个国家历史的发展、民族的兴衰,这个大家都清楚。不管是友好,还是战争,影响都非常大。进入近代以后,中日两国的处境是这样的相似,可以说都是内忧外患,起点是差不多的,然而近代的改革和现代化的成效却又是那么不同、那么悬殊。我们常常说中国人和日本人是一衣带水的邻居,大家都是黑头发、黄皮肤。

我们到了日本有时分不出来，哪个是日本人，哪个是中国人。吃饭都用筷子，都吃米饭。古代的日本人是处处学中国，写汉字、讲儒学。因为中国、日本都属于东亚文化圈，有的人也把它叫作汉字文化圈，因为都用汉字，甚至还有人把它叫做筷子文化圈，因为我们都用筷子吃饭。在19世纪的中叶，中日两国都处在封建社会的晚期，都存在着严重的社会危机，而且都遭到了西方列强的侵略冲击。两个国家又都不约而同地对外实行闭关锁国政策。可是进入近代，仅仅不到半个世纪，也就是到19世纪末，中国已经沦为丧失了独立主权的一个为列强所宰割的半殖民地国家，陷入半殖民地的深渊。而日本却不但保持了独立，而且实现了资本主义的改革和近代化，成为亚洲唯一的帝国主义国家。这一切的差异到底是怎么发生的？原因、根源究竟是什么？我们比较和分析中日两国近代历史发展的差异及其原因，可以说是解一个历史之谜。这已经成为世界各国政治家和学者所关注和探讨的一个热点问题。很多人纷纷做出自己的解释。下面我想先简单介绍一些观点，以及我对这个问题的一些看法。

日本前首相吉田茂，在他的一本叫做《激荡的百年史》的书里认为，日本近代化的成功是靠日本人的国民性和民族精神，即卓越的历史敏感、机智和勤奋而取得的。

美国前驻日大使赖肖尔，后来在哈佛大学教书，他写的一本书叫《日本人》，也认为日本人具有岛国民族的特殊品质，而且认为日本是后开发国家现代化的楷模，后开发国家的现代化日本是最成功的。

美国人类学家本尼迪克特有一本书叫《菊与刀》，是一本文化史的名著。书中着重分析日本人的"耻感文化"，而西方人是一种"罪感文化"。"耻感文化"和"罪感文化"有很大的区别。她的书名"菊与刀"是形容日本国民性中的两重性，"菊"反映了爱美的情感，"刀"则反映了他们的穷兵黩武。日本人尚礼，讲究礼貌，但是另外一方面又好斗，所以她说这是两重性的国民性。总的来说，她认为日本文化是一种"耻感文化"。

日本社会学家中根千枝有一本名著叫做《纵向社会的人际关系》，着重剖析了日本的社会结构，认为日本社会是一种"纵向型社会结构"。这种纵向型社会具有集权性、等级性、依赖性等特点，而且会形成一种团队精神。我们常常讲日本人有一种团队精神，一个企业也好，一个单位也好，抱成一团，像一个家庭。而我们中国往往是一种家族式的社会结构。

美国学者沃尔夫的一本书叫做《日本经济飞跃的秘诀》，他认为这个秘诀就是日本的"经济集权主义"或称"政企联合体制"，政治和企业紧密结合在一起。

日本学者森岛通夫的一本书叫《日本为什么"成功"》，认为日本式的儒教跟中国的不一样，具有一种适合资本主义的工业精神。这就像马科斯·韦伯讲的英美的清教徒精神，比较适合资本主义一样。

日本学者森谷正规写的一本书叫《日本的技术——以最少的耗费取得最好的成绩》，提出了日本是"以技术立国"的看法。

另外一个日本学者永井道雄，做过文部大臣，他强调教育，他的一本书叫做《近代化与教育》。强调日本是以教育和人力开发为"立国之本"的。

日本早稻田大学教授依田熹家在他的《日中两国近代化比较研究》一书中指出，日中两国有很多差异，采用类型比较进行分析。比如说文化类型方面，日本的文化是并存型和全面摄取型，不同文化可以并存，而且对外来的文化加以全面的摄取；中国则是非并存型和部分摄取型，对外来的文化不能全部吸收，只能一部分吸收。在社会类型方面，日本是非亲族协作型，它的团队是企业和单位，或者有的是养子，没有血缘关系；中国是亲族协作型，主要通过亲族、家族组成有血缘关系的团体。在教育类型方面，日本是普及提高能力型，比较注重普及和提高能力，所以日本很讲究教育普及和国民文化的普及，我们到日本看到，在地铁里日本人都拿着书在看，这也可以看出它的文化和教育水平，中国是选拔达到目的型，过去的科举制度、考试制度有一个很明确的目的就是做官，选拔精英，而不是注重能力。这是依田熹家教授对中日社会类型、文化类型和教育类型的分析。

中国学者对这个问题也有不少分析和论述。

上海的一位学者盛邦和有一本书叫《内核与外缘——中日文化论》，他认为中国是属于"内核"文化，在东亚文化圈属于核心文化，而日本是"外缘文化"，是边缘的。所以日本很容易吸收外来文化，而中国却有一种中华文化的优越感。

还有一位学者刘天纯在《日本现代化研究》这本书里提到，日本有一种"民族活力论"，日本就是靠着这种民族活力取得成功的。

武汉有一位学者王承仁在《中日近代化比较研究》这本书里，强调政权的决定作用，认为文化不是决定性的，起决定作用的是政权。

还有一位中国社会科学院日本研究所的学者高增杰，他写的《日本近代成功的启示》从文化的角度，强调日本善于把传统文化与西方文化加以有机的、不断的融合。

我想，以上种种观点都有一定道理，主要是从某个角度去分析，对我们来说都有一定的参考价值。但是，我认为对这个问题也要避免几种倾向或者说是几种误区：第一是简单化，把日本的成功简单地归结为某一种文化或者国民性的因素所决定。有人说就是因为日本的国民性，所以它就成功，这个恐怕很难说，国民性有时也是有两面的。所以有人写勤劳的日本人，也有人写丑陋的日本人。光讲一点，恐怕有片面性。第二是绝对化，对中日的比较不能绝对化，说这个问题上就是日本绝对地好，中国绝对地差，或者日本绝对地成功，中国绝对地失败。恐怕有很多问题应该一分为二，应该有辨证的眼光。第三是概念化，把中日两国近代历史的比较抽象成一种模式、一种概念，缺乏具体的事实、具体的分析，把它变得抽象了。

我的看法是，近代中日两国改革和现代化的历史实际上如同一个社会改造的、庞大的系统工程。它是一个非常复杂的系统工程，有各种各样的子系统，有各种层面，有各种因素，所以说两国历史发展的差异是由中日两国国内外的各种因素及其相互作用产生的一种合力所决定的，不是某一种力量、某一种因素单独决定的。有的人说因素很多,有的说八大因素,有的说十大因素,政治、经济、军事、社会、文化、思想、教育、技术,还包括人口、生态以及国际环境,这些都是影响社会发展的因素。种种因素综合起来,最后形成一种合力。所以我们应该用历史的、辨证的眼光去分析,而且要把它放在近代历史发展的过程中,用具体生动的历史事实、历史事例,或者具体的历史人物的思想行动来说明它,不能把它抽象出来变成一个概念。我今天就想本着这样一种方法、一种精神,来比较分析19世纪下半叶中日两国的改革和早期现代化,因为19世纪中日的现代化还是最初的,一般书上也把它叫作近代化,我们现在都统一用现代化这个词比较好。现代化在历史学中的定义就是从传统的农业社会过渡到现代的工业社会这样一个历史发展进程。由于时间关系,不可能作面面俱到的全面论述,今天主要是从我们吸收历史的营养,总结历史的经验教训的角度,谈谈自己在下面四个问题上的一些心得体会,供大家参考。

一、在外力的冲击挑战下,能不能把压力变成动力,认清世界大势,顺应时代潮流,抓住机遇,把握历史选择的主动权,克服各种各样的阻力,坚持改革与开放,这是维护国家独立和实现现代化的重要前提

这个题目说得长了一点儿,这里包含了几层意思。东亚国家,比如中国、日本,都有过辉煌的古代文明。我们讲中国有五千年的文明,中国一度在经济、文化、科技,甚至航海这些方面都领先于世界,所以我们是不应该自卑的。郑和下西洋,率领的是当时世界最强大的舰队。最近,有个英国学者,他是业余的历史学家,他说郑和还发现了美洲大陆,是第一次环球航行,当然他这种说法恐怕还没有确凿的证据,不能轻易下结论,但是他提出了重新认识郑和的问题,这是我们过去的辉煌。

可是在17世纪、18世纪和19世纪初,中日两国封建统治者采取了消极保守的闭关锁国政策,严重阻碍了中国、日本与世界各国的交流,以及商品经济、航海事业、对外贸易的发展。这个时期,西方国家正好经过了工业革命、资产阶级革命,逐渐地主导了工业化、现代化的时代潮流。可以说在古代中世纪的时候,中国在一定程度上也曾经主导了时代潮流,比如说在东亚地区。有些外国学者提出东亚曾有一个以中国为中心的朝贡经济贸易体系。最初15、16世纪西方殖民者来的时候,想挤到这个体系里来,但是还没有力量来改变。有人形容说他们从美洲拉了好多白银来,买一张三等车票上车。但是到了17、18世纪,特别是19世纪,西方殖民者已经取得了主导权,这不是买张车票搭车的问题,而是已经掌握了时代潮流,充当火车头了。到了这个时候,西方列强通过海外的殖民扩张,逐步在全球建立起一个世界资本主义的市场体系,也就是马克思说的用它的面貌来改变世界了。我看到马克思在1858年曾经有一段话讲"因为地球是圆的,随着加利福尼亚和澳大利亚的殖民化,也随着中国和日本的门户开放,资本主义建立世界市场的进程看来已经完成"。他把中国和日本的门户开放也作为一个标志,一方面是加利福尼亚和澳大利亚的殖民化,一方面就是中国、日本的门户开放,一个资本主义的世界市场就这样建立起来了。

可以说19世纪中叶是东亚历史发展的一个重要的转折关头,当时中日两国都处在封建社会晚期,内有严重的社会危机,外遭西方势力冲击,同样面临内忧外患。严重的民族危机成为中日两国统治者发动改革的一个契机,改革又成为两国现代化启动的先导。后发达国家的现代化往往用改革作为先导。可以说,我自己是这个看法,当时中日两国的起步基本上是在同一条起跑线上。有的学者认为近代开始前中国和日本已经拉开了差距,我不太同意,我认为基本上还在一条起跑线上,都还具有选择自己命运的机会和可能,中国也有机会,也还有主动权。但是由于中日两国统治者对世界形势的认识、危机意识和改革的主动性、自觉性不同,决定了中日两国的改革和现代化从一启动就产生了差异。

这里我简单分析一下。中国清朝皇帝和周围的权贵昧于世界大势，不了解世界形势，直到鸦片战争打响，最高统治者道光皇帝对入侵者英国有一句话叫"实不知其来历"，还不知道它的来历。所以道光皇帝急忙去打听，问那些大臣们，英国到底在哪里，有多大。他问的话现在大家一听就会笑，他问英国和我们的回疆有没有旱路可通，所谓回疆就是我们新疆。还有一句话问英国与俄罗斯是否接壤。从这些问话就可以看出，道光皇帝连英国是大西洋里的岛国这样一个最起码的世界地理知识都没有。当时有一个叫姚莹的人说英法等国离中国几万里路，他们不断地探听中国的情况已经几十年了，几乎对中国无所不晓，而中国却没有一个人留心海外的事情。所以他说用不着交战，胜负已经很清楚了。这个话当然说得比较夸张，但是确实当时中国的政治、经济、军事、武器、情报都落后于英国。这说明了一个道理：愚昧必然落后，落后就要挨打。对外国一点儿不了解，怎么跟人家斗争？而鸦片战争失败以后，清朝的统治集团仍然不能吸取教训，打了败仗就应该亡羊补牢，改弦更张，但是清朝的统治者没有这样做，而是一味地迷信和议。比如说签订了《南京条约》，当时清朝的大官们把《南京条约》称作"万年和约"，说签了这个条约，我们就遵守这个条约，就可以保一万年的太平。清朝统治者以为有了一个条约，就可以太平了，所以他们照样是苟且偷安，照样是文恬武嬉、麻木不仁。当时大学者魏源提出"师夷之长技以制夷"，林则徐也提出类似的口号，要仿造西洋的船炮。但是当时谁要是主张"师夷长技"，皇帝就斥之为"靡费"。所谓"靡费"就是浪费钱。造枪炮不是要花钱吗？造船也是要花钱，皇帝认为这是浪费钱。谁要是主张"翻夷书，刺夷事"，即翻译外国的书，刺探外国的情况，必曰为"多事"，多此一举，魏源的《海国图志》里就讲了这些话。清朝统治者不但不支持学习西方、了解外国，还要打击、压制，当时有的官员甚至还主张，仗打完了，我们还应该回到闭关自守，把这个作为善后之策。我看《筹办夷务始末》上有的官员就有这样的奏折，说我们现在的善后之策应该是回到闭关自守。从鸦片战争一直到第二次鸦片战争，实际上近20年，这20年里是我们中国改革的一个机遇，但是清朝统治者没有改革，可以说丧失了改革的一个时机，跟日本1854年被美国培理舰队强迫开国后立即改革相比就很明显。1860年英法联军打到北京，火烧圆明园，说给皇帝教训最好的办法就是把他的夏宫烧了。直到这个时候中国的皇帝大官们才如梦初醒，李鸿章等惊呼"数千年来未有之变局"：现在这种情况中国几千年历史上没有出现过，外国人、西方人居然打到北京，把皇帝的宫殿、园子都烧掉了。这个时候才觉得不改革是不行了。1860年才开始了以学习西方军事技术为中心的洋务运动，洋务运动就是在第二次鸦片战争以后被迫开始的，当然洋务运动应该说是中国近代化改革与现代化启动的一个开端。

我们再看看日本的开国。日本的开国是以1854年日本签订《日美神奈川条约》为标志。美国的舰队，当时叫东印度洋舰队，是培理海军准将率领，他两次到日本，用武力威胁日本。1853年到达时，日本还推托了一下，说明年你再来，我再跟你谈。1854年又过去了，日本就接受了美国的条件，签订了《日美神奈川条约》，美国军队在神奈川这个地方登陆，然后在现在横滨这一带进行谈判，所以现在日本的横滨有一个开港纪念馆。

日本的开国跟中国的鸦片战争有十多年的时间差，我觉得这个时间差非常重要，也就是中国的鸦片战争已经给日本敲响了警钟，给它提供了一个前车之鉴。过去有的日本学者不太愿意承认这一点，现在有不少学者承认，说日本人是得益于中国的鸦片战争，中国的鸦片战争给它提供了前车之鉴。当时日本的一些统治者与有识之士听到中国发生鸦片战争的消息以后，产生了一种强烈的危机感和忧患意识。因为日本是个岛国，日本民族的危机感一向比中国强烈。所以早在鸦片战争之前他们就已经有一些危机感了，一位日本学者说现在海路开通了，说不定什么时候西洋的船就会开到日本来。到了鸦片战争以后就更紧张了，认为鸦片战争是对日本的"天赐前鉴"，是老天爷给它的一个前车之鉴，我看日本一本书的序言就是这么写的。他们还纷纷忧虑,说这样的事情"何时波及日本"?中国打仗了,什么时候就会打到日本,西方人肯定很快就会到日本来。

这些日本有识之士还认真地总结中国失败的经验教训。我看了很多当时日本人写的文章,他们当中有的人总结是中国政治腐败、武备不修;有的人强调中国不了解外情、盲目自大;有的人强调中国的武器落后。他们能够总结中国的失败教训,然后又结合日本的国情,产生了强烈的变革意识,就是要改革。我看到一则材料,日本德川幕府高官堀田正睦说的一句话很有代表性,他说"中国拘泥古法",中国太保守、守旧,所以失败了。"日本应在未败之前,学到西洋之法",我们不要等打仗失败了,再去学习,要在未败之前主动去学习西洋之法,把它学过来。当时日本的高级官员就有这样比较清醒的认识。

当时日本的统治者吸取了中国鸦片战争失败的教训,一方面接受了一些人开国的主张,在横滨这个地方,当时就开港了。另外一方面加强了海防,同时主动实行改革。日本的改革在19世纪的50年代到60年代就开始了,当时日本中央政权叫幕府,还有一些地方政权叫做"藩",实行了日本历史的"幕藩改革",就是说幕府改革,地方上许多藩也改革。当然他们当时的改革还是比较初步的,主要是采取了学西学、造船炮、改革内政等措施。但是不管怎么样,他们这些改革为下一步明治维新打下了一个基础。所以现在好多日本学者认为日本的历史不是从明治维新一下子飞跃了,应该从江户时代讲起,明治维新以前日本已经开始进行改革了。

日本的维新志士看到了当时是一个机会,幕府统治已经摇摇欲坠了;而大家都有改革的要求,外面又有民族危机的压力,这个时候他们就提出了推翻幕府,倒幕维新。过去我们有一个误解,以为日本的明治维新是一种和平的改革,他们把天皇抬出来,建立了新政权。实际上是经过了很激烈的武力较量的。倒幕维新是经过国内战争的,叫戊辰战争,很激烈的,也死了不少人。战争一直打到北海道,最激烈的一场战争是在北海道打的,叫五稜郭之战,我曾经到北海道专门去看过当年的战场,所以日本明治维新也经过了流血斗争。维新志士最终推翻了幕府旧政权,掌握了国家政权,建立明治政府,把握住了选择日本民族前途命运的主动权。而中国实际上是失去了这个主动权以后一步步地丧失主权。

这里我再举一个具体的历史事例来说明,以加深对这个问题的认识。当时中国著名学者魏源,写了一本介绍世界历史、地理的名著《海国图志》,这本书在中国和日本遭到了不同的命运。在鸦片战争的刺激下,当时中国一些爱国开明的知识分子开始"睁开眼睛看世界"了。他们也去了解国际形势,研究外国的史地,总结鸦片战争失败的教训。比如林则徐编译了《四洲志》,魏源写了《海国图志》,还有当时的福建巡抚徐继畬编了一本《瀛环志略》。这些书都具有很高的水平,尤其是《海国图志》。魏源受林则徐的委托,林则徐在镇江把资料都交给了魏源,然后魏源又搜集大量资料,在1842年编成了50卷,到了1847年又增加到60卷,到1852年,最后定本是100卷,总共是88万字这样一本巨著。这本书里囊括了五大洲几十个国家的历史地理情况,包括英国、美国等各个国家,还有总结鸦片战争经验教训并提出海防战略战术的《筹海篇》四卷,以及仿照西洋船炮的论述和图说。我认为,这本书当时在东亚地区已经达到了最高水平,是关于世界知识的一本名著。可惜这样一本书在中国并没有广泛流传,只有少数的精英分子去读一下,没得到统治阶级的重视;再加上这本书分量太重,有100卷,印数也很少,更没有得到广泛传播。

后来《海国图志》传到了日本。我曾经做过一个专题研究,《海国图志》什么时候传到日本,怎样传去的。大概是在1851年由中国的贸易商船把这本书带到日本,在日本长崎的档案里面可以查到。这本书传到日本以后,大受欢迎,供不应求。经查目录,后来又不断有中国船把这本书带去,而且价格越来越高,说明市场需要供不应求。日本人不光是买这本书,还纷纷按照原样重新刻印或者翻译。他们有个特点,不是把《海国图志》100卷全部翻刻或翻译,而是各取所需,想了解哪一部分就弄一个选本。所以,他们的书或者只是《筹海篇》,或者只是关于英国的、关于美国的、关于法国的部分。我曾经在日本的各个图书馆做过调查,结果发现仅仅从1854年到1856年三年期间,日本出版的《海国图志》选本达到21种之多,我大吃一惊,竟有这么多版本在日本各种图书馆里保存着。日本对《海国图志》评价非常高,认为它让日本人大开了眼界,是一本有用之书。有一个日本人还认为这是"天下武夫必读之书",只要是武士一定要读这本书。他们尤其感兴趣的是关于美国的情况,因为《海国图志》里专门有一卷写到美利坚,被翻译成各种版本。我看到的关于美国的选本就有8种,名字翻译的也不一样,有的叫《亚米利加总记》,有的叫《墨利加总记》,有的叫《美理哥国总记》,还有的叫《新国图志》的,有各种翻译法。当时日本人为什么对美国最感兴趣呢?这是因为美国舰队正好这个时候到日本,日本就想知道美国是怎么回事。不像道光皇帝,英国人来了,还不知道英国是怎么回事。日本人原来对美国很不了解,是魏源给他们提供了很好的材料。他们从魏源的《海国图志》里了解了美国是什么样的国家,了解了美国的历史、地理。当时日本幕末的一个著名维新思想家佐久间象山,在一篇文章里讲:魏源这个人跟我的想法不约而同。我当时想到的许多问题,魏源也想到了,所以魏源真是我的"海外同志"。他那时候就用"同志"这个词。还有一位维新志士叫吉田松阴的,也非常有名,因为他当时想偷渡到美国去,被幕府关在监狱里,他让他的亲戚朋友给他送书,他要的最急的书就是《海国图志》,在监狱里他认真研读了《海国图志》。吉田松阴是日本明治维新最有名的志士,后来被幕府处死了,成为日本的民族英雄。不难看出,中国人魏源写的《海国图志》当时在日本已经成为朝野上下争相阅读的了解世界大势、时代潮流的重要的启蒙读物,这点肯定是魏源万万没想到的。当时日本有个学者叫岩谷宕阴,在一篇文章中感叹:"呜呼,忠智之士,忧国著书。"他讲的就是魏源,"未为其君所用",他自己国家的君主不用,"反落他邦",流传到日本来了,"吾不独为默深悲矣,亦为清帝悲矣",默深是魏源的字。他说我不但为魏源感到悲哀,同时也为清朝的皇帝感到悲哀,实际上他是为中国感到悲哀。不光这本书,还有西方传教士在中国翻译的一批所谓的汉译西书。西方传教士用汉语翻译了好多书,有的书在中国当然也有一定的影响,并很快传到了日本,结果在日本的影响更大。我也做了一些调查,比如当时传教士丁韪良翻译的《万国公法》,当然在中国也有一定的影响,但是传到日本以后,就成为日本的教科书,外交官人手一册,拿着它去跟外国人谈判,修改不平等条约,而中国却没有很好地利用。这种现象不是很值得我们深思吗?

当然,我们比较中日两国改革启动时的差异,还有很多其他的原因,有一些是传统的原因,还有一些更深层的原因,这里我简单提一下。

比如说政治体制方面的原因,中国是中央集权制的政治体制,君主有绝对权力;而日本当时是一种幕藩体制,幕府是中央,但是地方上的藩有很大的独立性,所以很多改革在地方上就可以搞。在最后起来倒幕的时候,这些藩就起了很重要的作用,成为倒幕维新的基地,因为他们自己有军队、有财力、有物力。而中国的地方不可能反对中央。政治体制还有一方面,就是中国是一种科举的、士大夫的文官系统,中国的官员是从科举考试选拔士大夫;而日本基本上是武士掌权,是一级级武士掌权,这个情况很不一样,我这里不做详细分析了。

在经济上中国是地主土地所有制,小农经济特别顽强;日本是领主土地制,有的学者讲日本的这种土地制度比较接近欧洲的庄园制,西欧也有领主制,土地分封给诸侯。日本又是个岛国,海外贸易的吸引力更大。在经济上,当时中日两国资本主义萌芽都已经产生。在中国的江南一带,应该说纺织业也有一定的规模,但从整体来看,日本资本主义的萌芽虽然不一定高于中国,但是它的密度大大超过了中国,它地方小,集中在东京、大阪、京都这些地方。而中国很分散,这么大的地方,有那么一点资本主义的萌芽,也淹没在自然经济的汪洋大海里。

从思想文化方面来看,中国是儒家思想的统治,特别是清朝中叶以来,大兴文字狱、提倡考据学、八股文束缚人们的思想。再有中国人中华文化的优越感非常强,强烈地排斥外来文化。与此相反,日本有学习吸收外来文化的传统,最初学习中国文化,后来在幕末的时候主要学习荷兰,叫兰学。当时日本对外贸易只对两个国家,一个是中国,一个是荷兰,其他都不许来往。所以日本主要从荷兰吸收西洋的文化,后来叫洋学,努力吸收西欧的文化。

还有国际环境的不同,因为西方列强到亚洲,到东亚来,重点目标是中国,它一定要打开中国的市场,中国所受的压力最大。当时中国发生了太平天国革命,又牵制了西方列强的力量,他们要跟清政府一起镇压太平天国。而日本相对来说受的压力比较小,西方国家对日本也采取了不同的政策,比如英国跟法国就不一样,法国比较支持幕府,英国比较支持反幕的势力,即维新势力。另外,当时英法都很重视对中国太平军的镇压,所以当时有的日本人说,如果没有中国长毛(指的是太平军)牵制着西方的力量,西方很可能那个时候会对日本"大动干戈"。

总之,是各种各样的因素最后形成的合力决定了改革开始时的差异。我认为这对我们今天还是很有启发的,我们在遇到一种压力的时候,应该把压力变成动力,因为往往挑战和机遇是同在的。西方的冲击是一种压力,但是如果你主动地改革,它也可以成为动力。我们现在进入了21世纪,加入了WTO,面临着压力,但是要把它变成动力,要把它变成更好地认识很多问题的机遇。关键就是能不能认清世界形势,抓住历史机遇,把握住改革发展的主动权。这是第一个问题。

二、应该选择适合本国国情的改革蓝图和现代化模式,确定全面的社会改革目标,并不断调整、深化、推进改革进程,这是进行改革和现代化的基本要求

一般说来,近代东方国家后发型早期现代化进程的基本模式是仿效西方革新变法,大体上有三个层面:器物、制度、精神。中国当时发生的洋

务运动与日本明治维新都是以学习西方、富国强兵为目标。洋务运动讲富国强兵,明治维新也提出富国强兵。但由于两国统治者改革的动机、决心、指导思想、建设方略等各方面都有差异,两国改革的深度、力度及现代化进展速度、成效大不相同。我们可以用中日两国向西方派出的第一个官方外交使团这个具体事例来给大家做个比较,它集中反映了两国政府在改革和学习西方决心和态度上的差异。

19世纪70年代前后,中日两国都派出本国的第一个外交使团。中国清政府派出的外交使团叫蒲安臣使团,从1868年2月出发,到1870年10月回国,时间很长,走访了欧美11个国家。日本明治政府派出的外交使团叫岩仓使节团,从1871年12月到1873年9月,历访欧美12个国家。两者出访的时间差不多,走访的国家也差不多,从时间来说中国还比日本早了一点。所以有人说中国还是先走向世界一步,中国比日本早了三年多,而且走的时间还长了好几个月,只不过少走了一个国家,但是两者的差异却非常大。

首先的差异表现在人员的组成大不相同。清政府对自己完全没有自信,觉得中国人出去可能处理不了外交事务,还是请一个外国人来代表我们。最后请的是刚刚卸任的美国驻华公使蒲安臣,蒲安臣是个美国人。请一个外国人当外交使团的团长来带队,这在世界外交史上也是很罕见的,反映了当时中国政府的软弱、没有自信。当然使团中也有中国人,配了两个中国官员,一个是海关道志刚,一个是礼部郎中孙家谷。这两个人在中国当时只能说是中级官员,不是高级官员。请了一个美国人还不放心,还得协调、平衡一下,又请了英国人、法国人担任左协理和右协理。左协理是英国人叫柏卓安,是英国使馆的翻译,右协理是法国人德善,是海关的一个职员。清政府认为这样就平衡了,一个美国人、一个英国人、一个法国人,但是大权在蒲安臣手里,给他的头衔是办理中外交涉事务大臣,当然也给了两个中国人办理中外交涉事务大臣的头衔,但只是挂个名,是个配角、是个点缀。我看了蒲安臣使团出国的很多材料,我的一个博士生专门做了蒲安臣使团研究的博士论文。在外国谈判的时候,这两个中国人有时就不能参加,蒲安臣说你们俩回避一下,你们俩不懂外国的事务,不懂外国的礼节,由我代表中国来谈。中国使团就是这么一个使团。我们再来看看日本的使团,日本使团集中了明治政府的实权人物,或者说它的精英人物。团长是政府的首脑右大臣岩仓具视,由他作为特命全权大使,所以叫岩仓使节团。他是政府首脑,亲自带队。有四个副使,也都是政府的要员,一个是内阁顾问兼参议木户孝允,一个是大藏卿即财政部长大久保利通,这两个人在明治政府里都是实权人物。当时被称为明治维新三杰的人物,其中两个就是他们。大久保利通后来掌握了明治政府的大权,有人把他称为日本的"铁血宰相",像俾斯麦那样,很多政策都是他提出来的。另外两个副使也是后起之秀,一个是工部大辅伊藤博文,就是工部的副部长,但是当时工部没有正部长,实际上他的权力很大的。还有一个外务少辅山口尚方,就是外交部的副部长。可见这都是一些大人物。还有很多官员和一些地方上的诸侯,也纷纷报名要参加这个使节团。加上一些随员,使节团大概有五十多个人。同时他们还带上一批留学生,有59个留学生,其中很多后来成为明治政府的重要人物,这些留学生中还有5个是女生,都是十二三岁、十三四岁。所以有人说明治政府成立之初,它的核心人物几乎是倾巢出动,浩浩荡荡,直接去体验西方的文明。这是中日外交使团组成人员的不同。

其次的差异表现在这两个外交使团出洋的使命、目的、效果、影响也大不一样。蒲安臣使团当时的任务就是去安抚洋人,因为签订了一些条约以后,从《南京条约》到《天津条约》、《北京条约》以后,西方列强还不满足,提出要"修约",清政府对使团的人说你们出去好好跟他们谈谈,叫他们不要老是修约,给我们找麻烦。劝阻洋人,安抚洋人,这是他们的主要目的,另外也了解一些外国的情况。他们到外国去也就是走马观花,记录一些外国的人情风俗等,回来写的书也不过是这些内容。在谈判的过程中,蒲安臣起了一定的作用,跟美国签订了《蒲安臣条约》,对中国还是有一定的益处。所以我的博士生写论文的时候我跟他说要全面地看,不能全盘地否定。但是蒲安臣自己也承认,他更多的是从美国的利益出发。蒲安臣在没有完成使命的出访途中就死了,他于1870年2月死在俄国彼得堡,最后由两个中国官员带队完成了这个行程。由于这两个中国官员地位太低了,只不过是中层官员,所以他们回国以后,人微言轻,对政府的决策、对整个中国的发展,没有产生多大的影响。但是日本的岩仓使团就大不一样了,他们都是明治政府的高官、要员、实权人物,他们的目的就是一个:求知识于世界。明治维新以后,天皇发出了五条誓文,其中一条就是要求知识于世界,要去考察西方的制度、文化,全方位地向西方学习,了解西方、了解世界。再有一个任务就是要修改不平等条约,这跟中国正相反,中国是你别再修约了,日本是主动要修约。当然这个任务没有完成,当时日本的实力没有达到这一步,西方也不答应,要修改不平等条约一直到19世纪末才能实现。这是岩仓使团的目的和任务。出国以前,他们做了充分的准备,分为几个班子,进行分工,确定谁考察哪一方面。比如团长岩仓主要了解各国皇室的情况,木户主要考察宪政,看哪些国家实行宪法,大久保利通主要考察各国的经济、工商业的发展。临行前,当时明治政府的另一个首脑太政大臣三条实美说了这样一句话:内政、外交、前途大业成败与否在此一举。可见对他们抱有非常大的希望。他们到各国考察确实非常认真,口说笔录,途中就把情况写进汇报,最后每个人都有分工,各个方面都有报告,比如关于经济的、政治的、教育的。这些报告成为明治政府决策的依据,使得明治政府能够认清世界现代化的潮流,决定它的国策是要全方位地学习西方。他们回国以后提出了三大政策,一个叫文明开化,全方位学习西方;一个叫殖产兴业,就是要发展产业,发展工商业;再有一个就是富国强兵。这些政策有力地推动了日本明治维新的各项改革和现代化的进程,对日本近代历史的发展方向起了决定性的作用。所以我觉得岩仓使节团在日本近代史上是非常重要的。

我们再来比较一下两国改革与现代化的指导思想的差别。大家都知道,中国洋务运动的指导思想叫作"中体西用"。"中体西用"有各种说法,有的叫"中学为体,西学为用",有人提出"中学为主,西学为辅",还有人提出"中学为本,西学为末",意思都差不多,概括起来叫作"中体西用"。意思就是可以学习西方的科学技术,但它只是"用",以这个"用"来维护中国封建政治制度、伦理道德这个"体"。"体"是不能变的,"用"是可变的。分析中国洋务运动的发展过程就知道,它最初是学习西方的军事技术,造枪、造炮、练兵,目的很明确,首先要镇压太平天国农民革命,维护清王朝封建统治。清朝统治者说农民起义是政府的心腹大患,而外国的骚扰、侵略只是肢体之患。镇压了农民起义以后,军火工业还继续搞,另外还建立了一支海军。我们不能说建立海军还是为镇压农民起义,过去对洋务运动的这种说法是片面的。后来建海军,搞军火工业,也有抵御外敌的动机。建军火工业和海军需要经费和原料,还要运输,所以接着就发展一些矿业、纺织业、运输业、轮船业、铁路。要跟外国打交道,搞外交,设立了一个机构——总理各国事务衙门,相当于我们现在的外交部。当时这个总理衙门比我们现在外交部权力大得多,一切涉及洋人、洋务的事情都归它管,连海防、海军、海关、教育、文化都归它管。为了培养翻译人才,设立了同文馆。因为要培养技术人才,设立了一些船政学堂、炮兵学堂、水师学堂。另外派一些幼童到欧美去留学,再派一些船政学堂的学生到欧洲去留学,学造船、学驾驶。总的来说,这些措施和一系列发展过程都符合"中体西用"的指导思想。对"中体西用"的评价也不能简单化。我认为"中体西用"最初也起过一定的积极作用,在中国守旧的体制上打开了一个缺口。在此之前我们根本不学西方,说洋人的东西不能学,现在说洋人的军事、技术还是可以学的。为减少一点阻力,当时的洋务派还宣传一种"西学中源"说,说西学很多东西的来源本在中国,举例说西方很多科学技术源于中国的诸子百家,科学是《墨子》传去的,法律内容源于我们的《韩非子》,政治制度源于我们的《管子》,这是自欺欺人的。之所以这样说,就是要找到一个理由,说明原来是我们的老祖宗把有些东西给丢了,孔子不是说"礼失而求诸野"吗？丢了的东西我们可以到外面再去找回来,现在只是把祖宗丢的东西捡回来了,有什么不可以呢？洋务运动开始的时候主要是在器物的层面,我想应该承认它是一个进步,是中国近代化进程的一个开端,毕竟是有了一些工厂、铁路、海军。但是它的缺陷在于把"体"和"用"割裂开来、对立起来,后来的思想家严复就批评过,说"体""用"本来是一致的,怎么给它对立了呢？正像一头牛,来个牛体马用、马体牛用是说不通的。这种"中体西用"的指导思想把改革限制在器物的层面,可以学技术、办工厂,但是拒绝深入到制度层面。要改革政治制度、改革伦理道德、改革服装、改革礼俗都不可以,这些都是不能动的。所以有些洋务派代表人物说中国文物制度事事远出西人之上,独火器不如,就是说我们的制度比西方的好,只不过武器差一点,我们就要学它的武器。我看到一份史料,是李鸿章跟日本驻华公使森有礼的一次谈话,李鸿章说我们绝不会像你们那样把制度也改了,把服装也改了,我们只不过要学一些军事技术,这些东西是西方人的高明之处,是我们不行的地方,我们不得不学。洋务派竭力想守住"中体西用"这条线。

日本明治维新的指导思想是全方位地向西方学习,口号为"和魂洋才",后来又叫"文明开化",又叫"脱亚入欧",它的最终目标是把日本建设成一个能够和欧美列强并驾齐驱的资本主义现代化国家,这个目标定得很高的,最终是要离开亚洲,加入欧美西方世界。这里实际上涉及一个很重要的问题就是怎样对待本国的民族文化和外来文化,怎样处理传统和现代化的关系,我们今天还在讨论这个问题。可以看到,日本自古以来就有学习外来文化的传统。最早是学中国,那时学得很全面的,唐朝时派遣唐使,把中国的制度、法律、文学、艺术都学过去。到了后来所谓近世的时候又学荷兰,引进兰学,如人体解剖学、地理学。后来又学英、美。最初学习中国的时候,提出一个口号叫"和魂汉才","汉"就是中国,"和"就是日本大和民族,说我们的灵魂还是日本的,但是实际上各方面都可以学习中国。有人问"和魂洋才"、"和魂汉才"是不是跟我们的"中体西用"是一样的，实际上内涵很不一样。它的"魂"和"才"是很灵活的，可以变的。所谓"和魂汉才"，它学习中国的技术、文化的同时，把中国的制度、法律全搬过去了，学习西洋的时候也是如此。在日本制订民法、刑法的时候就是参照了法国、德国。在幕末的时候有一个口号叫"东洋道德西洋艺术"，意思也差不多。到了明治政府的时候更明确地提出"文明开化"，要全面地学习西方。最后福泽谕吉提出"脱亚入欧"的口号。福泽谕吉是日本的著名思想家，日元一万元的钞票上就印着他的头像，他创办了庆应大学。我到庆应大学访问的时候，日本人很自豪地掏出一万日元，说我们的创始人就印在这上面。福泽谕吉确实是日本近代很重要的思想家，他提出的一个口号叫"脱亚论"，日本应该离开亚洲，目标是要跟欧美的强国一样，真正做一个文明的国家。他有一本书叫《文明论》，说日本应该像欧美一样文明，而朝鲜、中国这样的国家都是不文明的，半开化的国家，不要跟它们一样。在这样的口号下，日本全方位地、各个层面地去学习西方，促使日本的改革全面开花。比如政治上，由伊藤博文主持制订宪法；经济上，发展资本主义的工商业；文化教育上，推行近代的学制，发展科技、普及教育。

这里我们要特别提到日本非常重视教育，这一点是很值得我们借鉴的。日本努力普及教育，在江户时代教育就很发达了，乡村里有寺子屋，像我们的私塾似的进行教育。当时有的西洋人到日本的时候坐人力车，发现人力车夫在休息的时候也在看书。到了明治时代后，特别抓普及教育，日本在1873年的时候小学普及率是30%，男子已经达到40%，女子小学普及率是10%。到了1907年，男子普及率已经达到100%了，女子也达到90%多了。几十年间日本的小学教育基本普及了。1886年义务教育是四年制，到了1907年是六年制义务教育，到了1947年已经实现九年制义务教育。日本还非常重视人才的培养，刚开始的时候也缺乏人才，所以它大量地引进外国人才，聘请外国的顾问、专家，东京大学有很多外国教授。但是一旦他们培养出本国人才，东京大学的第一批毕业生出来以后，就把很多外国人辞退了，用自己的人才来代替。日本还派出大批的留学生，当留学生从欧美一回来，就把欧美的专家解聘了。

当然我们还应该看到日本也是走过弯路的，不是说它一切都顺利。日本在提倡"文明开化"的过程中，一度也曾搞过"欧化主义"，在日本的历史上叫作"鹿鸣馆"现象。"鹿鸣馆"是什么意思呢？就是当时明治政府盖的一座洋楼。按照西洋的方式，每天在这里举行宴会和化装舞会，完全模仿西洋的礼俗，这叫"鹿鸣馆"现象，它理解的文明就是要全盘欧化。有的人还说吃肉要吃牛肉，不能吃猪肉，吃牛肉才是文明。但是这些现象遭到许多人的反对，日本最终实行的是"和洋折中主义"，真正在日本的文化里体现出来的是把西洋文化和民族文化融合，即有机的结合。这里我可以举个例子。大家都可能知道日本人的生活方式，比如日本人吃饭，早晨常常吃西餐，两块面包、一杯牛奶，中午他们喜欢吃中餐，晚上回到家里要吃比较复杂的日本式和餐。穿衣服也是，外出要穿西服、便服，回到家里脱下西服、穿和服。房子客厅做成西式的，卧室做成和式的。和式的房子又舒服、又方便，而且节约地方，把被子放在壁橱里，房间地上铺榻榻米，可以坐，也可以躺。日本的文字也是如此，既有中国的汉字，又有日本的假名，现在又有大量的欧美外来语。所以有人把日本的文化叫作混合文化，或者难听一点叫杂种文化。有些日本学者认为外来语用得太多了，影响了民族文化的精髓。另外，我们看到福泽谕吉所讲的"脱亚入欧"是有两重性的，一方面定下目标要学习欧美、赶超欧美，这是积极进取的方面，对日本要实行现代化是有积极作用的。但是它也有另外一方面，就是轻视亚洲，甚至去侵略亚洲的邻国。福泽谕吉在"脱亚论"里讲我们的邻居中国、朝鲜都是半开化的、落后的、野蛮的国家，不要可怜它、同情它。"脱亚入欧"实际上助长了日本对亚洲邻国侵略的军国主义。

中国后来搞戊戌维新时吸取了洋务运动失败的教训，改革也深入到了制度层面。但是戊戌维新不顾中国国情，全盘地模仿日本。当时康有为给光绪皇帝进呈了一本《日本变政考》。这本书现在还在故宫里保存着,我曾经专门研究过这本书。在《日本变政考》里介绍了日本明治维新的经验,然后康有为跟光绪皇帝说我们只要全盘地模仿日本,一切已足。光绪皇帝和维新派企图完全仿效日本进行变法,结果因中国国情不同,中国的新旧力量对比相差太大,最后失败了。

我认为,这一部分对我们很有启发,我们必须要具有走向世界、顺应时代潮流的决心和积极的态度,两个外交使团就比较出这种差异。我们现在很多领导和出国考察的人,应该有这样的决心和认真学习的态度,而且要有分析。改革应该是各个层面的、全方位的。现代化的目标蓝图要从实际出发,要符合国情,如我们现在提倡有中国特色的社会主义现代化,全面建设小康社会就是从我们的国情出发。

三、要有强有力的统一的国家政权,开明能干的领导集团,坚定灵活的政策策略,稳定和平的国际国内环境,这是实现改革和现代化的重要保证

国家权力是推动社会变革的历史杠杆,改革势力是否掌握国家权力,能否战胜守旧势力,改革领导集团的组成结构、能力素质以及最高统治者对待改革的态度,对于近代中日改革与现代化的成效,起着举足轻重的作用。

中国洋务运动的领导势力是洋务派,如曾国藩、李鸿章等,主要是一批在镇压太平天国农民革命中受到重用的汉族地方官僚军阀。虽然他们后来官做得很大,做到总督、巡抚、北洋大臣,握有地方的军政大权,像李鸿章还有一定的中央的大权,但是他们并没有处于国家权力中心,他们的改革措施处处都要受到掌握国家最高统治权力的慈禧太后和她周围一批亲贵守旧大臣的制约。所以洋务派的改革也是举步维艰的。洋务派搞改革也遭到阻挠,如洋务派在1866年要搞同文馆的天文算学馆的招生,同文馆过去只培养外语人才,此时认为应该培养一些西学人才,学科学技术

的、天文数学的。结果守旧派大学士倭仁出来反对,他说这叫"师从夷人,有伤国体"。他是个礼学大师,大学士,他的话一说,谁都不敢报考同文馆。洋务派想修铁路,守旧派提出修铁路有十大弊端,破坏了风水,惊动了神灵。刚开始在上海吴淞修个小铁路,修完了以后要拆掉,拆了以后把铁轨扔到海里去,因为惊动祖宗了。北京修了一条小铁路,火车头轰轰响,守旧派认为不能用,拿几匹马拉还可以。洋务派当时派了一些幼童留美,像詹天佑这些人都是很努力的,在美国的大学里表现都不错。保守派马上就攻击,说这是以夷变夏,把小孩子变成外国人。这些小孩子到外国把辫子剪掉了,还穿西服、上教堂、踢足球,成何体统,回来时都成了假洋鬼子,那怎么行呢?在这种压力之下,李鸿章不得不在1881年把这些留美学生全都撤回来了,半途而废。美国的大学校长联名给李鸿章写信,说太可惜了,这些学生很聪明、很努力,怎么把他们招回了呢?再加上这些洋务派领袖人物本身也是深受儒家思想的影响,如曾国藩就是理学大师,他们大部分没有出过国。洋务派领袖人物缺乏西方的知识和世界的眼光,年龄也比较大,他们为了保住自己的官位,处事谨慎、小心、圆滑,不敢得罪慈禧太后,还要处处去讨好她,所以改革就很难有成效。这里我举个例子,我在一个日文的材料里看到一份李鸿章和日本驻华公使森有礼的谈话记录,时间是1879年1月24日,地点在河北保定的直隶总督衙门。这次谈话典型地反映了近代中日两国政治家改革观与东西文化观的差异。两个人围绕服装改革争论起来,还讲了很多外交方面的内容。李鸿章开始还夸日本人,说你们过去学我们唐朝的服装非常好,但是马上就批评,说你们现在不行了,学西方穿西服,又贵,又不好看。森有礼马上就驳斥他,说西服又便利又适合我们劳动,很精美,适合于勤劳富国,穿着和服、唐朝的服装不好劳动。李鸿章就说你们这样做是放弃了自己民族的传统和独立精神,是受欧洲人的支配,你们不感到羞耻吗?森有礼回答说我们不感到可耻,还感到很光荣,因为这个事情不是外力强迫的,是我们自愿的。我们在历史上学中国,现在我们学西洋。最后李鸿章还说我们绝不会像你们这样搞改革，我们要学的就是一些武器、技术，是必要之物和西方最强技术。关于这场辩论我后来专门写了一篇文章，说明洋务派的"中体西用"和日本人所谓的"和魂洋才"不同。森有礼曾经到英国留学，又到美国考察过，鼓吹文明开化，后来任驻中国公使，又任驻美国的公使，当过文部大臣。日本教育制度、近代学制的确立者就是他，贡献也很大，最后在1889年被守旧派刺杀了。

改革和现代化涉及社会体制、结构、观念等的转变，触及社会集团权力、利益的再分配，因此守旧势力必然要千方百计地反对改革，改革和现代化的进程必然会遇到阻力，充满斗争和曲折。这些我们可以从近代中日两国的历史中看到。

洋务运动几乎每一项改革措施都会遭到封建顽固势力的反对和传统思想的阻挠，具有改革开放思想的人会遭到打击。我这里举一个例子就是中国第一位驻外公使郭嵩焘。最初派公使的时候，谁都不愿意出去，当时中国的读书人都害怕出国，找来找去找不到一个公使，后来慈禧太后召见郭嵩焘，说派你出去，郭嵩焘推辞说我年老有病，慈禧太后说勉为其难了，你就为国家付出这个辛苦吧。但是后来郭嵩焘出了国，见到了西方的文明以后，很受启发。他把西方的一些新事物加以介绍，加以赞赏，包括西方的议会。结果被守旧派给他安插的副使刘锡鸿给朝廷打了小报告，告了他的黑状。我看到了刘锡鸿的这份奏折，他给郭嵩焘罗列了十大罪状，这十大罪状我们今天看起来都很荒唐可笑的。有一条说郭嵩焘去参观英国的炮台，风很大，英国人就拿了一件大衣给他披上，刘锡鸿说作为堂堂中国的大臣，即使冻死也不应该披。还有一条说郭嵩焘到英国参加音乐会，也跟洋人一样拿一张节目单看，仿效洋人所为，大失体统，等等。这样一来，朝廷说不能用郭嵩焘了，赶快把他召回了。郭嵩焘写了一本书就是《使西纪程》，记载他到西方的所见所闻，很多是赞赏之辞，因而朝廷认为这本书不能流传，应该禁掉，而且应该被毁版。结果《使西纪程》现在很难找到。他家乡守旧的士大夫们、儒生们也群起攻之，说郭嵩焘简直不像中国人了,他是个汉奸、是个假洋鬼子了,应该把他开除湖南籍。就因为他赞扬了一些西方的东西,竟遭到了这样的待遇。他本来在洋务派湘系里是个重要人物,最后落得可悲的下场。

这里我们还要讲到戊戌维新。戊戌维新运动的领导势力是光绪皇帝、帝党官僚,还有维新派的一些知识分子。光绪虽然是个皇帝,但是没有实权,4岁继位以后,一直是慈禧太后垂帘听政。后来他到18岁成年,结婚以后,慈禧太后虽然表面上让他亲政,但实权还在太后手中。他依靠的那些帝党官僚,除了户部尚书翁同龢有一点实权以外,其他都是些御史、翰林,这些人没有军政实权。而那些维新派的领袖康有为、梁启超、谭嗣同都没有做到大官,梁启超根本没做过什么官,康有为只是六品主事,而且他们是一批缺乏政治斗争经验的知识分子。像康有为熟读诗书,忧国忧民,有学问,有政治抱负,有热情,但是缺乏政治的谋略和才干,缺少政治经验。连梁启超也认为他的老师康有为与其说是个政治家,不如说他是个教育家;说他是个实行家,不如说他是个理想家。康有为对中国的变法改革过于乐观,反映出他急于求成的心态。光绪皇帝召见他的时候,他讲过西方改革是300年而治,日本改革30年而强,中国改革只需3年就可自立,然后蒸蒸日上,富强可敌外国,表现得非常乐观。中国为什么可以这样,因为中国是个大国,而且有你这样英明的皇帝。光绪一听很高兴,马上搞改革吧。年轻的光绪皇帝更是急躁,操之过急。百日维新一共是103天,他下了二百多道改革的命令,一天好几道,而且急得不得了,不分轻重缓急。要裁撤官员,一个月之内各地都要裁完,不顾社会的承受能力和各个利益集团的反映。而且康有为也不善于团结人,不去团结同盟者,树敌过多,把许多人都推到对立面去。比如说洋务派当时是可以争取、可以团结的,康有为成立强学会的时候,李鸿章说我可以出3000两银子,要求入会,康有为说你的名声太臭,不能入会,把李鸿章推到了对立面。张之洞本来在一定程度上支持改革,当看到康有为写的《孔子改制考》,两个人就争起来了,孔子怎么会改制呢?后来张之洞也反对他。正因为戊戌变法深入到制度层面,遭到更大的阻力和反对,如裁撤衙门,各级官员都反对他,尤其是光绪下令各省一个月之内把冗员裁撤掉,引起官场上下人心惶惶,怨声载道。另外要裁撤旧军人绿营军队,绿营官兵群起反对。对旗人下令让他们自谋生计,八旗旗人原来都是由政府供养的,现在要让他们自谋生计,旗人也起来反对。要废除八股,改革科举考试,不少旧知识分子也反对,说我们只会作八股,废除了八股,我们怎么考试呀?各种社会集团都反对变法。变法的时候还一下子罢免了礼部的六个堂官,就是礼部的六个部长、副部长,就因为他们压制了下面一个官员的上书,结果这六个部长,特别是礼部尚书跑到颐和园向西太后哭诉。顽固派对变法改革恨之入骨,有的读书人说要杀康、梁以谢天下,还有人造谣说康有为给光绪皇帝灌了迷魂药了。守旧势力群起反对,联合在西太后周围,掌握了军权、政权、财权,搞了政变,轻而易举就把变法扼杀了。戊戌变法只是昙花一现,103天就失败了,光绪皇帝被软禁到瀛台,康有为、梁启超流亡海外,谭嗣同等六君子被杀。谭嗣同最后说了一句话,"有心杀贼,无力回天"。维新的力量太小了,守旧的力量太大了,新旧力量的对比太悬殊了。后来严复有一句话说,新旧力量是千与一之比。

  日本的明治维新领导势力以明治天皇为旗帜,以维新派的中下级武士为核心,推翻了幕府的旧政权,成为新的天皇制国家的权力中心。明治天皇执政的时候只有16岁,权力掌握在维新派的中下级武士手中。这些武士们比较了解世界形势,了解日本国情,富于政治斗争经验,他们许多人在地方的"藩"里做过官。很多人学过西学,像伊藤博文到英国留过学,维新以后他们又组织了岩仓使节团到欧美12个国家去考察。他们精心考察西方的制度、文化,确立了日本改革的目标和方略。他们还请一些懂得西方的著名学者去给明治天皇上课,如西村茂树、加藤弘之为明治天皇讲西方的文化、西方的法律和西方的政治,使明治天皇具有西方的知识,能够领导改革。日本的改革领导集团也比较注意策略,使改革稳步推进。官制改革、废藩、制宪是一步步进行的。它还利用国家的权力和天皇的权威果断镇压了西南士族叛乱。明治维新以后,有些没落的贵族、士族也不满意,在西南发动一次叛乱——西南战争。西南战争是以西乡隆盛为代表的,西乡隆盛本来也是个维新志士,但是维新以后又站到了没落的士族一边,它领导西南叛乱,最后西乡隆盛兵败自杀了。日本人有个特点,不以成败论英雄,把伊藤博文等人称为英雄,同样也把西乡隆盛称为英雄。总之,日本的明治维新领导集团排除了阻碍改革的保守势力,保证了改革和现代化的顺利进行。

我们还可以稍微回顾一下中日两国国家政权干预经济的一些情况。我这里举例说明,日本的明治政府是利用国家的权力来推行资本主义的工业化的。1870年成立了工部省,执行了殖产兴业的政策。这个政策就是开始先建立一批国营的模范工厂作为示范,包括一些矿山和一些官营的工厂,然后陆续地把这些国营的企业以低价卖给民间,当然不是随便卖给一个商人,而是卖给那些跟政府有关的有特权的大商人。从1874年到1896年这段时间出售了26个国营大企业。举一个例子,比如说原来明治政府投资62万建立了长崎造船厂,这是一个规模很大的工厂,然后用9.1万的低价一次性出售给一个叫岩崎弥太郎的大商人,他就是三菱财团的创始人。他当时有个三菱造船株式会社,后来发展成为轮船公司,最后发展成为日本邮船会社,是很大的一个企业。他们称之为民营官助,即由民间来经营,官方给予资助,扶植那些大商人、大财团。日本天皇有两个支柱,一个是军阀,一个是财阀。中国在这方面正相反,国家政权不但不去扶助,反而控制企业,压制民族资本的发展。洋务运动时有一个政策叫官督商办,官来督,商人来办,商人出钱、集股,搞轮船招商局、机器织布局等企业,官员们在那里随意地挥霍、贪污,而且那些官员不懂得经营,最后企业破产,官员侵吞那些商股。如机器织布局有的商人开始有1000两银子的股份,过了几年变成了200两,到最后一个股份就只剩100两。而且国家政权还搞垄断,办了一个官办或官督商办企业以后,就不准民间再经营同类企业。当时在上海办了一个机器织布局,李鸿章就说十年内不准民间再办纺织厂。国家权力不但不扶植资本主义的发展,反倒压制了民间资本主义的发展。

另一方面,我们也要看到日本的明治改革也有很多的局限性。政治体制的某些方面仍然保留了浓厚的封建残余,最主要的就是天皇制,天皇神圣不可侵犯,是神的化身,打仗的时候天皇是海陆军大元帅。我刚才讲到,天皇制是以军阀和财阀为两大支柱。日本是元老政治,特别是在明治末期,伊藤博文等少数几个元老在幕后操纵政治,甚至首相谁来做都是由元老会议决定。另外一个是封建残余的军国主义,日本有武士道的传统,所以它的军国主义越来越膨胀,对外发动侵略战争。军部的势力越来越大,军部能够控制政府,后来实行法西斯主义,最后走向侵略战争。从这里也可以看到,国家政权、领导干部对国家、民族的前途命运具有多么重要的意义,负有重大的历史责任和使命,它实行的政策策略以及领导人本身的素质能力都很重要。

四、甲午战争对中日两国现代化和历史发展的影响

最后,我想讲讲 19 世纪末 1894 年到 1895 年的甲午战争,这对中日两国的历史和现代化产生的影响很大。在日本把甲午战争叫作日清战争。甲午战争可以说标志着 19 世纪下半叶中日两国改革和早期现代化 30 年竞争的最后结局。我曾经打比方说 19 世纪中叶的时候中日两国在一条起跑线上,实际上在进行一场比赛,虽然自己没有意识到,可是到了甲午战争是一个最后大结局了,是中日两国近代历史上的又一个重要转折点。甲午战争中国失败的原因很多,我觉得最根本的原因还是政治的腐败。1894 年甲午战争开始的时候正好是慈禧太后要过 60 大寿,尽管发生中日战争,大小官员们首先考虑的不是怎么去对付侵略,而是怎样讨好慈禧太后,给太后送什么寿礼,办什么样的万寿大典。而慈禧太后对战争的态度是赶快结束战争,赶快讲和,不要让战争影响我的寿典。李鸿章

很能了解西太后的心理,想办法去迎合她的心理,他采取消极的防御,积极地求和。他到处去求外国公使出来调停,不要跟日本打仗。求英国、求美国、求俄国,他美其名曰"以夷制夷"。实际上哪个国家都不来帮助中国,都不肯出来调停。甲午战争爆发的时候,李鸿章还力图避战保船,保存他的实力,因为他把北洋海军看成是自己的财产。历史很具讽刺意味,大连失守那一天,正好是西太后寿典日。慈禧照样在皇极殿里庆贺,大宴群臣,而且还要赏戏三日,宫里搭戏台演戏,光绪皇帝和军机大臣们都要陪着慈禧太后在宫中听戏,不理军国大事,三天大家都看戏。当时谁要主战,建议省些祝寿的钱,用于军费需要,西太后就会大怒,说谁要让我一时不痛快,我就让他一辈子不痛快!在这种情况下,战争还怎么打,怎么能不失败?

我认为战争失败的根本因素是政治腐败,当然还有其他很多因素,如军事的指挥、战略战术、武器装备等。战术上我们的海军和陆军不配合,陆军逃跑后,日军占领陆军的炮台,就拿炮台的炮去打港口里的海军。情报上中国一点不灵,日本人把天津电报局的电报收买了,中国的军事情报他都知道。后勤供应方面也有问题。但是,我觉得武器还不是决定性的,比较一下当时中日的海军,实力还是相当的。李鸿章花了大量的军费,十几年的时间建立起北洋舰队,当时确实是亚洲最强大的舰队,有两艘从德国买来的7300多吨的铁甲舰,在亚洲是最厉害的军舰,一艘叫"定远号",一艘叫"镇远号"。1891年北洋舰队到日本访问的时候,曾经威震日本,后来日本人勒紧裤腰带也要全力以赴发展海军,拼命去造船,发行海军的公债,天皇拿出自己的一部分开支去办海军,官员们捐出自己十分之一的工资去买船,老百姓也捐款。相反清朝政府认为北洋海军已经建得差不多了,大功告成了,在成军以后,基本上没有再买船,没有添炮,连炮弹都不让买,最后打仗的时候炮弹不够用。清朝政府还挪用了一部分海军军费给西太后修颐和园,过去有些文章说海军军费3000万两全部去修颐和园,这不太确切,我们查过故宫的档案,确实有300万到500万两海军军费被挪用去造颐和园和三海工程,三海工程包括北海、中南海。实际上甲午战争的时候中日双方海军的实力是相当的,各有优势。中国的船大、炮大,日本的船是新式的,速度快,炮也多。由于李鸿章消极避战的战略错误,丢了制海权。打了黄海之战,本来是双方不分胜负,李鸿章却下令丁汝昌带领北洋海军到威海卫刘公岛,说你就给我保住这几条船,打仗不是你的事了。结果北洋海军缩在刘公岛被日军包围了,日军前面用鱼雷艇封锁,后面打下威海卫的陆路炮台,用陆路上的炮台去打刘公岛里的北洋海军,结果北洋海军全军覆没,丁汝昌最后自杀,他还有一点民族气节。日本把镇远号的船都俘虏过去了,编入日本舰队,后来在日俄战争的时候就成了日本联合舰队的战舰。

1895年李鸿章到日本的马关(现在叫下关)和当时日本的首相伊藤博文谈判,签订了《马关条约》。今天不说别的,就说赔款,日本得了赔款成了亚洲的暴发户。《马关条约》规定对日赔款是20000万两银子,实际上还不止,后来辽东半岛通过俄法德三国还辽赎回来,日本说对三国我可以让步,对中国不能让步,再加3000万两"赎辽费",又说威海卫我给你守了几年,要给守备费350万两,实际加起来是23350万两。这个数字折合日元是35000万,相当于日本四年的财政收入,所以当时日本外相井上馨非常得意,说一想到有35000万日元滚滚而来,无论我们政府或者私人都感到无比地富裕。

我们再看看这笔赔款日本政府是怎么用的。我从日本的财政史资料中看到,它是这样用的:陆军的扩充费5700万,海军的扩充费13900万,临时军事费7900万,军舰水雷的补助基金费3000万,还要买军舰、买水雷,加起来差不多已经是3亿日元了,赔款主要用来扩军备战,因为下面要打日俄战争。此外用于天皇皇室基金2000万,台湾的殖民费1200万,还有教育基金1000万。我们说日本发展教育,有它重视教育的一面,还有从中国拿来赔款去发展教育的一面。另外还有灾害准备基金1000万,总计差不多35000万日元。明治政府利用这些赔款不但加速了军事的现代化和工业的现代化,还因为这些钱规定是由英镑来付,由此利用它建立了一个金本位的货币制度。过去日本跟中国一样是银本位,金本位以后就把日本的货币纳入到国际货币经营体系中,大大增强了日本的经济实力、商业和资本输出的竞争能力。日本还通过《马关条约》取得在中国开厂、资本输出的特权,并且在台湾建立殖民统治,掠夺了大量的财富和原料。甲午战争以后,日本很快实行了向帝国主义的过渡,成为亚洲唯一的帝国主义国家。

甲午战争给中国造成巨大的历史灾难和民族危机。清政府当时要支付这些赔款,根本拿不出这么多钱,只得向西方列强去借款,先后向俄国、法国、英国、德国四国三次大借款,借了30000万两,借款36年还清,本息是60000万两。西方列强一方面通过借款控制了中国的财政、海关,同时趁机掀起了瓜分中国的狂潮,纷纷向中国租借港湾,中国好的港湾它们都租借,从北方的旅顺、大连一直到南方的广州湾,这里我不详细列举了。各国还划分势力范围,当时中国已经面临着被瓜分、要亡国的危机。有的爱国人士悲愤地写道:"四万万人齐下泪,天涯何处是神州。"我们要用辩证的眼光去看甲午战争的影响,正如恩格斯指出的:"没有哪一次巨大的历史灾难,不是以历史的进步为补偿的。"甲午战争虽然给中国带来巨大的历史灾难,同时也激发了中华民族的觉醒和奋起。梁启超有一段话说,我国四千余年大梦之唤醒,是甲午战败、割台湾、赔款二万万两以后的事。这以后中国人终于产生了一种强烈的危机意识和变革意识,奋起改革和革命,救亡图存,振兴中华。甲午战争以后不久就发生了戊戌维新,经过辛亥革命、五四运动、北伐战争、抗日战争、解放战争,半个世纪的奋斗终于迎来新中国的诞生,开始社会主义现代化建设。

日本虽因甲午战争胜利大发横财,同时也促使其军国主义和侵略野心的恶性膨胀,埋下了最后失败的种子。甲午战争后日本军部的势力大大地增强,控制了政权,建立了军国主义的体制,推行奴化教育,不断地对外扩张,发动了一次次的侵略战争。从参加八国联军侵华,到发动日俄战争,吞并朝鲜,侵占我国东三省,发动全面侵华战争,最后挑起太平洋战争,妄图称霸世界,但最后走向彻底失败和毁灭。第二次世界大战日本投降的时候,遭到美军原子弹和炸弹的轰炸,几乎成为一片废墟。现代化也遭到了夭折。然而,我们还要辩证地看,日本战败又迎来了日本民族的新生,战后又开始了新的改革和现代化的进程。战后的现代化我就不讲了,它因各种因素实现了重新崛起。

历史的辩证法是无情的,历史的经验教训值得我们认真总结。现在,历史认识的问题,特别是对华侵略战争的认识也成为当代中日关系的一个要害问题和症结问题。很多问题如修改教科书、参拜靖国神社等等都跟这个历史问题有关系。日本军国主义发动侵华战争给中国人民造成了巨大的民族灾难,同时也给日本人民带来了痛苦,这是血和火写下的历史事实,我们必须尊重历史。历史是客观的,不能改变的,应该尊重历史,以史为鉴,面向未来,这样中日两国在21世纪才能够保持和平、平等、互惠合作、友好的关系。如果谁想去歪曲历史、企图用谎言狡辩篡改侵华战争历史,复活日本军国主义,他们必然要遭到历史的惩罚,这也是历史的规律。

19世纪东亚各国对外意识的比较

19世纪东亚各国所围绕的国际关系和地区内部的利益冲突影响着东亚各国的方向选择。然而,东亚各国自身对世界形势和国际关系的认识和反应,无疑也是决定它们采取不同方向选择的重要因素。因此,把19世纪东亚各国对外意识进行深入分析比较,不仅有助于理解19世纪东亚各国方向选择的过程,也会对我们构筑21世纪东亚国际关系有所启示。

所谓对外意识主要是指对世界形势、国际关系和外国事情的考察认识和判断评价。它不仅会影响一个国家政府的外交方针政策和民众的对外态度行为,而且会影响这个国家内政的决策和变革方向道路的选择。东亚各国的对外意识既包括对世界形势与国际关系的总体认识,也包括对西洋列强和东亚邻国的个别认识。我们还应注意到一个国家的对外意识不仅有统治阶层如皇帝、贵族、官僚的见解,还有民间人士、下层民众以及舆论的反应。而且,同一国家的上层与下层、不同的集团派别,往往会出现互相矛盾甚至对立的对外意识。

下面我试图用纵向比较与横向比较相结合的方法,分四个阶段考察分析比较19世纪东亚各国的对外意识。

一、19世纪初的华夷意识与闭关锁国

华夷意识是东亚文化圈各国特别是中国传统的对外意识。它以儒家的仁义礼仪为价值标准,把世界分为华夷两极,以"内华外夷"、"贵华贱夷"、"华夷之辨"、"以华变夷"为其价值取向。直到19世纪初,它仍占据着东亚各国对外意识的统治地位和主流,不过在各国的表现形式和程度略有差别。

中国是东亚文化圈的核心国,也是华夷意识的发源地。从先秦以来就逐渐形成了华夷观念,包括华夏中心地理观和华夏文化优越观。即认为中国是世界的中心,中国文化是世界最优秀的文明,而四周的藩属邻国以至海外列国则是落后野蛮的"四夷"(即东夷、南蛮、西戎、北狄)或"四裔"(裔即边也),都应该向中国朝拜进贡。尽管明末清初西方传教士曾带来世界地图和地球仪,试图向中国人说明真实的世界形象,却遭到多数中国士大夫的怀疑批判,斥之为"邪说惑众"、"海外奇谈"。直到18世纪末乾隆年间修的《皇朝文献通考》对世界的描述仍是:"中土居大地之中,瀛海四环,其缘地滨海而居者,是谓之裔,海外诸国亦谓之裔。"①19世纪初嘉庆年间修的《大清会典》则把西方各国如英国、荷兰、意大利、葡萄牙都算成是自己的"朝贡国"。而民间往往把东来的西方人视为烹食小儿、诡服异行的"番鬼"、"红毛夷"。

日本、朝鲜、越南等国处于东亚文化圈的外围,它们在中国文化特别是儒家思想的影响下,产生了有本国特色的华夷意识。

---

① 《皇朝文献通考》卷三九三,《四裔考一》。

日本在古代飞鸟、奈良、平安等时代曾竭力吸收中华文化,仿效中国文物制度,以至产生"慕华贱夷"、"脱夷入华"的思想。但到德川幕府统治的江户时代,已经有一些国学者批判尊华观念,形成以日本为中心的"华夷意识"。本居宣长声称:"世界万国中最优秀的国家,只有我天皇统治的日本国。"①另有一些兰学者则用从荷兰书刊中得到的新地理知识批判中国中心论。司马江汉指出:如果以地理位置来定,应称赤道下之邦为"中央"。然而,日本社会多数人仍崇尚中华文化,坚持华夷意识。有人嘲笑传教士带来的地球仪不分上下,简直是不识真理的"戏言"。

朝鲜李朝统治者认为朝鲜是"小中华",文化高于中国以外国家。甚至一度认为中国清朝的满族统治者也不是正统的中华,而是应加以蔑视讨伐的夷狄。

越南阮朝统治者自称"南中华帝国"和"大南国大皇帝",把周边南掌、万象(今老挝)等邻国当成其朝贡国,构筑东南亚的华夷体系。

在华夷意识支配下,东亚各国在19世纪初基本上都实行闭关锁国的对外政策,但内容、重点又有所不同。中国虽然关闭了三关,但仍留广州一口对外贸易,并不拒绝与各国交往,只是强调对方必须承认中国为天朝上国,追求名义上的藩属朝贡关系,重视名分礼仪等细节。而日本锁国后也保留长崎一个窗口,但对外通信仅限于朝鲜、琉球,对外通商则限于中国、荷兰,对其他各国一概拒绝。朝鲜锁国后仅与中国、日本通使通信。

二、19世纪40—50年代的危机意识和开眼看世界

19世纪40—50年代,由于西方列强的武力侵犯,东亚各国普遍产生对外危机意识,即因生存受到外来威胁而产生的一种不安全感,并开始睁开眼睛看世界,逐步树立新的世界认识。然而,各国危机意识的强弱和睁

---

① 朱谦之:《日本哲学史》,三联书店1964年版,第109页。

眼程度也有所不同。

中国成为西力东渐的主要对象,最早被英国用武力打开门户。由于华夷意识影响,中国统治者长期不了解世界,直到1840年英国舰队打进国门,道光皇帝才急忙打听英国究竟在哪里？有多大？与中国有没有陆路可通？"与俄罗斯是否接壤"①？鸦片战争中国战败以至丧权辱国的结局,说明了对世界形势愚昧无知的可悲。受到鸦片战争的刺激,中国士大夫中一批爱国开明之士产生了强烈的危机意识。他们开始睁开眼睛看世界,了解国际形势,研究外国史地,总结鸦片战争失败的教训,寻找救国的道路和抵制外敌的方法。如林则徐编译《四洲志》,魏源编撰《海国图志》,徐继畬编著《瀛环志略》等。这些著作达到了当时东亚对世界认识的最高水平。他们开始认识到中国只是世界之一员,要应付外敌入侵的危机,首先必须了解外国,认清世界形势,"欲制外夷者,必先悉夷情始"。而且要学习外国先进的军事科学技术,"师夷之长技以制夷"。但这种对外意识只是少数精英的先进认识,而作为最高统治者的清朝皇帝及权贵们却缺乏真正的危机意识,他们迷信和议,苟且偷安,依然文恬武嬉,麻木不仁。谁主张师夷长技制炮造船则斥其"靡费",谁主张翻译夷书、刺探夷事必说其"多事"。有的守旧官员甚至鼓吹以"闭关自守"作为"善后之策"。

日本作为一个资源较贫乏的岛国,危机意识比中国敏感强烈得多。早在19世纪初已有不少人为西方列强海上入侵与俄国势力南下威胁而感到忧虑,提出"海防论"与"北方危机论"。中国发生的鸦片战争更给日本敲响警钟,日本幕府官员、诸侯大名、武士儒生纷纷提出要以此为"前车之鉴"。幕府执政的老中水野忠邦认为鸦片战争"虽为外国之事,但足为我国之戒"②。他们迫切要求了解世界形势和外国情况。因此,中国的

---

① 《筹办夷务始末》卷四七《道光朝》。
② 信夫清三郎:《日本政治史》第1卷,上海译文出版社1982年版,第166页。

《海国图志》、《瀛环志略》等书传入日本后,被誉为"天下武夫必读之书"广泛流传。仅1854—1856年间,《海国图志》在日本被翻刻、训点和翻译的选本就达21种之多。相反,《海国图志》等书在中国却未受到统治者的重视,连日本人盐谷宕阴也为之叹惜:"呜呼,忠智之士,忧国著书,不为其君所用,反落他邦。吾不独为默深(即魏源)悲矣,亦为清帝悲之!"①

朝鲜在19世纪40—50年代也遭到西方英、法、俄、美等国军舰入侵,发生过一系列"洋扰"事件。朝鲜君臣也曾产生危机意识,有识之士惊呼:"此时外洋事不可不知也。"1844年李朝赴清使节从中国带回《海国图志》等书,士大夫争相阅读,并认为:"盖有志于御外者,不可少此文字矣!"②但一旦"洋扰"被击退,统治者又高枕无忧,不思进取了。

越南在鸦片战争时也产生了危机意识,阮朝明命帝下令收集有关外国情报,加固海防。但同时他又轻视西方列强,认为,"彼洋人纯用商贾之智,虽至用师,亦然可发一笑"③。

三、19世纪60—80年代的洋务意识和学习西方

19世纪60—80年代,东亚各国在西方武力威胁下先后实行被动开放和主动引进。对外意识的主流也从把西洋人当作蔑视与教化对象的华夷意识,转变为以西方列强为学习与交涉对象的洋务意识,但各国对洋务的理解和向西方学习的指导思想又有所差异。

中国虽从1842年鸦片战争失败就被迫开国,但直到1860年第二次鸦片战争,英法联军打进北京火烧圆明园,才彻底打破清朝统治者的天朝迷梦,承认遇到了"数千年来未有之强敌","实为数千年来未有之变局"。因此,必须重新认识世界。鸦片战争后清朝官方文件仍称西洋人

---

① 盐谷宕阴:《翻刻海国图志序》,《宕阴存稿》卷四。
② 许传:《海国图志跋》,《性齐集》卷一六。
③ 《大南实录》第二纪,卷二七。

为"夷人",处理外交为"夷务"。第二次鸦片战争中在西方列强的强烈抗议下,才不得不规定今后"夷人"均称"洋人","夷务"均称"洋务"。这不仅是个名称上的变化,也意味着对外意识的大转变。中外关系不再是天朝对夷狄,而是中国对列强的关系了。《北京条约》允许外国公使驻京,标志着西方列强开始干涉控制中国的内政外交。清政府设立了总理各国事务衙门作为管理一切对外事务的"洋务衙门"。中国洋务派官僚开始在"自强"、"求富"的口号下大办洋务,如购买洋枪洋炮,建立军事工业,兴办民用企业,建设海军,修建铁路,创办学校,派遣留学生等等。洋务意识实际上是一种向西方学习的主动引进意识。洋务运动是中国近代化的开端,符合历史发展潮流,但是它又受到两个方面的严重阻碍制约。一方面是中国封建顽固势力的反对破坏。他们攻击外国先进技术为"奇技淫巧",制造轮船"形同虚耗",开矿修路是"破坏风水",兴办学校是"败坏人心",留学外国是"以夷变夏"。导致津通铁路停建,同文馆招不到学生,第一任驻外公使郭嵩焘身败名裂,幼童留美半途而废。另一方面,中国洋务意识的指导思想是"中学为体,西学为用"这样一种价值体系。只能在封建纲常名教君主专制的"中体"不可变的前提下,学习引进西方军事、工业、科技、文教等"西用",而且,要以"西用"维护和加强"中体"。这样就制约了学习西方向更深的政治、思想层次发展,影响了中国改革道路的方向选择。一些洋务思想家为减少学习西方的阻力,还宣传"西学中源论",竟说西学实际上都来自中国古代圣人诸子的经典名著,如政治学说来自《周礼》、物理学来自《墨子》、化学来自《吕氏春秋》、法律来自《管子》等等,因此,现在学习西学不过是"礼失求诸于野",这是为满足华夷意识残余的自尊自大心理的自欺欺人之谈。

日本在1854年被美国培理舰队敲开锁国大门后,幕府与各藩就曾主动采取制造西式船炮、训练新式军队、培养洋学人才等洋务改革措施("幕藩改革")。1858年幕府老中堀田正睦深刻指出:"中国拘泥于古法,日本应在未败前学到西洋之法。"①1868年明治维新,以天皇名义发布的《五条誓文》中提出要"求知识于世界"。1871年又派出大批高级官员组成岩仓使节团赴欧美考察一年零十个月。明确了"以西洋文明为目标"的发展方向,全面学习引进西方资本主义政治、经济、文化、教育制度,制定殖产兴业、文明开化、富国强兵三大政策。以1889年颁布《大日本帝国宪法》、1990年召开帝国议会为标志,基本上完成了向资本主义近代国家转型的过程。日本在向西方学习时也曾提过"东洋道德,西洋艺术"、"和魂洋才"等口号,虽然与中国洋务运动的"中体西用"都是在东方传统文化基础上吸收西方文化的模式,但是"中体西用"由于其保守性、排他性,最终成为中国近代化的包袱,而"和魂洋才"由于其灵活性、可容性,却成了促进日本近代化的动力。

朝鲜在1876年被日本强迫签订《江华条约》而宣告门户开放后也产生了洋务意识,其代表是开化派。而开化派内又分成两派,以金玉均为首的激进开化派主张仿效日本明治维新,速成变革国体,1881年组织62人大型"朝士考察团",到日本考察政府机关和工厂企业。可是他们错误地估计形势,企图依靠日本势力推进改革,在1884年发动甲申政变,劫持国王、杀戮大臣,结果迅速遭到失败。另一派是以金弘集为代表的温和开化派,主张仿效中国洋务运动,以"东道西器"、"学器守道"为宗旨,缓进改革,并维持与中国的传统关系。1880年金弘集任修信使时曾从日本带回黄遵宪的《朝鲜策略》和郑观应的《易言》,并进呈国王。黄遵宪在《朝鲜策略》中建议朝鲜"亲中国,结日本,联美国"以防俄国,"图自强"②。高宗为此召集重臣商议,对朝鲜的对外意识和外交政策影响颇大。而《易言》也由政府出面,以"力破士大夫积习,开导浅薄的知识"为目的加以翻印和翻译出版。1881年朝鲜政府又派金允植率领38人赴中国考察。主

---

① 藤间生大:《东亚世界的形成》,日本春秋社1966年版,第69页。
② 金弘集:《修信使日记》卷三《朝鲜策略》,韩国国史编纂委员会1958年版。

要是到天津机械局学习武器制造方法,并招聘中国技术人员,在汉城三清洞设立机器厂。开化派的洋务意识和改革活动也遭到保守的儒生阶层的反对,他们提出"卫正斥邪论"、"倭洋一体论",反对学习西方和日本,岭南地区儒生甚至为此而上"万人疏"。

四、19世纪90年代的竞争意识和三条道路

19世纪90年代东亚国际形势发生大动荡、大分化,中、日、朝三国都面临究竟走什么道路向何处去的方向选择,形成了激烈的竞争意识。由于种种内外因素的作用,东亚三国最终分道扬镳,走上三条不同的道路。

1894—1895年的甲午战争可以说是中日两国洋务改革竞争的结局,大清帝国竟败在"东夷小国"日本手下,被迫签订割地赔款的《马关条约》。这既使中国人感到奇耻大辱,又刺激了中华民族的觉醒。正如梁启超所言:"吾国四千余年大梦之唤醒,实自甲午战败割台湾偿二百兆以后始也。"[①]同时它还引发了列强瓜分中国的狂潮。中国爱国进步的知识分子开始用竞争意识来观察中国与世界。康有为指出当今的世界处于列国竞争的时代,"图保自存之策,舍变法外,别无他图"[②]。严复翻译赫胥黎《天演论》,宣传"物竞天择"、"适者生存"的生物进化规律同样适用于人类社会,中华民族只有变法自强,才能立足于世界不被淘汰。康有为发起强学会,"鉴万国强盛弱亡之故,以求中国自强之学"[③]。以对外竞争意识激发变法图强和仿洋改制思想。他研究了日、俄、英、法、德、波兰、土耳其等国变法的历史经验教训,最后选择走日本明治维新和俄国彼得大帝改

---

① 梁启超:《戊戌政变记》,《饮冰室合集》专集之一,中华书局1989年版。
② 康有为:《上清帝第五书》,《康有为政论集(上册)》,中华书局1981年版,第208页。
③ 康有为:《上海强学会章程》,同上书,第173页。

革的道路,指出:"以俄大彼得之心为心法,以日本明治之政为政法。"①他还断言:"我朝变法,但采鉴于日本,一切已足。"②殊不知中日国情条件不同,1898年处处仿效明治维新的戊戌维新却由于守旧势力远远超过维新势力以及其他种种原因而告失败,中国失去了19世纪最后一次主动变革选择独立自主发展方向的机会。1899年下层群众对帝国主义侵略的反抗怒潮汇合成义和团运动。义和团既有反帝爱国正义性,又带有浓厚盲目排外色彩,最后被八国联军残酷镇压。1901年签订的《辛丑条约》使中国彻底陷入半殖民地深渊。

  日本在成功实现明治维新各项资本主义改革同时,也一步步走上军国主义道路。对外竞争意识使日本选择了"脱亚入欧"与西方列强共同宰割和争霸东亚的发展方向。早在江户时代末年,日本已出现"海外雄飞论"。吉田松阴就曾鼓吹:"割取朝鲜、满洲,吞并中国,所失于俄美者,可取偿于朝鲜、满洲之地。"③1868年明治天皇即位时发表的《御笔信》也公开宣布要"开拓万里波涛,布国威于四方"。随着对台湾、琉球、朝鲜的侵略行动,军国主义日益膨胀。尤其是1885年福泽谕吉提出《脱亚论》,鼓吹与西方列强"共进退",一起侵略宰割中国、朝鲜,"不必因其为邻邦而稍有顾虑"④。1890年首相山县有朋在帝国议会上公然提出除了保卫国家主权线外还必须保卫领土外利益线的侵略理论。日本对外扩张的利益线不断前移,逐渐形成吞并朝鲜、侵占满蒙、征服中国、称霸亚洲的"大陆政策"。1895年通过发动甲午战争掠取中国两亿两白银赔款并割占台湾澎湖,一举成为亚洲暴发户。1900年参加八国联军侵华。1905年通过日俄战争夺取东亚霸权,1910年又吞并朝鲜,终于成为亚洲唯一的帝国主义强国。

---

  ① 康有为:《上清帝第五书》,《康有为政论集(上册)》,中华书局1981年版,第208页。
  ② 康有为:《日本变政考》跋,北京故宫博物院藏进呈本。
  ③ 吉田松阴:《幽囚录》,《日本思想大系》46,日本岩波书店,第193页。
  ④ 福泽谕吉:《脱亚论》,《福泽谕吉全集》第10卷,岩波书店1955年版,第293页。

19世纪末列强在朝鲜半岛扩张势力激烈争夺,朝鲜各阶层各派别也以不同的对外意识和行动,提出自己的救国方案。首先东学党反映农民阶层的反侵略反封建要求,张贴排斥外国势力的榜文,主张"打破倭洋"。1894年全琫准领导的甲午农民战争,制定了包括"逐灭倭夷"、"尽灭权贵"内容的政纲,后来又提出"弊政改革方案",但最后被政府军和日本军所镇压。一部分残余力量又参加封建儒生领导的义兵斗争,提出"尊王攘夷"口号,袭击被称为"倭郡守"的亲日地方政权。中日甲午战争期间,开化派在日本支持下,曾先后进行了1894年的"甲午更张"和1895年的"乙未改革"。但由于他们在日本操纵下发动"乙未事变",监禁国王,杀害闵妃,而失去人心。国王逃入俄国使馆,建立亲俄政权。在部分官吏儒生和独立协会建议下,1897年改国号为大韩帝国,国王改称皇帝,企图以此提高朝鲜国际地位和确保国家独立。以资产阶级知识分子为主的独立协会还要求保护国权,收回利权和伸张民权,并开展设立议会运动,结果被保守势力镇压。1899年政府颁布《大韩国国体》,进一步加强了专制皇权,不但不能维护独立主权,反而进一步沦为日本殖民地。1904年日本通过《韩日议定书》和《韩日协约》开始把韩国"保护国化",1905年签订的《乙巳保护条约》剥夺了韩国的外交权,1906年在汉城设立日本统监府,1910年签订《日韩合并条约》,从而使韩国完全沦为日本殖民地。

就这样,到20世纪初,东亚三国已走上三条不同道路:日本成了帝国主义国家,中国在半殖民地道路上苦苦挣扎,而朝鲜则沦为日本的殖民地。

五、历史给予我们什么启示

通过分析比较19世纪东亚各国的对外意识的历史,我个人有以下几点体会和认识:

1. 一个不了解世界形势闭关自守的国家是无法走向近代化的,认清世界大势和历史潮流是正确选择发展方向的出发点。

2．必须克服对外自大和自卑意识,树立对外平等、独立、竞争的意识,不断革新进步,奋发图强,才能把握发展方向,使本国自立于世界民族之林。

3．盲目排外和盲目崇洋或者全盘照搬外国发展模式,都是不可取的。应该从本国国情出发,顺应世界潮流,借鉴外国经验,继承发扬本国优秀传统,学习吸收外国先进成果,才能找到正确发展方向。

4．依赖投靠外国势力进行改革不可能取得真正的独立和进步,而侵略压迫别国的国家也不可能获得真正的自由和富强。只有和平共处,平等互利,加强交流合作,谋求共同发展,才是21世纪东亚国际关系的唯一正确方向。

19世纪下半叶中、日、泰三国改革与现代化的比较

一、比较的动机

20世纪末,亚洲太平洋地区已成为全世界经济增长最快、最有发展潜力和希望的地区,因此有学者甚至预言21世纪将是"亚洲太平洋世纪"。地处东北亚的日本、东亚的中国和东南亚的泰国,是亚太地区的三个重要国家。日本早已成为世界经济大国;中国近十几年来经济高速增长,改革开放形势很好;泰国经济也在崛起,有可能成为亚洲"新的小龙"。为世人瞩目的中、日、泰三国今天的成就是在历史发展的基础上取得的,因此深入研究比较各国近现代史和现代化进程,总结分析历史的经验教训,是十分有意义的。

以往的研究一般只是探讨一国或比较两国的历史,而本文为什么要

把19世纪下半叶中国、日本、泰国三个国家的改革和现代化进程放在一起进行比较研究呢？这是因为它们之间有着许多可比性和联系性。

首先，当我们回顾一百多年前的亚太地区时，可以发现在西方殖民狂潮的冲击下，许多亚洲太平洋国家纷纷沦为列强直接统治的殖民地。至20世纪初，东北亚唯有日本，东亚仅有中国，东南亚只剩泰国，还保持着独立国或名义上独立国的地位。这与三国近代改革与现代化进程有着密切关系，值得研究。

其次，19世纪下半叶，中日泰三国都曾发生长达几十年的改革，而且都是君主制国家政权自上而下进行的。如中国的洋务运动与戊戌变法，日本的幕藩改革和明治维新，泰国的拉玛四世及拉玛五世的改革。19世纪末中日泰实行改革的三位著名君主都是同时代人，即位与去世的时间仅差几年。如日本明治天皇是1867年至1912年在位，泰国朱拉隆功大帝（即拉玛五世）是1868年至1910年在位，而中国光绪皇帝则是1875年至1908年在位。三个国家改革的背景、契机、目标相似，然而改革的内容、深度和成效却大不一样。因此，对近代中日泰三国改革的各种相似点和差异点，改革的成败得失，应该作深入的比较研究。

第三，19世纪下半叶，中日泰三国的改革是与早期现代化进程同步的。改革是现代化的先导和动力，而现代化又是改革的重要内容和目标。因此，可以把改革与现代化联系起来研究，尤其有必要对改革和现代化的各种要素、层面，以及它们之间的互相作用与制约关系，进行具体的剖析研究。这对于三国现实的改革和现代化，也会提供不少有益的历史借鉴与启示。

第四，19世纪下半叶中日泰三国改革之间有着多方面的联系和影响。从三国受到西方冲击形成改革契机起就有密切关联，而在各国改革进程中又有互相影响以至示范作用。笔者在查阅中国晚清改革史料时，发现当时的中国人多次把日本与泰国（1939年以前和1946—1949年期间称为暹罗）的改革相提并论。如清朝驻英法公使薛福成认为："今亚洲各国仿效西法者,东洋则有日本,南洋则有暹罗。"①北京大学图书馆珍藏的稿本《盛伯羲杂记》中也介绍了泰国国王朱拉隆功学习西方改革的情况并指出泰国将"接日本而起"。② 可见当时中国改革派人士对日本及泰国仿效西方改革经验的重视。

基于以上原因,所以笔者选择了19世纪下半叶中日泰三国改革与现代化进程进行比较研究。这个课题涉及面很广,本文试图着重探讨以下几方面的问题及其历史经验,即改革的契机与现代化的启动,改革的深度与现代化的进展,改革的领导与现代化的成效,改革的阻力与现代化的延误。由于篇幅关系,只能对每个问题作简要的论述。

在这个课题的研究过程中,笔者曾应邀赴日本庆应大学地域研究中心、日本东京大学社会科学研究所、泰国法政大学东亚研究所进行访问研究,得到上述三个研究所的支持帮助,收集了不少资料,并与一些日本、泰国学者进行了学术交流、增进了友谊,谨在此表示衷心的感谢!

二、改革的契机和现代化的启动

对于现代化的概念,历史学家、政治学家、经济学家和社会学家有着各种不同的解释,本文拟从历史学的角度,将现代化界定为人类社会从传统农业社会向现代工业社会转变的整个历史过程。现代化启动的条件和顺序在西方国家原发型现代化与东方国家后发型现代化之间有很大差别。西方原发型现代化的启动一般是由内部资本主义因素增长和海外市场的开辟引发的。其启动顺序往往是以自下而上的商业革命和工业革命为先导,推动政治改革和经济变革。而东方后发型现代化则一般是在外来势力冲击压迫造成的民族危机和社会危机的刺激下启动的,其顺序常

---

① 薛福成:《出使英法义比四国日记》,岳麓书社1985年版,第233页。
② 盛昱:《盛伯羲杂记》稿本,北京大学图书馆藏书。

常是以统治阶级自上而下的政治改革为先导,推动经济变革和技术更新。

下面让我们来看19世纪中叶中日泰三国在西方冲击下出现改革的契机和现代化启动过程中的互相联系、影响和差异。

1840年英国发动了侵略中国的鸦片战争,1842年强迫清政府签订《南京条约》。1856年英法联军又发动第二次鸦片战争,迫使清政府签订《天津条约》(1858)和《北京条约》(1860)。中国终于在西方冲击下被迫开放并面临严重的民族危机。

西方列强把侵略中国的两次鸦片战争作为威胁要挟日本和泰国开国的口实,并以强迫清政府签订的一系列不平等条约作为缔约的蓝本。1844年荷兰国王威廉二世给日本国王的亲笔信,就是以鸦片战争为由,敦促日本开国。1854年美国培理舰队从香港启航驶入江户湾,以《中美望厦条约》为蓝本,迫使日本幕府缔结《日美神奈川条约》,敲开了日本锁国大门。1855年,原美国驻中国宁波领事哈理斯(Harris)调任驻日本首任总领事。1858年,他用中国第二次鸦片战争的消息胁迫日本订立《日美修好通商条约》。接着,英、法、俄等国也与日本缔结以《天津条约》为蓝本的通商条约(通称"安政五国条约")。值得注意的是列强与日本签约的代表,正是刚在中国签完《天津条约》的英国特使额尔金(Elgin)、法国特使葛罗(Gros)和俄国特使普提雅廷(Putiatine)。

1855年,英国驻华公使兼香港总督鲍林(Bowring)率英国使团来到暹罗(泰国)。护送他的是参加过鸦片战争的英国军舰格雷欣号。鲍林迫使暹罗政府签订《英暹条约》(又称"鲍林条约"),取得种种特权。接着,美国驻日总领事哈理斯也来到曼谷,于1856年签订《美暹条约》。然后,法国驻上海领事蒙蒂尼(Montigny)也到曼谷迫签《法暹条约》。不久,蒙蒂尼转任法国驻暹罗代办,后来又调任驻中国上海和广州的总领事。

从上述史实可以看到,19世纪中叶中日泰三国都遭到西方列强侵略冲击,外敌相同。有的西方殖民者如哈理斯、鲍林、蒙蒂尼等在对中日泰三国或两国的交涉中都扮演了重要角色。三国处境也相似,都被迫签订了包括治外法权、协定关税、最惠国待遇等条款的不平等条约,丧失了大量主权。但是也正是这种外来压力和民族危机刺激了三国统治者的改革意识,成为三国改革起步和现代化启动的契机。

然而,中日泰三国统治集团在对西方冲击的反应与改革的主动性上却有不同。鸦片战争虽然使中国一些爱国开明的士大夫如林则徐、魏源等开始睁开眼睛看世界,主张"师夷之长技以制夷"。可是作为最高统治者的清朝皇帝和权贵们却没有从失败中吸取教训,一味迷信和议,苟且偷安。不去认真了解世界大势,寻求革新御敌之策。反而斥责学习西方技术制造船炮为"靡费",翻译西书了解外国是"多事"。以至中国从1840年到1860年白白丧失了20年改革时机。直到1860年英法联军打进北京焚烧圆明园,而太平天国农民起义又席卷江南占领南京。内外交困下的清朝统治集团才如大梦初醒,惊呼"几千年未有之变局",为了挽救统治危机不得不开始一场以学习西方军事技术为中心的洋务运动(又称"自强运动"、"同光新政"),成为中国近代第一次改革的契机和中国现代化进程启动的先导。

中国鸦片战争的炮声给日本敲响了警钟,日本统治阶级立即产生了紧迫的危机感,忧虑"何时及日本"?有识之士还进一步分析总结中国鸦片战争失败的原因,认识到日本要避免重蹈覆辙,就必须学习西法实行改革。1858年幕府老中堀田正睦明确指出:"中国拘泥于古法,日本应在未败前学到西洋之法。"①因此,19世纪五六十年代,从幕府到各藩纷纷主动进行改革,如制造西式船炮、训练新式军队、培养西学人才等。中国改革思想家魏源关于世界地理和海防的名著《海国图志》在国内未被统治者重视,在日本却广泛流行,出版了二十多种选本,被誉为"天下武夫必读之书"②。日本维新志士吸取中国鸦片战争和太平天国农民起义的教训,发

---

① 藤间生大:《近代东亚世界的形成》,春秋社1977年版,第60页。
② 南洋梯谦:《海国图志筹海篇译解》,再思堂1855年版,序。

动倒幕维新,推翻幕府旧政权,实现明治维新全面改革。比较起来,日本统治阶级的危机意识比中国统治者更强烈。维新领导集团抓住了启动改革与现代化的机遇,从而掌握了决定本民族前途命运的主动权。

泰国国王拉玛四世蒙固王1851年即位后,看到中国遭到西方侵略、日本被迫开国、邻国缅甸、越南也遭英法入侵,产生了强烈的危机感。他认为只有学习西方进行改革才能维护民族的生存,因此采取了开放和开明的政策,主动推行一系列社会改革措施。他的儿子拉玛五世朱拉隆功王1868年继位后,也意识到为了保持泰国的独立,免遭缅甸等邻邦沦为殖民地的命运,"就要动手改革"。克服民族危机成为泰国拉玛四世、五世父子推行改革和启动泰国现代化进程的契机和重要动力。

中日泰三国都是西方列强侵略冲击的对象,但压力大小程度不同。地大物博的中国是西方列强向东方扩张的主要目标和争夺的重点。列强对中国发动了一次次大规模侵略战争,并力图扼杀中国争取民族独立富强的努力。相对而言,在西方列强眼里,日本还不是向亚洲扩张的重点,加上受到列强之间矛盾以及亚洲民族解放运动的牵制,尚未对日本"大动干戈",使日本维新获得较为有利的国际环境。地处东南亚的泰国虽然也是西方列强觊觎的对象,但它正好处于英法两大殖民势力之间的缓冲地带,以至可以利用英法矛盾,勉强保持独立国地位。

总之,19世纪中叶,中日泰三国都处在西方冲击之下,严重的民族危机成为三国统治者发动改革的契机,改革又成为三国现代化启动的先导,可以说当时的起步基本上是在同一起跑线上,都还具有选择自己命运道路的机会和可能。但是,由于开国的时间、方式和外来压力大小的不同,特别是三国统治者对世界形势的认识、危机意识和改革主动性自觉性的差别,决定了中日泰三国的改革与现代化从一启动就产生了差异。

三、改革的深度和现代化的进展

近代东方国家的后发型现代化进程启动后,一般的规律都是采取仿效西方革新变法的基本模式。在学习西方推进改革和现代化的层次上，往往是由器物层面到制度层面，再深入到精神层面，而这三个层面又是互相关联和制约的。19世纪下半叶，中国、日本、泰国的统治集团，以西方冲击引起的民族危机为契机，以学习西方救亡图存富国强兵为目标，展开了一场他们自己并未意识到的改革与现代化的竞赛。然而，由于各国改革的具体动机目的和指导思想、政策策略的差异，三国改革的深度、力度及现代化进展的速度大不相同。

中国清王朝统治集团是在西方侵略和农民起义的双重打击下开始洋务运动的。在他们心目中维持封建统治首先要对付农民起义。恭亲王奕䜣明确指出农民起义是"心腹之害"，而西方侵略只是"肘腋之忧"、"肢体之患"[①]。所以洋务改革的第一项措施便是采用西法练兵和购买制造枪炮。洋务派最初办的军事工业如1861年曾国藩建的安庆内军械所和1862年李鸿章设的上海洋炮局都是为镇压太平军制造洋枪洋炮。直到大规模农民起义被镇压下去后，加强海防、抵御外侮才上升到主要地位。洋务派陆续开办了江南制造总局、福州船政局等大型军事工业，并创建近代海军。由于军事工业和办海军需要大量经费，又需要原料燃料供应和交通运输配合，才把创办民用工业提到日程上来，建立了开平矿务局、上海机器织布局、轮船招商局、汉阳铁厂等一批民用工业。洋务改革的中心始终是在学习西方的器物层面上，某些行政和教育方面的改革也是十分被动的。如为了应付对外交涉的需要，1861年设立了总理各国事务衙门。为了外交翻译和军事工业技术等方面人才需要，创办了京师同文馆、上海广方言馆等外语学校和福州船政学堂等专门学校。1872年开始派幼童赴美国留学，然后又派学生赴欧洲学习军事和工程技术。

以上这些改革措施毕竟是中国国防、工业、教育现代化的肇始，但由于领导改革的洋务派集团动机和目标的狭隘，缺乏长远全盘规划，改革措

---

① 奕䜣等：统计全局折，《筹办夷务始末（咸丰朝）》卷七十一，中华书局1979年版。

施被动零碎。特别是"中体西用"的指导思想,严重影响了改革的深度和力度。所谓中体西用即以学习西方科学技术之"用",维护中国封建制度伦理道德之"体"。这种思想虽然在洋务改革之初曾起过打开缺口减少阻力的作用,但又成为改革继续深入的障碍。洋务派首领李鸿章1876年1月会见日本驻华公使森有礼时,断然表示中国决不会进行像日本那样的制度及服装礼俗的变革,"只是军器、铁路、电话及其他器械是必要之物和西方最长之处,才不得不采之外国"①。洋务派坚持拒绝制度层面尤其政治体制的改革,使洋务改革始终停留在器物低层次,严重制约和阻碍了改革深化和现代化进展。1895年甲午战争中国败于日本,标志了洋务运动和中日现代化第一阶段竞赛的失败。中国维新派迫切要求仿效西方和日本,进行制度层面的改革。维新派首领康有为提出"不妨以强敌为师资"②的口号,并向光绪皇帝进呈《日本变政考》一书,总结日本明治维新经验,作为中国变法指南,认为只要仿行日本模式改革,"一切已足"。光绪皇帝接受维新派建议于1898年6月下诏变法,首先从官制改革裁撤冗官闲衙入手,还有设农工商总局,废八股改科举,采用西洋兵制等一系列政治、经济、军事、文化改革措施,使改革深入到制度层面。可惜由于新旧势力对比过于悬殊,戊戌维新如昙花一现仅103天就被西太后为首的顽固派推翻了。在更加险恶的国内外形势下,中国已经基本上丧失了选择现代化道路的自主权。

日本19世纪五六十年代幕府和各藩的改革,重点也是器物层面,如学习西方科学技术制造船炮练兵等。而1868年明治维新以后,就开始在各层面全面改革。1868年4月6日明治天皇率公卿诸侯祭祀天地神祇,宣读作为明治政府纲领包括"广兴会议,万机决于公论","破旧来之陋习","求知识于世界"等内容的五条誓文,并宣布将实行日本"未曾有之

---

① 木村匡:《森先生传》,金港堂1909年版,第102页。
② 康有为:《日本变政考》,北京故宫博物院藏进呈本,序。

变革"。① 明治政府首先从官制改革下手实行太政官制度,以后又陆续实行废藩置县、取消封建俸禄、地税改革等。1878年以后更大力推行殖产兴业、文明开化、富国强兵三大政策。其指导思想是全面向西方学习,"脱亚入欧",把日本建设成一个能与欧美列强并驾齐驱的资本主义现代化国家。由于有了这个积极长远的目标,明治维新改革和现代化进程在各个层面、各种领域全面展开,逐步深入,1889年颁布宪法,1890年召开国会,1894年订立《日英改正通商航海条约》,废除治外法权等不平等条款,1897年实行货币金本位制度等等,基本上实现了向资本主义现代国家的转变。

泰国统治者改革的动机和目的主要是为了应付外来的威胁,保持国家的独立。他们意识到泰国如果想要避免像邻国缅甸、越南那样沦为西方殖民地,就必须主动在社会习俗、行政、经济等方面实行改革,"按照流行的欧洲观念把本国治理好",使泰国文明起来,以顺应世界的潮流。这种指导思想可称之为"文明自保"。拉玛五世朱拉隆功曾指出:"目前我们所面临的最大困难就是保卫我们的领土","今天在我们左边有英国,右边有法国,我们无法如以往一样再过孤立的生活"。他认为"要保卫我们的国家,可以采取的三种方法是":"友好外交关系,国防力量的维持以及有条理的行政。"② 拉玛四世的改革从社会生活和教育礼仪等方面着手,如废除在国王面前必须跪行、国王出游百姓必须回避等旧习,允许百姓到王宫击鼓鸣冤。另外在军事上仿西法编练军队,建立近代步兵团、炮兵团。在经济上创办皇家造币厂、造船厂等。更重要的是对传统萨卡迪纳制度的改革,逐步用雇佣工人承担公共建设工程来代替无偿的强迫性徭役。同时颁布法律限制奴隶买卖,允许奴隶赎身等。改革已经深入到制度层次。拉玛五世朱拉隆功1873年亲政以后进一步加强改革力度,逐

---

① 伊文成、马家骏主编:《明治维新史》,辽宁教育出版社1987年版,第355—356页。

② 泰国内务部:《内务部60周年纪念文集》,曼谷,1952年版,第146—148页。

步废除奴隶制和各种封建依附关系。如1874年下令凡1868年10月1日以后出生的奴隶到21岁时便可获得自由。1898年又颁布新敕令取消农民对封建主的依附关系。他还实行行政制度的改革,如废除封爵授田的萨卡迪纳制度,改为官员薪俸制,在中央设部,在地方派专员。对立法司法制度也进行改革,1892年设立司法部,在日本法律顾问政尾藤吉等的帮助下,制定了民法、刑法、银行法等各种法律。在经济方面推行税制改革,以人头税代替徭役,取消包税制,建立中央金库统一税收。在军事改革方面,1887年设立陆军部,建立起一支初具规模的现代化常备军。在教育改革方面,改变过去传统的寺院教育方式,1872年建立泰国第一所世俗学校。1892年设立宗教事务和国民教育部,陆续开办各种专门学校和平民学校。可见泰国拉玛四世和五世国王的改革已经深入到制度和各个领域,改革的深度广度超过中国洋务运动。通过改革维护了泰国的独立和统一,推动了泰国的现代化进程。但是,也应看到,朱拉隆功认为改革仅是统治者的事情,实行政治制度改革是为了加强中央集权和君主统治。因此当1886年11位受过西方教育的贵族官员向他提出一份60页的请愿书,其中要求在泰国进行国家政治体制改革,即制定宪法,召开议会,设立责任内阁时,遭到了拒绝。拉玛五世不想推行更深刻的立宪改革和政治民主化,同时也不够注意发展工商业。直到19世纪末,泰国的经济、科技、教育发展水平还比较低,这些因素都制约了泰国改革的深入和现代化的进展。

四、改革的领导和现代化的成效

国家权力是推动社会变革的历史杠杆。革新力量必须掌握和运用国家权力除旧布新,才能为现代化创造必要条件。尤其在东方国家,由于长期君主专制统治,国民文化教育水平低,参政意识薄弱。因此改革势力是否掌握国家权力,改革领导集团的素质以及君主对待改革的态度,对于改革与现代化的成效,起着举足轻重的作用。

下面我们可以比较一下19世纪下半叶中日泰三国改革领导势力的组成结构、能力素质及其是否掌握国家权力。

中国洋务运动的领导势力洋务派,主要是一批在镇压太平天国农民起义中起家受重用的汉族地方官僚军阀,如湘军统帅曾国藩、淮军统帅李鸿章等。他们虽然官居总督巡抚,握有地方军政实权,但并不处于国家权力中心。因此他们的改革处处都要受到掌握国家统治实权的西太后及其周围一批守旧派亲贵大臣的制约和阻挠,举步维艰。这些洋务派领袖人物深受传统儒家思想尤其宋明理学的影响,一般没出过国,缺乏西方知识和世界眼光。而且年龄偏大,洋务运动开始时曾国藩、左宗棠已五十多岁,李鸿章也已四十多岁,为保官位处事谨慎、圆滑,不敢得罪西太后,改革难有成效。戊戌维新的领导势力是光绪皇帝、帝党官僚和维新派知识分子。光绪虽是皇帝,但四岁继位,一直由西太后垂帘听政,并无实权。他所依靠的帝党官员也大多是翰林、进士之流文学之士,也无军政实权。而维新派领袖康有为、梁启超、谭嗣同等是一批年青知识分子,热情有余,政治经验不足,缺乏谋略。辅佐光绪百日维新时急于求成策略失误。在西太后为首保守势力反扑之下变法失败,改革流产。

日本明治维新领导势力以明治天皇为首,维新派中下级武士为核心。他们推翻了幕府旧政权,成为新的天皇制明治国家的权力中心。这是一个了解国情和世界形势,富于政治斗争经验,年青有朝气勇于进取的改革领导集团。明治天皇登基时仅16岁,实权在一批西南强藩改革派中下级武士手中。他们大多在维新前就受过西学影响,有的如伊藤博文、井上馨等还曾赴英国留学。维新后不久的1871年,明治政府核心人物岩仓具视、木户孝允、大久保利通、伊藤博文等就组织大型使节团出访欧美12国,精心考察西方制度,确定日本改革的目标和步骤。当时他们大多只有三四十岁。他们还请著名学者西村茂树、加藤弘之等为明治天皇讲授西方政治、历史、法律知识,使明治天皇逐渐成长为能顺应世界形势领导改革的君主。日本改革领导集团注意策略,使改革稳步推进,并利用国家权力和天皇权威,镇压西南士族叛乱,排除阻碍改革的保守势力,保证了改革和现代化进程的顺利进行。

泰国改革领导势力是国王为首的王族改革派。他们大多受过西方文化教育或影响。拉玛四世曾向英美传教士和医生了解西方知识,还特地聘请英国女教师安娜(Anna)到宫廷中向王族子弟讲授英语和近代科学文化知识。拉玛五世朱拉隆功从小就随英国女教师安娜和美国传教士钱德拉(Chandler)学习英语和西方文化。1868年朱拉隆功15岁登基后由摄政王素里雅旺掌权。1871年18岁时两次出访英国殖民地新加坡、马来亚、缅甸、印度和荷兰殖民地爪哇(印度尼西亚)等国,大开眼界,回国后即提倡改革旧俗。1873年朱拉隆功亲政以后,就开始实行改革和逐步夺回国家权力。到80年代摄政王、副王等旧臣相继去世后,他真正掌握了国家权力中心,并依靠由王室成员为主的青年暹罗集团作为改革领导力量。他还派自己的弟弟和儿子出国考察、留学,回国后委以重任,领导改革。如1887年派王弟外交部长德旺萨亲王赴英考察,回国提出改革计划。1891年派王弟丹隆亲王出国考察,归国后任命其为内政部长,主持全面改革。王子契腊留学回来则担任国防部长,领导军事改革。1892年建立的内阁,12个部长中有9个是国王的弟弟。朱拉隆功本人于1897年至1907年间又先后两次出访欧洲,考察西方政治。由于泰国改革的领导者朱拉隆功国王具有较广博的知识和开阔的眼界,又掌握国家权力,拥有很高威望,并有一批受过西方教育身居要职的王室成员作为改革的中坚力量,使泰国的改革和现代化进程取得了一定的成效。

五、改革的阻力和现代化的延误

改革和现代化涉及社会体制、结构和观念等的转换,触及社会集团权力、利益的再分配,因此旧秩序的代表总要千方百计地反对改革。改革和现代化的进程绝不可能一帆风顺,必然会遇到阻力,充满了斗争和曲折。下面简单分析一下19世纪下半叶中日泰三国改革的阻力和新旧势力的斗争。

中国的洋务运动中,几乎每一项改革措施都会遭到封建顽固势力的反对和传统思想观念的阻挠。如1866年同文馆天文算学馆招生时,顽固派就制造流言飞语蛊惑人心,宣称"外国奇技淫巧不必学",致使报考者寥寥无几。1872年顽固派又攻击洋务派造船是"名为远谋,实为虚耗"。1880年顽固派还诋毁洋务派修建铁路计划是"资敌"、"扰民"、"夺民生计",甚至危言耸听,声称火车会惊动山川之神、祖宗之灵,招来灾难。以致中国丧失了在80年代自建铁路的大好时机。留美幼童被接任留学生监督的顽固派官员吴嘉善等诬为"适异忘本,目无师资","以夷变夏",结果于1881年全部撤回,半途而废。曾任驻英公使的洋务派官员郭嵩焘因主张学习西方而被顽固派弹劾去职,连出使日记也被毁板。洋务改革在强大阻力下难见成效。至于1898年戊戌维新深入到制度层面,更引起旧制度旧秩序卫道士们的反对。如因官制改革、军制改革被裁汰的大小官吏、绿营军官与变法势不两立。废除八股又使大批以科举为升官发财之途的八股士人群起攻之。守旧地主官员对光绪皇帝的改革命令阳奉阴违拖延搪塞,甚至"从未办过","无一字复奏"。有的顽固派还制造政治谣言煽风点火,说康有为要"尽废京师六部九卿衙门",光绪皇帝吃了外国人迷药等。湖南绅士曾廉甚至上书请杀康梁。反对改革的守旧势力以掌握最高权力的西太后为首,包括控制中央和地方军政实权的大贵族、大官僚,以及因改革措施触及其切身利益而反对变法的各级衙门官吏、绿营军官、旗人、八股士人等等,形成庞大的守旧阵营。他们掌握政权、军权、财权,富有政治经验,擅长阴谋诡计,全力以赴扼杀戊戌维新,终于使19世纪下半叶的中国改革受挫,现代化遭到延误。

日本明治维新阻力较小,当时以幕府为中心的守旧势力已经十分脆弱,统治摇摇欲坠。而维新势力以下级武士为核心,抬出天皇为旗帜,与反幕强藩相结合,既有基地,又有军队,还得到商人、市民、农民的大力支持,通过武装斗争,一举推翻幕府旧政权。维新后仍有阻力,如西乡隆盛代表保守派武士反对改革甚至发动武装叛乱。改革派利用国家权力毫不留情加以武装镇压,通过1877年西南战争平息了士族叛乱。但封建旧思想观念仍很顽固,1877年以元田永孚为首的保守派攻击学制改革是"破品德,伤风俗",迫使改革带上更多封建残余色彩。尤其是军国主义在日本日益恶性膨胀,发展到悍然发动对中国和亚洲国家的侵略战争,最后付出沉重代价,导致民族悲剧,使现代化进程受到挫折。

泰国改革也是有阻力的。旧秩序的代表是享有特权的摄政王集团和副王集团。拉玛五世朱拉隆功1868年继位时因年幼由汶纳家族的索里雅旺摄政。正如朱拉隆功回忆所说,当时他就像一个"傀儡国王一样,里里外外,都有敌人包围我"①。1873年亲政后有一段时间实权仍在摄政王手里,六个部中有三个部控制在汶纳家族手中。摄政王虽然并不正面反对改革,但限制改革必须符合他的利益。作为王位当然继承人的副王威猜差的势力也很大,甚至拥有大大超过国王卫队人数的副王卫队。副王因朱拉隆功的改革触及本集团的既得利益,公开发难反抗。1874年底到1875年初发生了"前宫事件",国王的军队与副王的军队发生了武装冲突。朱拉隆功在青年暹罗贵族集团支持下战胜了副王,威猜差躲入英国使馆。但在旧势力的威胁抵制下,朱拉隆功不得不暂时停止改革,十多年内未实行重大改革措施。直到80年代末副王、摄政王和几位守旧大臣相继去世后,消除了阻力,才大刀阔斧地推行改革。但是泰国政治、经济和文化教育的落后,仍在很大程度上制约了朱拉隆功的改革。改革尚未在政治民主化、经济工业化和文化教育世俗化等方面跨出有决定意义的步伐,导致现代化进程的缓慢。

---

① 贺圣达:《泰国传统社会与朱拉隆功改革的局限性》,《东南亚》1988年第3—4期。

从以上对19世纪下半叶中日泰三国改革与现代化的简要比较研究中,我们可以得出几点有意义的历史经验。

第一,在外力冲击挑战下,要善于把压力变成动力。认清世界大势,顺应时代潮流,抓住机遇,把握历史选择的主动权,克服各种各样的阻力,坚持改革与开放,这是维护国家独立和实现现代化的重要前提。

第二,应该选择适合本国国情的改革蓝图和现代化模式,确定全面的社会改革目标,并不断调整、深化、推进改革进程,这是进行改革和现代化的基本要求。

第三,强有力的统一的国家政权,开明能干的领导集团,坚定灵活的政策策略,稳定和平的国内国际环境,是实现改革和现代化的重要保证。

中日两国闭关锁国与开国的比较

（一）中国闭关政策与日本锁国政策的比较

中国与日本都位于亚洲的东部，两国之间一海相隔，是"一衣带水"、"一苇可航"的邻邦。中日两国均有悠久的历史和灿烂的文化。19世纪上半叶，中国和日本都处于封建社会晚期，而且同样遭到了西方殖民者的觊觎和骚扰。在对外关系方面，两国政府又不约而同地采取了闭门自守的政策。

1603年，德川家康就任"征夷大将军"，在江户（今东京）建立了德川幕府（德川幕府统治时期又称为江户时代）。幕府掌握着日本的统治实权，天皇只不过是个傀儡。从1633年至1641年，德川幕府接连多次发布"锁国令"，形成了一套越来越严密的锁国体制。

就在日本开始实行锁国之时，中国发生了改朝换代。1644年，清军从东北入关，攻占北京，建立了清王朝在中国的统治。清初，清政府曾实行严厉的"海禁政策"。到1757年，又关闭江苏、浙江、福建三处海关，只留下广东省的广州一口对外贸易，也逐渐形成了一套具体的闭关政策。

对于中日两国的"闭关"、"锁国"政策，我们可以做一番具体的比较。

日本德川幕府在1633年（日本宽永十年）发布的《锁国令》中规定："除特许船以外，严禁其他船只驶往外国。"同时规定："除特许船以外，不得派遣日本人至外国。如有偷渡，应处死罪。偷渡船及其船主，一并扣留。"甚至旅居海外的日本人，"若返抵日本，应即处以死罪"[①]。另外，条文中还包括防止耶稣教在日本蔓延、禁止官吏在长崎码头直接购买外国货物等内容。1634年（宽永十一年），张贴在长崎港口的告示明确宣布："一、禁止耶稣教士进入日本；二、禁止将日本武器运往外国；三、除特许船以外，禁止日本人渡海前往外国。"[②]1636年（宽永十三年），幕府颁布的禁令中进一步废除特许，严禁派遣任何日本船和日本人前往国外。1639年（宽永十六年），还下令禁止葡萄牙船来日本。1641年（宽永十八年）发布的《锁国令》，又将荷兰人的商馆由平户迁到出岛，还禁止"有害的洋书"进口，连在海上遇难漂泊异国的日本人也不准回国。

德川幕府在断绝一般外交活动和对外贸易的同时，仍保留了与中国、荷兰、朝鲜、琉球四国的严格限制的贸易关系。同朝鲜、琉球的贸易交往分别通过对马藩和萨摩藩进行。中国、荷兰的商人只准在长崎一港贸易，并分别限于在长崎唐馆和出岛荷兰商馆内活动，对进港商船数与贸易额也有具体规定。

中国清政府的闭关政策也是逐步形成的。1672年（康熙十一年），清政府实行海禁，曾下令"片板不准下海"，"凡官员兵民私自出海贸易及迁

---

① 张荫桐选译：《1600—1914年的日本》，第10页。
② 同上书，第11页。

移海岛、盖房居住耕种田地者,皆拿问治罪"①。虽然 1683 年(康熙二十二年)曾宣布解除海禁,允许外商到广东广州、福建漳州、浙江宁波、江苏云台山四港通商,但到 1757 年(乾隆二十二年),又关闭了漳州、宁波、云台山三关,仅留广州一口与外国贸易。清政府还在广州建立了"公行制度",外商对华贸易必须经过政府特许的公行来进行。又先后颁布了《民夷交易章程》、《防范夷人章程》等条规,对外商在华活动加以种种限制。在广州的外商必须住在指定的夷馆之内,由行商负责管束。禁止外商偷运武器、私雇买办,甚至不许外商坐轿和在广州过冬。此外,清政府也禁止粮食、五金、硝磺、地图等物品出口,还严格控制中国商人制造海船与出海贸易。

从中国和日本实行闭关锁国政策的内容来看,在禁止本国人出航海外、限制外国商人在本国的贸易与活动以及由政府垄断和控制对外贸易等方面,两国的措施大致相似。所不同的是,中国虽然"闭关",但并不拒绝与各国交往,只是强调对方必须承认中华帝国为"天朝上国",追求名义上的藩属、朝贡关系,重视名分、礼仪等细节。而日本则严格限制对外交往、贸易的国别,坚守"通信(有国书、信使来往)限于朝鲜、琉球,通商(单纯贸易)则限于中国、荷兰,其他一概拒绝"这样一条锁国的定制。同时,日本政府还特别强调严禁天主教传入。

从实行闭关锁国政策的目的和原因来看,中日两国封建政府除了防范西方殖民者的海盗骚扰外,主要还是害怕本国人民与外来势力相接触,会危及自己的统治。清政府和德川幕府竭力用闭关的城墙和锁国的铁链把本国人民与外界隔离开来。马克思曾经深刻地指出:"推动这个新的王朝(指清王朝)实行这种政策的更主要的原因,是它害怕外国人会支持很多的中国人在中国被鞑靼人(指满族)征服以后大约最初半个世纪里所怀

---

① 《光绪大清会典事例》卷一二〇。

抱的不满情绪。"①而且认为"与外界完全隔绝曾是保存旧中国的首要条件"②。清王朝的海禁政策最初是为了镇压以台湾为基地的郑成功反清势力,日本德川幕府锁国的动机之一乃是针对国内天主教徒的反抗。尤其是1637年(宽永十四年)爆发了天主教徒在岛原、天草的大起义后,德川幕府更加迫不及待地加紧完成锁国体制。幕府不仅下令严禁天主教传入,停止与天主教国家葡萄牙、西班牙等国的通商贸易,而且还禁止有关天主教的书籍入境,甚至别出心裁地规定,外商在长崎登陆必须经过"踏绘"(即践踏绘有圣母玛利亚像的铜板),以考验其是不是天主教徒。另外,德川幕府实行锁国政策还包含"强本弱末"的意图,即加强中央幕府的实力,由幕府垄断并直接控制对外贸易和外国情报,以避免地方各藩通过海外交往、走私贸易与进口武器等方式扩充势力。

17世纪到19世纪,中日两国能够实行闭关锁国的政策,有其物质基础和思想基础。自给自足的封建自然经济是其经济基础。在中国清朝统治者的眼里,对外贸易不过是对外国人的一种恩赐。最典型的表现是乾隆皇帝1792年(乾隆五十七年)给英王乔治三世的敕书。乾隆声称:"天朝物产丰盈,无所不有,原不藉外夷货物以通有无。特因天朝所产茶叶、瓷器、丝绸,为西洋各国及尔国必需之物,是以加恩体恤,在澳门开设洋行,俾得日用有资并沾余润。"③在同样是封建自然经济占统治地位的日本也有类似的思想。早在1663年(宽文三年),山鹿素行就说:"以我天下之富、土地之广,不需仰赖外夷之物即可自足。"④直到1859年(安政六年),日本幕府负责外国事务的官员还对英国驻日公使阿礼国说:"多少年来,我们与外部世界没有来往,也为我们自己生产了一切必需品。"⑤自

---

① 马克思:《中国革命和欧洲革命》,《马克思恩格斯选集》第2卷,第6—7页。
② 同上书,第3页。
③ 《大清高宗纯皇帝实录》卷一四三五。
④ 山鹿素行:《山鹿语类》。
⑤ 阿礼国:《大君之都·幕末日本旅居记》上册,第412页。

然,比起地大物博的中国来说,日本对外的需求更多些,因此德川幕府不得不保留了对中国与荷兰的贸易渠道。

中日两国封建统治者的妄自尊大心理是闭关锁国政策的思想基础。长期以来,清王朝统治集团总认为中国是"天朝上国",而别的国家都是"夷狄蛮貊",都应该向自己朝拜进贡。乾隆皇帝给英王的敕书中就说:"天朝统驭万国,一视同仁。"而把英使来华当作朝贡,宣布:"朕于入贡诸邦,诚心向化者,无不加之体恤,用示怀柔。"①清代乾隆年间修的《皇朝文献通考》对世界的描述是:"中土居大地之中,瀛海四环。其缘边滨海而居者,是谓之裔,海外诸国亦谓之裔。裔之为言边也。"②在乾隆和嘉庆年间所修的两部《大清会典》中,竟把西方各国,包括英国、荷兰、意大利、葡萄牙等都算作自己的"朝贡国",形成一种所谓"华夷秩序"的观念。日本封建统治者也有类似的思想。山鹿素行就称日本为"中央之国","本朝当天之正道,得地之中枢"。他还认为:"虽然四海广大而国家众多,但无堪与本朝相比之国土,即使大唐,亦不如本朝之完美。"③水户藩士会泽正志斋在1825年也宣称:"神州(指日本)是日出和元气肇始的地方。天日的后裔,历代君临,万古不易。真是大地之元首,万国之纪纲。"④这是又一种以日本为中心的"华夷秩序"观念。

日本统治者还把日本是一个四周临海的岛国,作为实行锁国政策的重要条件。由于日本自古以来很少受到外敌入侵,仅有的一次元军大举渡海征日,也因遭风暴而全军覆没,更增强了日本统治者锁国自守的信心。故而山鹿素行自豪地说,与中国同"四夷相连"的地理环境不同,"中央之国"(指日本)"屹立巨海,疆域自有天险,自神圣继天立极以来,四夷

---

① 《大清高宗纯皇帝实录》卷一四三五。
② 《皇朝文献通考》卷二九三,四裔考一。
③ 信夫清三郎:《日本政治史》第1卷,第51页。
④ 会泽正志斋:《新论》,引自井上清《日本现代史》第1卷,第97页。

终亦不得窥伺藩篱。皇统连绵而与天地共无穷"①。

闭关与锁国是中日两国封建统治者采取的一种消极保守的对外政策,它人为地把本国自我封闭,与世界隔绝开来。它阻碍了中日两国对外贸易和与各国的经济文化交流,抑制了航海事业、商品经济和资本主义萌芽的发展,堵塞了观察世界、学习各国先进科学技术的渠道,禁锢了两国人民的眼界和思想,扼杀了人民的创造力和进取心。以至在17世纪至19世纪中叶这二百多年间,造成了东亚在经济、文化、科学技术发展上的停滞和落后,与经过了资产阶级革命、工业革命而飞跃发展的西方资本主义国家之间,差距越拉越大。

当然,也应该看到,随着西方殖民主义者对中国与日本走私、骚扰活动的日趋频繁,闭关锁国政策也成为两国政府对付西方海盗商人不法行为的一种简单自卫手段。可是,在航海交通和军事技术日益进步的时代,单靠城墙和大海,已经难以阻挡驾着炮舰横行四海、用剑与火疯狂寻找市场和殖民地的西方侵略者了。日本原来所依仗的四面环海的地理优势也逐渐不起作用,甚至转化为不利因素。18世纪末,日本仙台藩士林子平在他的著作《海国兵谈》中,曾一针见血地点破这一点。他说:"仔细想来,从江户之日本桥至中国、荷兰,乃无边界可分之水路。""正由于是海国,即使本非来我国之船只,由于乘船者灵机一动,亦会轻易到来。"②幕末著名维新志士吉田松阴也尖锐地批判锁国之危害与无用。他形象地指出:"锁国犹如一人被围,须留意前后,注视左右,昼夜不得安寝,每每终于气力松懈,而遭俘获。一时之战略虽可应付,然就长远而言,若始终仅仅竭尽财力于海岸之防守,则可致国贫民穷。大敌来犯时,其结果亦将与一人之被围者同。"③

闭关锁国政策也没有能帮助两国封建统治者建立永久稳固的统治。

---

① 信夫清三郎:《日本政治史》第1卷,第51页。
② 林子平:《海国兵谈》,引自信夫清三郎《日本政治史》第1卷,第76页。
③ 吉田松阴:《续愚论》,《吉田松阴全集》第4卷,第117页。

处于封建社会末期的中国和日本早已不是一片安定的绿洲,不仅面临外患的危险,而且国内也蕴藏着严重的社会危机。庞大的清帝国,经历了康熙、雍正、乾隆三朝鼎盛之世,从嘉庆、道光朝起逐渐走向衰败。政治腐败,军备废弛,农民起义风起云涌。1817年(嘉庆二十二年),天理教起义军甚至打进了皇宫禁苑。清王朝国势江河日下,西方资本主义则乘虚而入。19世纪上半叶的日本也面临着深刻的社会动荡和危机,突出表现为封建社会经济结构逐渐瓦解,农民与城市贫民的起义此起彼伏,幕府统治力量也日益削弱,地方强藩离心倾向增强,大名武士不满情绪日趋高涨,封建幕藩体制正处于崩溃前夕。

中日两国的开国就是在这样的历史背景下发生的。英国侵略中国的鸦片战争,打开了中国的闭关大门,同时也给仍在锁国状态下沉睡的日本敲响了警钟,引起了巨大的震动。

(二) 中日两国开国之间的关系和比较

考察日本开国(即打开闭关锁国大门)的具体过程,我们可以进一步看到,日本正是在中国两次鸦片战争的冲击影响下被迫开国的,中日两国的开国之间,有着密切的内在联系。

两次鸦片战争中国的失败和一系列不平等条约的签订,强烈地刺激了日本有识之士要求开放与改革,推动了幕府开国决策的制定;同时,也成为西方列强要挟、敦促日本开国的口实和缔结不平等条约的蓝本。

1844年(日本弘化元年),荷兰国王威廉二世的亲笔信,就是以中国鸦片战争失败为理由,敦促日本立即开国。当时幕府老中水野忠邦曾主张打破旧规,接受荷兰的国书和劝告,但是将军德川家庆拒不采纳水野忠邦的意见,并将其免职。继任首席老中阿部正弘宣布,按照祖法惯例,日荷之间只能有通商关系,而不能接受荷兰的国书和开国劝告。尽管如此,为了应付形势,幕府也不得不实行一些改革措施。1845年(弘化二年)8

月,幕府设置了海岸防御挂,作为掌管外交和国防的机构;而且从1846年起连续几年向幕府官员及负责守卫近海的大名咨询海防对策。

1846年(弘化三年)以后,英国、法国、美国的军舰相继驶入日本港口,日本的海防危机越来越严重。而幕府既无打退外国军舰的实力,又缺乏立即开国的勇气。1853年(嘉永六年),终于发生了美国海军准将培理率舰开进江户湾的事件。培理带来了美国总统要求日本开国的国书,并扬言将以武力为后盾强制日本开国。幕府被迫接受了美国的国书,并答应第二年递交回信。这样,锁国的制度实际上已经被打开了缺口。

幕府急忙向官员和大名征询对策。官员、大名们的上书内容大多是以中国鸦片战争为前车之鉴,认为日本目前防卫薄弱,对外作战,难操胜算,只有一边采取外交上的拖延策略,一边加紧充实海防。1853年10月,幕府撤销了禁止各地建造大船的命令,并委托荷兰商馆馆长帮助购买军舰、武器、兵书与教练海军技术。

1854年(嘉永七年,改元为安政元年),美国培理舰队再次来日,幕府终于在武力威胁下签订了《日美亲善条约》(又称《日美神奈川条约》)。美国方面正是以鸦片战争后签订的《中美望厦条约》作为《日美神奈川条约》蓝本的。这个条约打破了日本的锁国体制,不但开放了下田、箱馆两港,允许美国派领事驻下田,还给予美国最惠国待遇,它是日本与外国签订的第一个不平等条约。

继美国胁迫签约后,英国、俄国、荷兰也相继胁迫日本幕府签订日英、日俄、日荷《亲善条约》。开放港口除下田、箱馆外,又增加了长崎,还规定了领事裁判权等不平等条款。

1856年(中国咸丰六年)10月,英国以"亚罗号事件"为侵略借口,悍然进攻广州(日本称为"广东烧打"),发动了第二次鸦片战争。1857年(日本安政四年)2月初,荷兰理事官寇帝斯把这个消息告诉长崎奉行,并乘机进行恫吓。他说,英国进攻广州,是由于中国政府不履行条约,因此日本必须履行已经缔结的条约,并且应该尽快签订新的通商条约,最好是先与荷兰缔约。他还警告说:日本比中国防卫能力薄弱,更加难以抵御欧洲的军事进攻,因此应当吸取中国的教训,注意外交礼节。

这个消息使日本统治集团十分震惊。1857年3月,老中堀田正睦在向各有关部门咨询对外政策时指出:日本必须提高警惕,不要重蹈中国"广州覆辙"。既然已经缔结了亲善条约,"宽永以来之祖法已经改变",所以对外政策也应改革,如果"拘泥旧制","万一炮声一响,将难以挽回"①。海防挂的官员松平通直、川路圣谟、水野忠德等也赞同进行"御法变革",并建议开辟对外贸易渠道,派遣驻外官员与留学生,主张积极确立开放的国策。

1857年(安政四年)12月12日,美国首任驻日总领事哈理斯,在江户堀田官邸拜会老中堀田正睦等人。据梅田源次郎《美使申述大意》中记载,这次会见长达6个小时。哈理斯利用中国发生的第二次鸦片战争对日本大肆恫吓。他说英国将乘打败中国的余威来进攻日本,战争的危险已经迫在眉睫,日本应该尽早与美国缔结通商条约。② 堀田等受其影响,进一步倾向于完全开国了。

当时各机构官员的上书,也纷纷强调接受中国第二次鸦片战争的教训,实行改革与开国。1857年3月,评定所给老中的上书说:"广东之覆辙无可警戒","广东当局过于死板,招来一声炮响"③。同月,海防挂官员的上书主张吸取中国广东事件的教训,"变通祖法"④。4月,下田奉行的上书也认为"古今时势之变革,应断然改革旧法"⑤。

1858年(安政五年),美国总领事哈理斯与日本幕府关于缔约的谈判

---

① 信夫清三郎:《日本外交史》上册,第72页。
② 梅田源次郎:《亚墨利加使节申立之趣》,引自增田涉《日本的开国和鸦片战争》,《政界往来》第34卷,第3期。
③ 《大日本古文书》(幕末外国关系文书之十五),第697—698页。
④ 同上书,第700页。
⑤ 同上书,第832页。

处于相持阶段。正在此时,美国密西西比号军舰突然出现在下田港,它带来了英法联军占领大沽口、强迫清政府签订《天津条约》的消息。哈理斯在谈判中立即采取强硬态度,他威胁道:英法舰队将要东渡日本,"同一个未带随从的单身人所订的条约,和同一个率有五十艘战舰来到海滨的使节所订的条约,其间是有天渊之别的"①。这个讹诈果然产生了效力,幕府不敢再犹豫不决了,终于在1858年7月29日签订了《日美修好通商条约》(又称《江户条约》)。以后,又陆续与荷兰、俄国、英国、法国订立了《修好通商条约》。条约中规定相互交换外交使节,承认列强享有协定关税、领事裁判权(即治外法权)、最惠国待遇等特权,并开放神奈川(代替下田)、长崎、新潟、兵库等港口和江户、大阪两座城市。这五个修好通商条约又被称作《安政五国条约》。值得注意的是缔结这些条约的英、法、俄三国代表恰恰就是刚在中国签订《天津条约》的三国特使,即英国的额尔金、法国的葛罗和俄国的普提雅廷。条约的签订也是以《天津条约》为样本的。1858年的日本《安政五国条约》、中国《天津条约》和1860年的《北京条约》,标志着日中两国都已向整个资本主义世界敞开了大门,完成了开国的进程。

  从以上史实充分可以说明,中国发生的两次鸦片战争与日本的开国,有着多么密切的内在联系。

  中日两国在开国前都实行闭关锁国政策,国内社会状况相近,面临外来侵略的处境也相似,开国的过程又是那样密切相关。可是,两国开国后的历史发展却是如此不同。中国经过两次鸦片战争,一步一步走向半殖民地的深渊,并形成中外反动势力相勾结共同镇压中国人民革命的局面。而日本的开国,却导致倒幕维新,逐步实现了资产阶级改革和民族独立,成为日本走向资本主义近代化的起点。这究竟是为什么呢?对于这个问题,我们可以从两国开国过程的异同中,做一些初步的探索。

---

① 丹涅特:《美国人在东亚》,第305页。

首先是开国时间的先后和方式的差别。1840年鸦片战争爆发时,中国武备不修,大部分地区海防松弛。当英国舰队突然驶到天津白河口时,道光皇帝惊慌失措,连忙把禁烟、抗英有功的民族英雄林则徐革职,改派投降派琦善前往广东议和。以后虽然又命皇族奕山、奕经两次调兵遣将与英军作战,但均告失败。最后英国舰队打进长江,切断漕运,兵临南京,清政府只得妥协投降,签订割地赔款的城下之盟——《南京条约》,中国开始沦为半殖民地。而日本则在十余年之后,即1853年,才出现美国舰队驶入江户湾的威胁。在此期间,中国鸦片战争已经给日本敲响了警钟,提供了前车之鉴。日本幕府吸取了清政府在鸦片战争中失败的教训,有了一定的思想准备,一面逐步接受开国主张,一面加紧改革和充实海防,以避免重蹈中国的覆辙。日本虽然也是在西方武力威胁下被迫开国的,却没有经历大规模战争的破坏,也没有遭到割地赔款的厄运,因此,日本能够比较迅速地摆脱半殖民地的危机。

更重要的是两国封建统治者对待西方冲击的态度有所不同。鸦片战争虽然使中国一批具有爱国心的士大夫觉醒,开始要求学习西方科学技术,研究世界大势,主张加强国防,改革弊政。可是,作为最高统治者的清朝皇帝及其周围的大官僚大贵族们,却是虚骄贪鄙,昏庸误国。他们为了保住自己的权力和财产,不惜出卖国家主权和民族利益。鸦片战争后,他们不但不认真从失败中吸取教训,亡羊补牢,改弦更张,反而迷信和议、苟且偷安,依然文恬武嬉、麻木不仁。正如魏源所揭露的那样:"使有议置造船械、师夷长技者,则曰'靡费'。及一旦靡费十倍于此,则又谓权宜救急而不足惜。苟有议翻夷书、刺夷事者,则必曰'多事'。及一旦有事,则或询英夷国都与俄罗斯国都相去远近,或询英夷何路可通回部","竟莫知其方向"[①]。有的守旧官员甚至顽固地坚持"中国之御四夷也,来则抚之,

---

① 魏源:《海国图志》筹海篇。

贰则绝之。此不易之道也"①。仍然主张以回到"闭关自守",作为鸦片战争的"善后之策"。

相比之下,日本的封建统治者在西方冲击面前,头脑较为敏锐、清醒。他们从中国鸦片战争的教训中初步认识到,为了避免重蹈中国的覆辙,就必须学习西方技术,改革旧制。当权的幕府老中堀田正睦强调"中国拘泥古法,日本应在未败前学到西洋之法"②。这句话是有一定代表性的。因此,日本统治集团在鸦片战争和美国培理舰队来日以后,就主动实行了一系列改革措施。明治时代著名记者福地源一郎在《幕府衰亡论》一书中,列举了当时幕府加强国防和改革旧制的具体措施,"如废除禁止江户十里以内放枪的制度,准许各藩在藩邸内进行操练及向江户运送枪械,解除建造大船的禁令。在大森设立大炮打靶场以资演习,动工兴建品川炮台,扩建长崎海军炮台,建造凤凰丸等军舰"。"又如在江户创办讲武所,新编洋枪队,向荷兰订购轮船,在长崎开始训练海军,录用通晓兰学的人士,创建蕃书调所(即研究洋学、翻译外交文件的机构),拔擢才智之士担任幕府的要职,凡幕府旧例中属于虚饰的一律省略,无用的献赐则予以废除,锐意矫正积弊。对于墨守成规、把旧例当作金科玉律的幕府来说,这些措施的确不能不说是英明果断的了。"③和昏庸守旧的清政府不同,在西方冲击下,不仅幕府主动进行了改革,而且日本地方各藩,如萨摩、长州、佐贺等强藩,也纷纷进行藩政改革,制造西式船炮,训练西学人才和新式军队。这一切就为日本从开国走向明治维新打下了一个良好的基础。

中日两国在开国过程中国内、国际条件也有差别。

鸦片战争后西方的侵略,加深了中国本来已经十分尖锐的社会矛盾,终于在1851年爆发了轰轰烈烈的太平天国农民革命。太平军的斗

---

① 汤彝:《绝英吉利互市论》,见《鸦片战争文学集》,第985页。
② 藤间生大:《近代东亚世界的形成》,第60页。
③ 福地源一郎:《幕府衰亡论》,第47—48页。

争矛头直接针对清王朝封建统治者,同时也打击了外国侵略势力。清朝统治集团认为太平天国是自己的"心腹之害",而外国的侵略不过是"肘腋之忧"和"肢体之患"。① 因此他们为了维护封建统治,不惜出卖民族利益,"借师助剿",勾结侵略者绞杀了太平天国革命,其结果更加深了中国的半殖民地化,清朝统治者自己也日益沦为外国侵略者的走狗和奴才。

日本当时虽然也发生了不少农民和城市贫民的暴动,但多数只是小规模的骚动,与太平天国农民战争无法比拟。日本封建统治者的注意力集中在如何对付西方冲击的问题上。而以下级武士为骨干的维新志士,也利用人民群众对幕府统治与外国侵略的不满,举起"尊皇攘夷"的旗帜,把斗争引向推翻幕府、王政复古、实现明治维新的轨道。

在西方列强的眼里,当时中国是他们向东亚侵略的主要目标,因此他们单独或者联合(如组织英法联军)对中国发动了一次又一次的大规模侵略战争。他们还支持、扶植中国封建势力,镇压中国革命,扼杀中国人民试图通过革命或改革争取民族独立与国家富强的努力。

比较而言,日本还不是西方列强向东方扩张的重点对象,加上受到列强之间矛盾以及亚洲民族解放运动的牵制,还来不及对日本"大动干戈"。而且英、美等国还想利用日本作为他们在远东的前哨阵地,因而采取了支持日本维新势力的政策。这一切为日本从开国走向维新提供了较为有利的国际环境。

此外,还有不少传统的因素需要加以考虑。例如在政治制度方面,存在着中国高度的中央集权制与日本地方独立性较强的幕藩体制之间的差异;中国是由科举产生的士大夫文官系统管理,而日本则是重视军事的武士掌权。在地理与经济方面,中国地大物博,小农自然经济十分顽强;而日本是个岛国,海外贸易具有更大的吸收力。在思想文化方面,中国儒家

---

① 《筹办夷务始末》咸丰朝,第七十一卷,第18页。

思想占绝对统治地位,知识分子普遍怀有中华文化优越感,妨碍其接受外来文化;而日本历来就有吸收外来文化的传统,古代曾大量接受中国文化,德川时代还引进西洋兰学,幕末又如饥似渴地学习世界史地知识。这些因素在两国开国过程中都起了一定的作用。

中国戊戌维新与日本明治维新成败原因的比较

中国的戊戌维新与日本的明治维新从表面来看，有着惊人的相似之处。这两次变法维新，历史背景相近，时间相隔不远，先后发生在19世纪下半叶受到西方势力冲击的两个东亚封建国家——日本和中国。它们的目标类似，措施雷同，都是向西方学习，主要通过政府发布命令推行改革，目的是建立一个君主立宪制的资产阶级国家。而且戊戌维新本身就是以明治维新为蓝图进行的，真可谓是何其相似乃尔！然而，两者的成效、结局和命运却又是那样的不同。日本明治维新取得了成功，实现了一系列资产阶级改革，走上了资本主义近代化的道路。不仅维护了民族的独立，而且使日本成为亚洲唯一的帝国主义强国。而中国的戊戌维新却如昙花一现，迅速失败，光绪皇帝被幽禁，维新人士遭镇压，改革新政全成泡影。中国不但没有阻挡住帝国主义的瓜分狂潮，而且在半殖民地深渊里越陷越深。这到底是为什么呢？

（一）

戊戌维新刚刚失败，流亡到日本的维新派代表人物梁启超就开始通过对比中国戊戌维新与日本明治维新的异同来总结中国变法失败的原因。1898年10月6日，即梁启超到达东京的第6天，他就写信给日本首相大隈重信，陈述中国戊戌维新与慈禧太后发动戊戌政变的经过，要求日本政府设法营救光绪皇帝。这封信很长，而其中相当大的篇幅比较分析了两国维新运动的成败原因。此信见于中国史学会1953年编辑出版的《戊戌变法》资料第二册上，被称为《新党某君上日本政府政党论中国政变书》，作者佚名。编者按语说："此文疑是梁启超之作，见于《知新报》七十九册页四，转录于日本东邦协会报。"今天，我们已从日本史料中得到证实，此信确为梁启超所作，原件存于《大隈文书》，并被收入《日本外交文书》第31卷内公开发表。

梁启超在信中认为中国戊戌维新时的情况与日本明治维新前夕"安政庆应之时，大略相类"。"皇上（指光绪）即贵邦之孝明天皇也，西后即贵邦之大将军也，满洲全族即贵邦之幕吏也。"中国的变法比起当年日本明治维新来有三个方面的不利条件。第一，"贵邦幕府虽威福久积，然于皇室则有君臣之分"。因此日本维新志士一旦打出拥护天皇，"尊王讨幕"大旗，"以君臣大义名分"作号召，立刻能得到四方响应。"敝邦西后则朝权久据，且于皇上冒母子之名。故讨逆幕，则天下之人皆明其义。语及西后，则天下之人或疑其名。"中国维新派尽管也打起拥护皇帝的旗号，却没有多大号召力。第二，"贵邦天皇与将军，一居京都，一居江户，不相逼处"。实际上已经形成了两个政治中心，"故公卿处士之有志者，得出入宫禁，与天皇从容布置，而幕府无如之何。敝邦则皇上与西后同处一宫，声息相闻，且皇上左右皆西后之私人，皇上所有举动，西后无不立知。故此次仅下一密谕，图自保之法，而祸变已起矣"。对此，康、梁是深有体会的。而且,"一旦废立,即使外省有举义之兵,兵未及京都而彼已可立置皇上于死地,是皇上直为西后质子也"。即使起兵勤王,光绪也是慈禧太后手里的人质,很难保全。第三,"皇上手下无尺寸之兵权,与当时贵国之皇室略同。然当时贵国有萨、长、土、佐诸藩相与夹辅,故虽藉处士之功,尤赖强藩之力。藩侯自君其国,经数百年,本藩之士民皆其赤子,彼一举义,幕府无如之何。甚者如毛利公父子,黜其爵、讨其罪而已,而终不能削其兵力,禁其举义也。故王室得其维持,而志士有所凭藉"。明治维新时,天皇可以依靠萨摩、长州等强藩的武力并作为基地。中国维新派也多么想把湖南等省变成中国的维新基地啊!可是,"若敝邦则不然,各省督抚数年一任,位如传舍,顺政府之意,则安富尊荣,稍为拂逆,授意参劾,即日罢官矣。即如此次之事,湖南为人才之渊薮,大邦之长门也。而政变数日,即已将陈宝箴、黄遵宪、徐仁铸等一概罢斥,而一切权柄皆归守旧之徒,无复可用矣。处士以一身毫无凭藉,惟有引颈就戮而已"①。光绪皇帝与维新派人士既无军队又无基地,故而在顽固派发动政变时毫无抵抗之力。

梁启超在信中还比较了中日两国维新时国际形势的不同。他说:"贵邦三十年前,外患未亟,其大忧仅在内讧,故专恃国内之力,而即可以底定。敝邦今日如以一羊处于群虎之间,情形之险,百倍贵国。"指出中国戊戌维新是处在19世纪末帝国主义列强企图瓜分中国的险恶形势下,已经与六七十年代日本明治维新时的国际形势大不一样了。梁启超列举了中国变法的这些"难处"以后,悲愤地说:"以故帝后合体之事,既无可望,尊帝讨逆之事亦不能行。此敝邦志士所以吞声饮恨,血泪俱尽,志计俱穷,以至于今日,而我皇上之位卒岌岌不能保,敝邦改革之事遂废于半途也。"②

---

① 《新党某君上日本政府政党论中国政变书》,《戊戌变法》(二),第601—608页;又见《日本外交文书》第31卷,第1册,第696—699页。

② 同上。

康有为亡命日本后,在给日本人依田百川的信中谈到戊戌维新的失败原因时,也表达了类似的观点。他说:"然我国之帝后,犹贵国之有公武也(指日本的天皇与幕府)。帝后之隙已深,亦如贵国万无公武合体之理。然贵国公武异处,而我则帝后同居;贵国王室与幕府,犹有君臣之分,我朝皇上与西后,尚牵母子之名。同居则行事甚难,假名则群臣易惑,既猜忌甚至,故布置甚难。"①

应该承认,康、梁二人尤其是梁启超采取对比分析中日两国维新异同的方法,触及了戊戌维新失败的一些具体原因。但是大多尚停留在表面现象,而且带有一定的片面性,尤其是他们始终把中国维新变法成败的决定因素归结于光绪皇帝一人之身。梁启超在给大隈的信中反复强调中国"之能改革与否,全系乎皇上位权之安危"。他甚至声称:"但使皇上有复权之日,按次第以变法,令行禁止一二年间,一切积弊,可以尽去,一切美政,可以尽行。"②因此,政变以后,康、梁仍然死死抱住光绪皇帝不放,当新的革命高潮到来之际,依旧反对用暴力革命手段推翻清王朝,终于堕落成为保皇派。

(二)

如果按康、梁的分析,光绪与慈禧要是没有母子之名分,不住在一地,那么变法能不能成功呢?戊戌维新的失败究竟是偶然的还是必然的呢?尽管戊戌维新失败的原因错综复杂、千头万绪,我们仍然可以采取与日本明治维新对比的方法,来进行层层解剖分析,找出其症结与根源。

列宁曾经说过:"政治事变总是非常错综复杂的。它好比一条链子。你要抓住整条链子,就必须抓住主要环节。决不能你想抓住哪个环节就

---

① 康有为:《复依田百川君书》,《康有为政论集》(上册),第 393 页。
② 《新党某君上日本政府政党论中国政变书》,《戊戌变法》(二),第 601—608 页,又见《日本外交文书》第 31 卷,第 1 册,第 696—699 页。

故意挑哪个环节。"①资产阶级维新运动成败的关键是资产阶级和维新势力能否掌握政权。只有在推翻或彻底改组封建旧政权,确立和巩固资产阶级新政权的前提下,才能保证资产阶级改革措施的推行,保护和促进资本主义的发展,否则一切都要落空。日本明治维新实现了这个变革。首先是维新志士提出"尊王攘夷"的口号,打击幕府,并控制了一些强藩的政权,建立了倒幕的武装力量和基地。1867年(日本庆应三年)底,维新势力以天皇名义宣告"王政复古",废除幕府,命将军辞官纳地。幕府旧势力当然不肯自动交出政权,1868年(明治元年)初,经过戊辰战争几个月的武力较量,打败了幕府的军队,建立起明治新政府,并继续镇压幕府势力的反抗,直到1869年5月榎本武扬投降,幕府武装力量才被彻底消灭。明治新政权确立后,逐步进行政权建设,把原来以将军为首的幕府领主阶级的封建政权改造为以天皇为首、维新派下级武士为核心、代表资产阶级与地主联合专政的新政权,并通过一系列官制、机构的改革,使这个政权得到巩固和健全。然后,由这个强有力的新政权来发布命令,逐步进行除旧布新的各项重大改革,如奉还版籍(1869)、废藩置县(1871)、改革封建身份制度(1869—1873)、废除封建俸禄(1876)、地税改革(1873)、教育改革、殖产兴业、修改不平等条约,最后制定宪法(1889),召开国会(1890),使日本成为一个君主立宪制的资产阶级国家,基本上完成了资产阶级革命的任务。

　　与日本相比,中国的资产阶级维新派却始终没有真正取得政权。当时,虽然名义上是光绪皇帝亲政,在百日维新期间,也发布了一系列具有资产阶级改革性质的新政诏令。但是,旧政权实际上并没有发生多大变化,最高权力仍然掌握在慈禧太后手里,重大问题的裁决、高级官员的任免,都要由她决定。中枢机关军机处与总理衙门的实权也还在守旧势力的控制下,至于中央各部尚书、侍郎以及地方拥有军政实权的总督、巡抚

----

① 列宁:《俄共(布)中央委员会的政治报告》,《列宁选集》第4卷,第649页。

等大员,也绝大多数是反对维新的守旧派。京城周围的武装力量——北洋三军控制在慈禧的亲信、直隶总督荣禄手中。维新派的成员最高不过四品卿衔军机章京(如谭嗣同、林旭),能够见到皇帝、起草谕旨而已。而维新派的首领康有为仍然是个地位很低的工部主事,仅仅见过一次皇帝,在顽固派的阻挠下,只封了个总理衙门章京这样的小官,以至他根本不愿去上班。至于维新派另一个代表人物梁启超则只是个举人,连个官职也没有。即使是维新派所依仗的光绪皇帝本身也并无实权。他下了那么多新政诏书,在各级守旧官员抵制下,几乎都未得到贯彻执行。尽管光绪三令五申各官"不得敷衍因循"、"岂容观望迁延"、"不准空言搪塞",甚至一再宣布"倘再藉词宕延,必予以严惩"。可是守旧官员依然阳奉阴违,敷衍了事。如两江总督刘坤一与两广总督谭仲麟对百日维新两个月里的谕令筹办之事,居然"无一字复奏","迨经电旨催问,刘坤一则藉口部文未到,一电塞责。谭仲麟且并电旨未复,置若罔闻"①。梁启超对此评论道:"数月以来,新政之诏多矣,督责大臣之旨多矣,乃日日降旨严催而诸臣藐然,日云必加严惩而未闻一惩,盖上无权既久,大臣所共闻知,彼等有深宫之简畀,有宦寺之奥援,岂畏此守府之君、空文之诏哉。"②

当然,中国的维新派并非不想掌权,但他们没有实力也不愿意采取激烈手段夺权,而总是幻想通过光绪改革官制,设立一些像制度局这样的机构,和平掌握政权。这种企图因遭到守旧势力的抵制而失败。以维新派视为变法关键的开制度局一事为例,康有为一再上书皇帝请开制度局以统筹新政全局,光绪也认为"事关重要",屡次命军机大臣、总理衙门大臣们"切实筹议具奏"。而守旧派大臣们认为"开制度局是废我军机也,我宁忤旨而已,必不可开"。因此竭力加以反对,并"以敷衍游辞驳之"。光绪大怒,把奏折退还,命其再议,并亲自写朱批痛斥:"无得浮词搪责,倘仍

---

① 《德宗景皇帝实录》卷四二三,第 14—15 页。《戊戌变法》(二),第 60 页。
② 《戊戌变法》(二),第 63 页。

敷衍塞责,定必严办。"守旧派见明抗不行,又施阳奉阴违、偷梁换柱之计。军机大臣王文韶说:"上意已定,必从康言,我全驳之,则明发上谕,我等无权矣,不如略敷衍行之。"结果,他们把维新派建议的"选天下通才二十人置左右议制度","改为选翰詹科道十二人轮日召见备顾问",仍由旧官僚充数。这样一来,便巧妙地扼杀了制度局之议,康有为只好哀叹:"于是制度局一条了矣!"①

(三)

我们还可以进一步研究中国的维新派为什么不能像日本的维新派那样建立新政权,实现变法。这主要取决于两方面的因素,一是客观形势是否具备,国内革命时机是否成熟?二是主观条件是否具备,新旧势力双方力量对比如何?列宁曾经指出,从客观形势来看,"只有当'下层'不愿照旧生活而'上层'也不能照旧生活和统治下去的时候,革命才能获得胜利"②。从主观条件来看,需要"革命阶级能够发动足以打倒(或摧毁)旧政府的强大的群众革命行动,因为这种政府,如果不'推'它,即使在危机时代也是不会'倒'的"③。

先比较一下中日两国夺取政权、实现维新的客观形势。在明治维新前夕,日本国内革命危机已经成熟。当时日本农民、市民暴动此起彼伏,至 60 年代进入高潮,空前猛烈,仅 1866 年一年,农民、市民暴动就达 43 次之多。1867 年几乎在全国范围内爆发"可好啦"大骚动,致使京都、江户、大阪等地军警机构两个多月处于瘫痪状态,人民群众的斗争动摇了幕府封建统治的基础。另一方面,统治阶级内部的斗争和分化也日益激烈。围绕批准日美亲善条约与选择将军继承人的争论,多年不干预政治的天

---

① 康有为:《康南海自编年谱》,《戊戌变法》(四),第 153 页。
② 列宁:《共产主义运动中的左派幼稚病》,《列宁选集》第 4 卷,第 239 页。
③ 列宁:《第二国际的破产》,《列宁选集》第 2 卷,第 621 页。

皇也有了政治发言权,逐渐形成了朝廷与幕府两大政治中心。强藩、下级武士普遍对幕府不满,离心倾向越来越大。1859年,幕府大老(最高执政官)井伊直弼制造"安政大狱",疯狂迫害维新志士,第二年井伊直弼本人即被反幕派武士刺死,说明双方矛盾已经不可调和。接着1864、1865年幕府两次发兵征讨长州藩,标志着幕府与强藩的矛盾也已公开化。幕府统治处于内外交困、分崩离析的严重危机之中。维新派及时抓住时机,发起尊王倒幕,抬出天皇,宣布大政复古,并用武力讨伐幕府,取得戊辰战争的胜利,终于推翻了幕府封建旧政权,建立起维新派执政的明治新政权。

而中国戊戌维新时却没有出现这样的形势。自从1864年太平天国农民革命失败以后,捻军、西南西北少数民族起义也相继被镇压,农民起义转入低潮。下层群众斗争方式主要是矛头对外的反洋教斗争,这种斗争有时候还受到清政府的欺骗利用。在统治阶级内部,掌握清政府大权的满族贵族,对外向外国侵略势力投降妥协,勾结起来共同绞杀中国人民革命;对内则向汉族地主势力让步,依靠以曾国藩、李鸿章为首的湘淮系军阀官僚镇压农民起义,办理国防外交,使清朝封建政权暂时得到巩固、稳定。统治阶级内部虽然还有洋务派、顽固派、清流派以及帝党、后党之争,但总的说来离心力不大,旧政权尚未产生严重的统治危机,推翻旧政权的时机尚未成熟。

再比较一下中日两国维新力量与守旧力量的对比。日本明治维新时,维新势力压倒了守旧势力。如上所述,以幕府为中心的守旧势力已经十分脆弱,幕府统治摇摇欲坠。而维新势力以下级武士为核心,抬出天皇为旗帜,与反幕的强藩相结合,既有基地,又有军队,而且得到町人阶层(包括商人、手工工场主、农村富农等)在财力物力上的大力支持,广大农民、市民也积极参加或支持反幕武装,因此组成了强大的维新阵营,一举推翻了幕府旧政权。

相反,在中国戊戌维新时,守旧势力要远远大于维新势力。守旧势力以掌握最高权力的慈禧太后为首,包括控制中央和地方军政实权的大贵族、大官僚,以及因新政措施触及其切身利益而反对维新的大小衙门官吏、绿营军官、旗人、八股士人等等,形成庞大的守旧阵营。他们手握政权、兵权、财权,富有政治经验,擅长阴谋诡计,全力以赴扼杀维新。正如梁启超描写的那样,"盖全国千万数之守旧党人,不谋而同心,异喙而同辞,他事不顾,而惟阻挠新法之知"①。而中国的维新势力仅以有资产阶级倾向的士大夫知识分子为核心,依靠没有实权的傀儡皇帝光绪,联合少数帝党官吏、御史翰林及地方官员。既没有基地,也无兵权、财权。他们轻视并脱离广大人民群众,连资产阶级、商人也很少关心支持他们。维新思想家严复指出当时维新派"与守旧党比,不过千与一之比,其数极小"②。力量对比实在太悬殊了! 因此,守旧势力一反扑,维新势力顷刻瓦解。谭嗣同在壮烈牺牲前,也只好仰天长叹:"有心杀贼,无力回天,死得其所,快哉快哉!"③

  中国资产阶级维新派的软弱无力,其根源还在于它所代表的中国民族资产阶级的弱小。这个阶级70年代刚刚诞生,先天不足,又受到帝国主义和封建主义的双重压迫,发展缓慢。到19世纪末,真正属于民族资本的企业,也只有几百家厂矿,而且投资少、规模小、设备差。中国民族资产阶级经济实力薄弱,社会基础狭小,而且从娘胎里带来了软骨病——对帝国主义、封建主义的妥协性。这些特性也必然会表现在中国民族资产阶级上层的政治代表——资产阶级改良派的身上,如对封建主义的妥协让步、对帝国主义的幻想依赖以及对人民群众的害怕等等。

  我们还应该看到个人因素在历史上所起到的作用。维新派领导人的能力、气质和采取的方法、策略,与维新成败也有很大关系。我们可以比较一下中日两国维新运动的领导人,他们有相似之处,如大多是出身封建家庭的资产阶级化知识分子,年龄正当中青年,血气方刚,忧国忧民。多

---

① 梁启超:《论变法后安置守旧大臣之法》,《戊戌变法》(三),第34页。
② 严复:《论中国分党》,《戊戌变法》(三),第76页。
③ 谭嗣同:《临终语》,《谭嗣同全集》上册,第287页。

数曾接触过西方思想文化,具有远大的政治抱负。然而,不同的是日本维新派骨干是中下级武士,大多参加过地方上的藩政改革,久经风浪锻炼,具有斗争经验与政治才干。如大久保利通、西乡隆盛、伊藤博文等人,都是一批富于谋略、精明强干的政治家、军事家。他们善于争取各种力量,讲究斗争策略,例如在政府内排除保守派、废除贵族特权、制订宪法、召开议会、修改不平等条约,都是采取稳扎稳打、减少阻力、逐步推进的策略,以至能够逐渐实现其目标。而中国维新派的骨干却基本上是一批缺乏政治斗争经验的书生,大多饱读诗书,有才学热情,却往往缺乏运筹帷幄的雄才大略。梁启超就承认他的老师康有为"谓之政治家,不如谓之教育家;谓之实行者,不如谓之理想者"①。老奸巨猾的李鸿章也把他们视为"书院经生、市井讼生之流,不足畏也"。他们在维新措施和斗争策略上也有些急于求成,不顾实效。如变法一开始便裁撤旧衙门、裁减绿营、令旗人自谋生计,激起守旧势力群起攻之,增加了变法的阻力。同时又不善于团结和争取同盟军,结果使自己十分孤立。

(四)

中日两国的维新运动为什么会产生这些不同点,恐怕还应该更深入地从两国国情的不同,尤其是从两国社会结构和文化传统的区别中探讨其根源。

从社会政治结构的角度来看,日本一直是个封建领主制国家。德川时代是幕藩体制,这个面积不算大的岛国上竟有260多个割据的藩,而每个藩的领主(大名)都拥有独立的而且是世袭的军政实权,潜伏着很大的离心力,因此维新派的尊王倒幕号召,客观上符合当时日本建立统一民族国家和统一国内市场的要求,故而能获得各阶层的响应和支持。而中国

---

① 梁启超:《康有为传》,《戊戌变法》(四),第36页。

长期以来是一个高度中央集权的封建地主制国家。这种中央集权制度到了清代更加完善、严格,中央政府通过郡县制控制地方,又通过科举制选拔官吏,不允许地方上形成世袭的独立势力,地方官员随时可以被罢免、调动,因此难以形成离心力量。维新派提出的地方自治主张也很难付诸实践。

从社会经济结构来看,在日本封建领主制度下,商品经济比较容易发展,农村自然经济解体的速度也比中国要快。明治维新前日本棉纺织业手工工场已发展到相当高的水平,农作物商品化并逐步同资本主义生产结合起来。由于日本国土小,资本主义萌芽的密度大,并形成了几个经济中心。在某些藩,富商拥有大量财产,并成为藩主、武士的债权人,从而控制了藩的财权和工商业。城乡资产阶级尤其商人和豪农成为维新派的重要社会基础,他们积极支持倒幕和改革,在明治维新中起了重要作用。相比之下,在中国封建地主土地制度下,自然经济瓦解很缓慢,对资本主义生产方式的抵抗也很顽强。分散经营的小商业反而成为自然经济的附庸,城市商业资本往往脱离生产领域。中国的民族资本主义并不是从封建社会后期产生的资本主义萌芽独立发展而来的(这种萌芽在外国入侵后大部分已被扼杀),而是在外国资本主义入侵的刺激下,由地主、官僚、商人、买办投资新式企业而产生的。这种在外国资本主义和本国封建主义双重压迫下畸形发展的中国民族资本主义,既先天不足,缺乏原始积累,又后天失调,力量薄弱,而且与外国资本主义、封建主义有着千丝万缕的联系。因此作为资产阶级维新运动的阶级主体——中国民族资产阶级,却很少有人直接参加或支持戊戌维新。虽然也有张謇等少数几个资本家参加了维新运动,但仍怕变法过于激进,"一再劝勿轻举"。戊戌政变后,张謇又赶紧声明:"余与康梁是群非党,康梁计划举动,无一毫相干者"①,惟恐遭到株连。

---

① 张孝若:《张謇年谱》,《戊戌变法》(四),第201—202页。

还有两国文化历史传统的不同也值得注意。日本自古以来有向外国学习的历史传统，古代着重学习中国文化，近代以来又大量吸收西方文化，并能与自己的民族文化相融合。因此，明治维新推行文明开化政策，阻力较小，成效显著。另外，日本历来提倡武士精神，崇实而不尚虚浮的理义空谈，这种精神对变法改革也是有利的。相反，中国是文明古国，知识分子往往背上中华文化优越感的包袱，提倡学习外国常常遇到很大阻力。不少人还崇古好古，相信祖宗之法不可变，喜欢脱离实际的空谈。加上长期以来儒家思想占统治地位，科举八股制度束缚知识分子头脑，这些都对维新改革很不利。

此外，中日两国维新时所处的时代与国际环境上的差异也不应忽视。日本明治维新发生在19世纪60年代末，当时世界还处于自由竞争资本主义时期，夺取殖民地的大高潮也尚未开始。而西方列强在东亚侵略的主要目标是地大物博的中国，加上亚洲民族解放运动特别是中国太平天国革命对西方列强力量的牵制，都为日本维新提供了一个较为有利的国际环境。当时列强的态度，英、美曾积极支持日本维新势力，并给予军事上和物质上的具体援助。日本维新派本身也比较注意外交斗争策略，尽量利用英法、英俄之间的矛盾。而中国戊戌维新已经到了19世纪90年代末，世界资本主义已向帝国主义阶段过渡，列强通过争夺殖民地的高潮已经基本上把世界瓜分完毕。中国成了列强在东方争夺的"唯一富源"，一时间出现了瓜分中国的狂潮。这时帝国主义列强决不愿意中国成为一个独立强大的资本主义国家，国际环境对中国维新运动很不利。当时，英国与日本，虽然为了抵制俄国的扩张，曾对中国维新运动表示同情并拉拢维新派，但始终未能给予实质性的具体援助。

总之，日本明治维新的成功与中国戊戌维新的失败绝不是偶然的，而是由其内部、外部的历史条件和种种复杂的因素所造成的合力决定的，有着深刻的政治、经济、文化根源。从两者的对比中，我们可以总结出很多有益的经验教训。唯物史观认为时势造英雄，而不是英雄造时势，在当时中国的历史条件下,维新派君子们也只能演出这样一幕悲剧。同时,我们也应看到,日本明治维新虽然成功了,但它保留了浓厚的封建残余,鼓吹对外扩张,培植军国主义,也给日本的社会发展投下了阴影。中国戊戌维新虽然失败了,但维新派大声疾呼爱国救亡,介绍西方政治学说,进行了大量的资产阶级启蒙宣传;加上变法失败的教训和维新志士的鲜血,使很多青年从此觉醒,逐渐走上了革命道路。戊戌维新是中华民族觉醒和中国民主革命历程上的一个重要环节,它的历史功绩是不应被埋没的。

近代中日两国吸收西方文化态度的比较

如何吸收西方文化和处理传统文化与西方文化的关系,近代以来始终是中国和日本社会发展、文化进步和实现近代化所面临的重大课题,也是中日两国知识分子所苦苦探索与争论不休的问题。即使到 21 世纪,它仍然是一个需要认真对待和妥善处理的重要问题。

近代中日两国在吸收西方文化的认识、态度和处理方式上的差异,与两国近代化的成效关系甚大。本文试图通过对中日近代历史上几个实例的比较,总结经验教训,提供一些历史的借鉴。

一、近代初期中日两国吸收西方知识之比较
——以汉译西书为中心

19 世纪 40—60 年代,中国人吸收西方文化的一个重要渠道是通过西

方传教士在中国用汉文编译出版的各种书籍报刊,俗称汉译西书。

鸦片战争以后,西方传教士在中国沿海通商口岸陆续办了一些新式书馆,如英国伦敦会传教士1843年在上海开办的墨海书馆,美国长老会传教士1845年在宁波设立的美华书馆等,都出版了不少汉译西书。清政府从19世纪60年代起,开始聘用外国传教士翻译西书,如北京同文馆和上海江南制造局翻译馆,也出版了许多汉译西书。这些汉译西书大多采用中西学者合译的方法,一般是由西人将要译之书"先熟览胸中,而书理已明",再"以西书之义,逐句读成华语"。然后由中国学者笔述之。"若有难言处,则与华士斟酌何法可明"。译出初稿后,再由中国学者"改正润色,令合于中国文法"①。由于采取这种中西合作的办法,发挥双方之长,所以较能保证译书的质量,文字也相当通顺。

这些在中国出版的汉译西书虽然对近代中国人了解西文化科学知识起到了一定的作用。可是在中国强大的保守势力和传统文化的抵制下,收效不大。不料其中的一些书籍传到日本,却很快得到翻印或翻译,广泛流传,在日本吸收西方文化和文明启蒙的过程中起了相当大的作用。真好比墙内开花墙外香,西方传教士在中国播的种,却在日本结了果。

19世纪中叶以前,日本的西方文化知识主要来自到长崎贸易的荷兰人和他们带来的荷兰文书籍。因此称为"兰学"。日本的兰学者虽然也翻译了一些荷兰文的科技地理书籍,但所获知识十分有限,远远不能满足幕末日本人迫切要求了解世界、学习西方文化的需要。加上荷兰文相当难懂,即使是兰学者翻译起来也很吃力。译出的书,文字常常晦涩难读。然而,汉文的书籍却是很多日本知识分子都能阅读理解的。有些日本学者精通汉文的程度甚至不亚于中国人。所以汉译西书的传入对渴望了解西方新知识的日本人士来说,不啻雪中送炭。从已经翻译成汉文的西方书籍上吸收西方文化,对幕末和明治初年的日本知识分子是一条捷径。因

---

① 傅兰雅:《江南制造总局翻译西书事略》,第二章。

此,开国以后,日本朝野人士通过中国商船、英美军舰以及亲自赴华贸易考察(如1862年千岁丸的上海之行)等各种途径,拼命购买收集汉译西书。20世纪初,日本著名思想家吉野作造在追述50年前日本知识分子通过中日文化交流渠道吸收西方文化的迫切心情时描写道:"不仅中国新出版的书籍被立即带回日本,即使尚未出版的,也时常传述消息,使日本学者急切盼待。"①幕末有名的洋学家柳河春三在1861年出版的《横滨繁昌记》一书中曾指出,"近今,英美两国人士,务修汉文,在香港、上海等处所刊汉文著述颇多"。他列举了许多书名后遗憾地写道,可惜其中不少书自己尚未见到,"姑录耳闻,以备参考"②。

下面择要介绍一部分汉译西书传入日本后迅速被翻印或翻译出版的情况。

日本人最关心的地理类书籍,有英国传教士慕维廉(M. Willian)用汉文写的《地理全志》,该书1854年在上海出版,很快就传入日本,1858年有爽快楼刊印的训点翻印10册本,幕末著名学者盐谷宕阴在此书序言中认为:"浏览三日,略足以了五洲之大势,则讲地理者,安得不以此为捷径焉哉。"③

美国传教士祎理哲(W. R. Quanterman)用汉文编著的《地球说略》,1856年由宁波美华书馆出版。传到日本后,1860年由洋学家箕作阮甫训点刊行。内容包括地球圆体说等总论和各大洲的图说。作为简明的世界地理入门书在日本很受欢迎。明治初年还一度成为学校的世界地理教科书,出现好几种日译本。还有美国传教士裨治文(B. E. Colemn)的《联邦志略》,介绍美国地理风土,1861年上海墨海书馆出版,1864年日本就刊行了箕作阮甫的训点本。

医学书籍也是传入日本较早的汉译西书。如英国传教士医生合信

---

① 吉野作造:《日本近代史上政治意识的产生》,《政治学研究》第2卷,第48页。
② 增田涉:《西学东渐与中国事情》,第23页。
③ 盐谷宕阴:《地理全志》,序。

（H. Benjamin）关于人体解剖学的汉文译著《全体新论》，1851年在中国广东出版，1857年就由日本越智氏训点翻刻。合信的《西医略论》、《内科新说》、《妇婴新说》等关于外科、内科、妇科与小儿科的医学著作，1857—1858年间陆续由上海仁济医馆出版，很快于1858—1859年就在日本刊行了翻刻本。

英国传教士伟烈亚力（W. Alexander）口译、中国学者王韬笔述的物理学著作《重学浅说》，1858年由上海墨海书馆出版，1860年就有了日本翻刻本。伟烈亚力口译、中国数学家李善兰笔述的天文学著作《谈天》一书，上海墨海书馆1859年出版，仅两年后，1961年即由日本浪华福田家刊行翻刻本。他们两人合译的数学著作《数学启蒙》、《代数学》等书，在日本也有翻刻本。

还有几种综合性的自然科学启蒙读物汉译西书也在日本广泛流行。一种是英国传教士合信编译的《博物新编》，1855年由上海墨海书馆出版。该书共有三集，第一集是物理学，第二集是天文学，第三集是动物学。60年代初由日本幕府的官方学术机构开成所翻刻，并加以训点。以后在明治初年又被多次翻印，成为学校的理科教材。另一种是美国传教士丁韪良（M. W. A. Parsons）译著的《格物入门》七卷，1868年由北京的同文馆刊印，第二年就传入日本，并出版了训点翻刻本。

还有一种是英国传教士理雅各（L. James）编译，1864年香港英华书院出版的《智环启蒙塾课》，是一种中英文对照，关于西洋科学知识的入门教科书，共分24类200课。传到日本后，1867年首先由江户开物社出版了训点翻印本，训点者是柳河春三，书名为《翻刻智环启蒙》。此书在明治初年广泛流传，成为许多日本学校的教科书，出现各种版本。

在社会科学的汉译西书中，对当时日本政界影响最大的首推美国传教士丁韪良编译的《万国公法》一书。1864年，丁韪良把美国学者惠顿的《国际法要义》翻译成汉文，称为《万国公法》。这部译稿由恭亲王奕訢委派总理衙门章京四人加以润色，1864年由北京崇实馆出版。该书当年就传入日本,第二年由幕府开成所训点翻印。1868年即明治政府成立这一年,《万国公法》同时有三个日译本出版。明治初年《万国公法》的各种节译、全译的日译本不下数十种之多。《万国公法》还被列为大学必修科目,东京、京都、神户与许多地方的学校也采用《万国公法》为教科书。《万国公法》的内容正是开国以后日本开展对外交涉所急需的国际法知识,因此受到日本朝野有识之士的高度重视。幕末思想家横井小楠认为,《万国公法》是"各国交际答辩之道,是当今最流行之学问"[①]。明治初期,汉译《万国公法》被奉为权威经典,成为日本外交家与西方列强进行外交斗争的重要武器。大隈重信等日本官员都能熟练地运用《万国公法》中的知识,据理力争要求废除治外法权,使英法等国驻日公使们大为惊讶。明治初年汉译《万国公法》里的词句在日本风靡一时,在各种布告、公文、上书以及政治家的笔记书信、僧俗各界人士的交谈中常常被引用。现代日语中的"权利"、"义务"、"自治"、"主权"等汉字词汇,都来源于汉译《万国公法》,可见此书在日本影响之巨大。

从以上实例可以看到,西方传教士原来为了在中国传播西方科学文化而编译出版的汉文西书,在中国往往并没有引起足够的重视,也未被中国知识分子所充分利用,甚至还遭到顽固派士大夫的攻击非议。他们把西方科学技术视为"奇技淫巧",把学习西方文化斥为"以夷变夏",大肆鼓吹"立国之道尚礼义不尚权谋,根本之图在人心不在技艺"[②]。有人还宣扬西方科学技术统统起源于中国,对汉译西书不屑一顾。

然而汉译西书传到日本,却受到不同对待,在日本社会中被争相翻印、广泛流传,发挥了相当大的启蒙作用。不少自然科学和地理历史方面的汉译西书成为日本幕府、各藩以至明治初年各地各级学校学生的教科书或参考书。而汉译《万国公法》竟成为明治初年日本外交家与西

---

① 尾佐竹猛:《近世日本国际观念之发达》,第46页。
② 倭仁奏折,《筹办夷务始末(同治朝)》卷四七。

方交涉、争取国家主权的重要武器,这恐怕是西方传教士们始未料及的。这种墙内开花墙外香的怪现象,恰恰反映了19世纪中叶中、日两国统治阶级与知识分子在对待西方文化的认识和态度上的差异,发人深省。

二、近代中日出访欧美使团之比较
——以蒲安臣使团与岩仓使节团为中心

19世纪60年代末至70年代初,中日两国政府曾先后首次派出大型官方使团赴欧美访问考察,时间均长达一两年,访问国家多达十几国。这就是中国清政府的蒲安臣使团和日本明治政府的岩仓使节团。把这两个使团的情况及其吸收西方文化的态度作一番比较,也是很有意义的。

蒲安臣使团是中国清政府对外派遣的第一个正式外交使团,自1868年2月出发,至1870年10月归国,历时2年8个月,历访美国、英国、法国、德国、瑞典、丹麦、荷兰、俄国、比利时、意大利、西班牙等11国。

岩仓使节团则是日本明治政府成立后派遣的第一个赴欧美大型官方使节团,自1871年12月出发,至1873年9月回国,历时1年10个月,历访美国、英国、法国、比利时、荷兰、德国、俄国、丹麦、瑞典、意大利、奥地利、瑞士等12国。

两个使团都是首次出访欧美、规模大、时间长、所到国家多,但是具体比较一下,却可以发现许多令人深思的差异。

首先是两个使团的组成和成员大不相同。清政府缺乏自信,竟委派洋人带队。1860年《北京条约》签订以后,西方各国陆续派公使来华长驻北京,清政府虽然也有意遣使出洋,但又感到为难,尤其担心使节谒见外国元首时的礼节,若行跪拜礼则有碍中华尊严,若不跪拜则又恐外国使节来华时引为借口,因此宁可暂时不遣使出国。但到了60年代末,西方各国纷纷要求修约,清政府觉得遣使已势在必行,可是又找不到合适的人选。主持外交的恭亲王奕䜣说中国官员"语言文字,尚未通晓,仍须倚翻译,未免为难。况为守兼,才堪专对者,本难其选。若不得其人,贸然前往,或至狎而见侮,转足贻羞域外,误我事机"①。刚满任期卸职的美国驻华公使蒲安臣(B. Anson)认为是个可乘之机,便主动毛遂自荐。奕䜣赞扬蒲安臣"外事和平,能知中外大体","遇有中国不便之事,极肯排难解纷"。并认为,"用中国人为使,诚不免为难,有外国人为使,则概不为难"②。因此正"苦于无人"的清政府决定委派美国人蒲安臣为"钦派办理中外交涉事务大臣",率中国外交使团出访欧美。清政府还担心只派美国人出使会得罪英国和法国,故又决定加派英国驻华使馆翻译柏卓安(B. J. Mcleavy)为"左协理",海关税务司法国人德善(C. E. De)为"右协理"。同时又下令记名海关道志刚和礼部郎中孙家谷两位中国官员"赏二品顶戴",也给予"办理各国中外交涉事务大臣"名义。另有随员、同文馆学生德明、凤仪、桂荣、联芳、塔克什纳等共三十多人。在这个不伦不类的外交使团中,美国人蒲安臣才是真正的主角,独揽对各国谈判签约的大权,两位中国官员只是配角,而且由于"礼节尚未议定,中国大臣暂不与各国执政相见",有些重要外交场合反倒要回避。

日本岩仓使节团集中了明治政府的精华。据说遣使最初是美国传教士威尔贝克(G. H. F. Verbeck)向外国官副知事大隈重信建议的。而大隈仅想由自己充任使节带领几个随员出访而已。不料遣使动议一提出,竟引起明治政府大员们的极大兴趣。不仅政府首脑之一,由外务卿转任右大臣的岩仓具视决定亲自担任特命大使带队出访。而且明治政府的两位实权人物参议木户孝允和大藏卿大久保利通也强烈要求同行。最后由木户孝允、大久保利通和工部大辅伊藤博文、外务少卿山口尚芳4人担任特命全权副使,还有藩主锅岛、毛利、前田等人参与,组成了包括书记官、理

---

① 奕䜣奏折,《筹办夷务始末(同治朝)》卷三九。
② 奕䜣奏折,《筹办夷务始末(同治朝)》卷五一。

事官等随员的48人使节团,再加上59名留学生(其中有日本最早的5名女留学生)。百余人浩浩荡荡登上美国轮船从横滨出发。日本明治政府在成立之初,核心人物几乎倾巢出动,去直接体验西方文明,反映了当时日本人学习西方的热情和决心。

其次,中、日两个使团出洋使命、动机目的和效果收获也大不一样。清政府当时派遣蒲安臣使团的主要目的是对付西方各国的修约要求,因此其使命主要是探询各国修约的内容和要求,并劝阻各国勿借修约生事干涉中国内政。同时也可以探听了解"外国之情伪"。而日本岩仓使节团出访欧美,则明确带有三大任务:一是访问缔约各国,向各国元首呈交国书,行聘问之礼;二是要求修改幕末以来与各国签订的不平等条约,进行修约的预备性交涉;三是调查和研究欧美各国的文物制度。

出访的结果,从外交方面来看,中国蒲安臣使团经过游说,取得美国、英国等国政府不借修约干涉中国内政的承诺。尽管列强随时都可能推翻这些承诺,表面上似乎完成了使命。而日本岩仓使节团在要求修改不平等条约的交涉中却收效甚微,因为西方列强根本不愿意轻易放弃通过不平等条约取得的任何一项特权。

然而,从学习西方促进本国近代化的方面看,中、日使团的收获则大不相同。参加蒲安臣使团的中国官员和同文馆学生,只是到欧美走马看花,初步接触到一些西方物质文明和国政民情。如志刚在其《初使泰西记》中记述了欧美各国的铁路火车、机器制造、工矿商业,在加以赞美的同时也开始想到"若使西法通行于中国,则西人困矣"。在美国等国参观了国会,并观察了欧美各国的社会政治后,他深有感触地议论道:"故西国君主,治法不必尽同,而不敢肆志于拂民之情,则有同揆焉!"这不能不说是认识的一大进步。然而对西方文化认识尚很肤浅,如观看魔术表演,见到用电气、动物、光学取影,虽然"奇巧至不可思议",但又斥为"奇技淫巧而无裨于国计民生者"①。随使团出访的同文馆学生张德彝在美国纽约参观学校,见到学生"弦歌诵读",颇有好感,但又鼓吹向美国学生"宣讲中国圣教"、"勉以忠孝节义"②。蒲安臣使团的中国成员人微言轻,在国内没有产生多大影响。

日本岩仓使节团成员则是明治政府高官要员,他们把"求知识于世界",考察西方文物制度作为重要任务。出国前就作了充分准备,分别组织了考察政治、经济、军事、文教的专门班子,甚至拟出了详细的考察大纲。使节团的正副大使们也各有考察重点,如岩仓着重考察各国帝室制度,木户考察各国宪政,而大久保则注重于西方国家工商业状况,他们怀着极大的热情、感受西方文明,探求欧美富强的原因,从而坚定了大规模输入西方先进文化的决心,并且大体上找到了学习西方推动日本近代化的途径。正如随团留学生中江兆民后来回忆时所说:"目睹彼邦数百年来收获蓄积之文明成果,灿然夺目,始惊,次醉,终狂。"③明治政府的实权人物通过出访取得了对学习西方的新认识,回国后大力推行明治维新的各项改革。如他们看到英国"到处黑烟满天,无不设大小工厂","国民精神皆倾注于世界贸易"④。认识到发展工商业是使国家富强的根本途径。因此大久保利通回国后即提出了《关于殖产兴业建议书》。同时,他们考察了欧美的立宪政治,认为"欧洲之文明源于此改革之深浅",认识到日本也必须改革政治体制和健全法制。此外,他们还认识到教育是导致欧美民富国强的重要原因之一,因此日本必须努力普及教育,改革教育内容与方法,"推进全民之开化,开发全民之智慧。"

通过这个实例可以看到,派遣官方使团出访欧美,中国虽然比日本先走一步,但是由于两国政府和使团成员的目的、决心、地位、水平以及对吸

---

① 志刚:《初使泰西记》,第 66 页。
② 张德彝:《欧美环游记》,第 76 页。
③ 小西四郎、远山茂树编:《明治国家的权力与思想》,第 158—159 页。
④ 久米邦武:《特命全权大使米欧回览实记》第 2 编,第 438 页。

收西方文化的主动性、热情、态度上的差异，终于使两国使团出访所得收获与所起作用大不相同。蒲安臣使团对中国近代化并没有产生多大影响，而岩仓使节团归国后则推动了明治政府学习西方的各项改革，有力地促进了日本的近代化进程。

三、近代中日政治家东西文化观之比较
——以李鸿章与森有礼的对谈为中心

19世纪70至90年代，中日两国都进行了以富国强兵为目标的近代化运动，在中国为洋务运动，在日本是明治维新。但两个运动成效悬殊，其原因当然很复杂，就对待西方文化的态度而言，洋务运动的指导思想是"中体西用"，而明治维新则强调"和魂洋才"与"文明开化"。虽然两者在表面上有相似之处，可是在实质上却有很大不同。以往论述往往做笼统的理论分析，然而两国政治家的认识究竟有什么差异？他们的心态如何？却较少有具体史料作例证。下面以中国清政府洋务派首领李鸿章与日本明治政府文明开化的倡导者森有礼的一段对话为实例，进行具体的剖析。

1876年1月24日，新任日本驻华公使森有礼前往保定直隶总督官邸，拜会了清政府直隶总督兼北洋大臣李鸿章。两人进行了几个小时的长谈，除了就朝鲜局势等外交问题进行会谈外，也交换了对东西文化的看法，并涉及对日本明治维新后学习西方文化实行一系列改革的评价，尤其是围绕服装改革的问题，展开了激烈的辩论。

据中文史料《李鸿章与森有礼问答节略》记载，两人见面寒暄了几句后，李鸿章就问森有礼对于东西文化的看法。森有礼坦率地回答："西国所学十分有用，中国学问只有三分可取，其余七分仍系旧样，已无用了。"作为文明开化倡导者的森有礼认为西方文化科学对日本近代化的发展"十分有用"，要努力学习，而以儒家思想为中心的中国传统文化，对日本

只有"三分可取",大部分已过时没用。这两句话反映了日本明治时代政治家对东西文化的价值判断。

李鸿章接着又问日本学习西方文化的程度,"日本西学有七分否?"森有礼却回答:"五分尚没有。"李鸿章感到很惊讶,便追问:"日本衣冠都变了,怎说没有五分?"这时日本公使馆的书记官郑永宁解释道:"这是外貌,其实本领尚未尽学会。"森有礼又进一步说明:"敝国上下俱好,只学得现成器艺,没有像西国从自己心中想出法儿的一个人。"① 森有礼对日本学习西方文化的状况,采取比较实事求是和虚心分析的态度。他认为光是引进和模仿西方文化与科学技术,只能算学到一半,还必须在这个基础上自己加以创造和发展。

两人在谈到学习西方文化进行改革尤其是服装改革时,发生了激烈的争论。日文史料,明治时代日本学者木村匡所著《森先生传》一书中,有这段对话的详细记录。

李鸿章首先发难:"对于近来贵国所举,很为赞赏。独有对贵国改变旧有服装,模仿欧风一事,感到不解。"森有礼对此答辩道:"其原因很简单,只需稍加解释。我国旧有的服制,正如阁下所见,宽阔爽快,极适于无事安逸之人,但对于多事勤劳之人则不完全合适,所以它能适应过去的情况,而于今日时势之下,甚感不便。今改旧制为新式,对我国裨益不少。"

李鸿章却认为这是违背了祖宗的遗志。他指责道:"衣服旧制,体现对祖先遗志的追怀之一,其子孙应该珍重,万世保存才是。"森有礼马上加以反驳:"如果我国的祖先至今尚在,无疑也会做与我们同样的事。距今一千年前,我们祖先看到贵国服装的优点就加以采用。不论何时,善于学习别国的长处是我国的传统。"

李鸿章仍不以为然,并用赞扬日本古代学习唐服及现今欧服价贵为

---

① 《李鸿章与森有礼问答节略》,《中日战争(一)》,第299页。

理由来进行批评。他说:"贵国祖先采用我国服装是最贤明的。我国的服装织造方便,用贵国原料即能制作。现今模仿欧服,要付出莫大的冗费。"森有礼对这个批评作了相当有力的答辩:"虽然如此,依我等观之,要比贵国的衣服精美而便利。像贵国头发长垂,鞋大且粗,不太适应我国人民。其他还有很多事不能适应。关于欧服,从不了解经济常识的人看来,虽费一点,但勤劳是富裕之基,怠慢是贫枯之源。正如阁下所知,我国旧服宽大但不方便,适应怠慢而不适应勤劳。然而我国不愿意怠慢致贫,而想要勤劳致富,所以舍旧就新,现在所费,将来可期得到无限报偿。"

李鸿章理屈词穷,但仍不服输,便反诘道:"话虽如此,阁下对贵国舍旧服仿欧俗,抛弃独立精神而受欧洲支配,难道一点不感到羞耻吗?"不料森有礼不但不以为耻,而且反以为荣,并强调吸收外来文化正是日本民族的优良传统。他断然回答:"毫无可耻之处,我们还以这些变革感到骄傲。这些变革决不是受外力强迫,而完全是我国自己决定的。正如我国自古以来,对亚洲、美国和其他任何国家,只要发现其长处,就要取之用于我国。"

李鸿章坚持中国洋务派"中学为体、西学为用"的基本立场,声称"我国决不会进行这样的改革,只是军器、铁路、电信及其他器械是必要之物和西方最长之处,才不得不采之外国"。森有礼反唇相讥,指出清朝的服制也并非中国传统服装,而是1644年清军入关后强迫汉族人接受的。他说:"凡是将来之事,谁也不能确定其好坏,正如贵国四百年前(指清军入关前),也没有人喜欢现在这种服制。"李鸿章只得强词夺理辩解:"这是我国国内的变革,决不是用欧俗。"森有礼则强调:"然而变革总是变革,特别是当时贵国强迫作这样变革,引起贵国人民的忌嫌。"[①]

森有礼与李鸿章的这一场论战,看起来似乎主要围绕着要不要改革服装的问题,实际上却表现了中、日两国政治家对待东西文化和社会变革

---

① 木村匡:《森先生传》,第99—102页。

在认识上的重大差异。

李鸿章作为中国清政府洋务派的首领,虽然也主张向西方学习,比起最保守的顽固贵族官僚要开明得多。但是他对中西文化的基本思想是"中学为体、西学为用",正如在上述对话中所说,认为西方文化中,"只是军器、铁路、电信及其他器械是必要之物和西方最长之处,才不得不采之外国"。因此李鸿章大力主张"西学为用",引进西方军事、工业技术,提倡开办工厂、修筑铁路、建设海军等洋务活动,并赞赏日本明治维新在这方面的成就。然而他又坚持"中学为体",即认为封建政治体制和儒学伦理观念以至法律、历法、衣冠礼仪等"祖宗之法",是不应该改变的。因此对于西方文化中更深一层的制度、观念、习俗等内容抱着排斥抵制的态度,而且把学习西方文化,改变服装习俗看成是非常可耻的事情。李鸿章不仅以这种观点批评日本的明治维新,而且断然表示:"我国不会进行这样的变革"。这种立场除了说明洋务派企图维护清朝封建统治和本集团的既得利益外,也反映了中国儒家思想中的崇古、崇祖、重义轻利、空谈义理、不讲实效的传统观念,以及由于中华文化优越感而产生的妄自尊大、华夷思想,造成对外来文化的排斥力。

日本明治时代的政治家们对西方文化的认识要深刻得多。如前文所述,明治维新后不久,日本政府就派出岩仓使节团访问考察欧美十二国。森有礼在明治维新前后也曾到英美留学和考察多年。他们通过亲自直接观察,比较全面深入地了解研究了西方文化,因此在明治维新各项改革中能从总体和物质技术到制度、观念、习俗等全方位地学习西方文化。他们对于扬弃不适应形势的传统文化与吸收西方文化的长处,不但觉得"毫无可耻之处",反而以此"感到骄傲"。认为"善于学习别国的长处是我国的好传统"。明治时代也曾一度出现过全盘仿效西方,追求洋化建筑、舞会的"鹿鸣馆现象"。但日本有见识的政治家并不满足于简单的引进和肤浅的模仿。如森有礼所说的力图结合日本本国和民族的特点,"从自己心中想出法儿",加以创造和发展。"和魂"虽然是指日本大和民族固有的民族精神,却可以与"洋才"即西方文化自由融合与转换。他们在服装、历法等问题上,也是完全从适应形势发展需要和讲求实效的价值观念出发,"舍旧就新"。只要是对经济发展和近代化有利的就毅然加以改革。

从以上实例可以看到近代中国和日本当权的政治家对待东方传统文化和西方文化认识的差异,对于中日两国近代化改革发展的进程,产生了相当大的影响。可以说中国洋务运动的"中体西用"和日本明治维新的"和魂洋才",都是根源于东方传统文化基础上吸收西方文化的模式。但是,"中体西用"思想,由于其保守性、排他性,最终成了中国近代化进程的包袱和阻力。而"和魂洋才",由于其灵活性、包容性,却成了促进日本近代化进程的一种动力。

近代中日文化交流中的价值观差异的比较

　　以往对近代中日文化交流史的研究,比较集中于留日学生和中、日两国对西方文化的翻译传播等方面。关于中日文人、官员之间的交往,则偏重于介绍他们如何利用东方传统文化的共同特性,如进行汉诗唱和、汉文笔谈等史实。然而对这些文化交流中发生的文化差异、矛盾、摩擦、冲突,似乎还没有引起足够的重视,缺乏深入的剖析研究。

　　这种文化差异、摩擦,曾受到两国传统文化与外来文化的碰撞以及国际环境与国家关系变化等种种因素的影响,但归根到底,更深层的原因还在于各自的文化观、价值观的矛盾和冲突。

　　因此我今天试图从晚清中日文化交流史上举出三个比较典型的事例及有关史料,来具体剖析近代初期中日两国官员和文人在互相交往中,表现出来的文化观、价值观的差异和冲突,这也可能有助于我们更进一步地认识近代的中国和日本。

一、源辉声畅论东西文化价值观

　　自从1871年中日两国正式建立外交关系后,中日两国官员、文人、学者互相往来、络绎不绝。尤其1877年中国第一届驻日使团来到日本后,曾受到不少日本官员、文人、学者以至武士、僧人的欢迎和尊重。他们竞相拜访中国公使馆,与文人出身的中国外交官们唱和汉诗、笔谈交欢,或是以诗酒翰墨共乐。反映出明治初年中国传统文化与中国文人学者在日本尚享有很高声誉,同时也反映出明治初年日本社会新旧文化价值观的矛盾冲突。

　　明治维新以后,随着明治政府提倡"文明开化",大量引进西方文化,模仿西方制度、风俗,这就不可避免在日本社会产生东西文化、新旧文化的冲突和摩擦。这种矛盾在日本各类人士中的反映也不一样。一些政治上失意的旧贵族和儒学者、汉学家们更留恋、崇尚东方传统文化,因此他们喜欢与中国公使馆里能文善诗的文人学者们交游,并以此为极大乐趣。在这类人中旧贵族源辉声具有代表性。源辉声号桂阁,祖居大河内,故又称大河内辉声或源桂阁。他生于1848年,原是日本幕末世袭高崎藩主,明治维新后废藩置县任高崎知事,因不赞成新政而辞官,改封为五品华族在东京闲居。他精通汉诗、汉学,广交文士,尤喜与中国驻日外交官及旅日文人用汉字笔谈。他在《芝山一笑》一书的后序中畅论了他对东西文化价值观的看法。

　　源桂阁说他在幕末也曾学过西学:"庆应年间,余结交于西洋人,讲习其艺术,窥其所为,无事不穷其精妙者,大喜其学之穷物理,以能开人智。"然而明治维新以后,他在政治上失意,感情上也有变化。"自是后,以无用于世,乃改辙结交清人(中国人),相识日深,情谊月厚,而其交游之妙,胜于西洋人远矣!"他把西方文化和中国文化进行比较,"盖西洋人神气颖敏,行事活泼,孜孜汲汲覃思于百工器用制造也。至清国人,则不然,百官有司,庙谟之暇,皆以诗赋文章,行乐雅会,善养精神,故性不甚急也。"所以他认为这两种文化适合于不同阶层、不同气质之人。"京畿之商贾、天下之人士,其求名趋利辈,宜交西洋人。高卧幽栖,诗酒自娱之人,宜交清国人也。"而他认为自己则是属于后一类人,当然"以清客为益友固宜矣"。于是他与中国公使馆何如璋公使、黄遵宪参赞等人,"来往无虚日,谈笑戏谑,以至彼我相忘"①。

他还把每次与中国官员、文人的笔谈记录,回家裱后精心保存起来,竟有96卷之多,统称为《大河内文书》。我曾在日本早稻田大学图书馆的特藏室看过这些珍贵手稿。

源辉声的这一段话,相当坦率真实地流露了他对中西文化差异的价值判断,西方文化讲求科学实用,推动了日本经济技术的发展,而中国传统文化此时仍沉湎于吟风赏月、舞文弄墨,脱离社会经济技术发展的实际,可是却颇合明治初年相当多留恋崇拜汉文化的日本文人逸士们,尤其是一些旧贵族、儒学者、汉学家们的口味,因此在19世纪的70—80年代,他们热衷于与中国驻日公使馆官员及旅日文人学者交往宴游、诗文唱和,出现了中日文化交流一度繁荣热闹的景象。

二、李鸿章与森有礼的一场辩论

李鸿章是晚清对日外交的实际主持者,也是最早与日本官员直接对话的中国高级官员。1876年1月24日,他在保定直隶总督府接见了日本新任驻华公使森有礼,两人长谈数小时,主要就朝鲜局势等外交问题进行会谈,谈话中也涉及中日文化观和价值观的差异,而且展开了一场针锋相对的辩论。我根据中日双方的资料,介绍分析如下:

---

① 源辉声:《芝山一笑后序》,王宝平主编:《晚清东游日记汇编》(一)"中日诗文交流集",上海古籍出版社2004年版,第61—62页。

两人见面，寒暄了几句后，李鸿章就问森有礼对于东西文化的看法。森有礼坦率地回答："西国所学十分有用，中国学问只有三分可取，其余七分仍系旧样，已无用了。"李鸿章又问日本学习西方文化的程度，"日本西学有七分否？"森有礼回答："五分尚没有。"李感到奇怪，便追问："日本衣冠都变了，怎说没有五分？"这时，日本公使馆书记官郑永宁解释道："这是外貌，其实本领尚未尽学会。"森有礼又进一步说明："敝国上下俱好，只学得现成器艺，没有像西国从自己心中想出法儿的一个人。"①他认为光是引进与模仿还不够，还要能够自己创新和发展。

两人又谈到对日本明治维新一系列改革的看法，尤其是围绕服装改革的问题，发生了激烈的争论。李鸿章说："对于近来贵国所举，很为赞赏。独有对贵国改变旧有服装、模仿欧风一事感到不解。"森有礼答道："其原因很简单，只需要稍加解释。我国旧有的服制，正如阁下所见，宽阔爽快，极适于无事安逸之人，但对于多事勤劳之人则不完全合适，所以它能适应过去的情况，而于今日时势之下，甚感不便。今改旧制为新式，对我国裨益不少。"李鸿章又说："衣服旧制体现对祖先遗志的追怀之一，其子孙应该珍重，万世保存才是。"森有礼则答："如果我国的祖先至今尚在的话，无疑也会做与我们同样的事情。距今一千年前，我们的祖先看到贵国的服装优点就加以采用，不论何事，善于学习别国的长处是我国的好传统。"李鸿章乘机说："贵国祖先采用我国服装是最贤明的。我国的服装织造方法，用贵国原料都能制作。现今模仿欧服，要付出莫大冗费。"森有礼反驳道："关于欧服从不了解经济常识的人看来，虽费一点，但勤劳是富裕之基，怠慢是贪枯之源。正如阁下所知，我国旧服宽大但不方便，适应怠慢而不适应勤劳。然而我国不愿意怠慢致贫，而想要勤劳致富，所以舍旧就新。现在所费，将来可能得到无限报偿。"李鸿章又责问："话虽如

---

① 《李鸿章与森有礼问答节略》，中国史学会编《中日战争》（一），新知识出版社1956年版，第299页。

此,阁下对贵国舍旧服、仿欧俗、抛弃独立精神而受欧洲支配,难道一点不感到羞耻吗?"森有礼辩解道:"毫无可耻之处,我们正以这些变革感到骄傲。这些变革决不是受外力强迫的,完全是我国自己决定的。"而李鸿章则表示:"我国决不会进行这样的变革,只是军器、铁路、电信及其他器械是必要之物和西方最长之处,才不得不采之外国。"①

李鸿章与森有礼的这一场唇枪舌剑的辩论,看起来似乎主要是围绕要不要改服装的问题,实际上却表现了当时中日两国政治家对待西方文化和社会改革,在价值观上的重大分歧。李鸿章坚持洋务派的"中学为体、西学为用"的二元价值观原则,一方面大力提倡学习西方军事技术,开展办工业、修铁路、练海军等洋务活动。另一方面又认为封建的政治体制、儒家的伦理观念以及传统历法衣冠等"祖宗之法"是不该变的。因此对于西方文化中更深一层的制度、观念、习俗等内容抱着排斥抵制的态度,而且把学习西方文化改变服装习俗看成是非常可耻的事情。他不仅以此严厉批评日本的明治新政,而且断然表示"我国决不会进行这样的变革"。

森有礼是日本文明开化的倡导者,后来任文部大臣,又是日本近代教育制度的确立者。他曾到英美留学考察多年,比较全面深入地了解和研究西方文化,因此提倡从物质技术到制度、观念、习俗等全方位学习西方,并力图结合日本特点加以创新和发展,在服装、历法等问题上,也是完全从适应时代发展需要和讲求实效的价值观出发,"舍旧就新",只要是对经济发展和现代化建设有利的就毅然加以变革。

近代中国和日本执政的政治家对待东西文化和社会改革价值观上的差异,对于中日两国近代改革发展的进程,起了相当大的影响,是值得我们深刻反思的。

---

① 小村匡(日):《森先生传》,日本金港堂,明治四十二年第3版,第99—102页。

三、冈千仞与王砚云的争论

　　1884年6月到1885年4月,曾任日本东京图书馆馆长的日本著名学者冈千仞来中国访问,历时近一年,行程近万里,会见中国官员、文人达二百名。冈千仞为人豪爽,往往直言不讳、畅抒其见,甚至有时与中国人士展开激烈争论。他对当时中国社会的腐败和各种时弊痛加抨击,也体现了中日民间人士之间价值观上的差异和冲突。

　　冈千仞在访华期间曾应邀到浙江旅日华侨王惕斋的家乡浙江慈溪黄山村住了一个月。王氏是当地豪族富商,"广厦连宇","男女婢仆六、七十名"。王当时对他招待也很殷勤丰盛。可是冈千仞却看不惯他们的铺张浪费和陋规旧俗。有一天,他与王惕斋的族兄王砚云之间发生了一场争论。王砚云是个举人,有点文才,可是却请冈千仞吸食鸦片。冈千仞当面批评说:"烟毒缩人命,耗国力,苟有人心者所不忍为。"但王砚云却一边抽着鸦片一边强辩道:"洋烟行于中土,一般为俗,虽圣人再生,不可复救。"冈千仞又痛斥八股之危害,认为这是"中土之病源"。他还以王家子弟为例,他们不事生产,不读有用之书,"专耗精神于八股之学"。一旦科举落地,就纵情酒色。而王砚云却以"五方异其俗,安得互相强",以维护本国习俗来加以掩饰。为此双方笔战数十纸。冈千仞不禁感叹道:"方今风气一变,万国交迫,此五洲一大变局。而拘儒迂生,辄引经史,主张陋见,不知宇内大势,所以至此。此殆巢幕之燕不知及堂之火也!"因此他再三强调:"非一洗烟毒与六经毒,中土之事不可下手。"他还向王韬鼓吹"一扫烟毒与六经毒,振起中土元气"。改革思想家王韬不仅表示赞同,而且补充说还应加上一个贪毒,即官员的贪污受贿,"并贪毒为三毒,中土大小政事成于贿赂"。冈千仞认为中国当前"绝大急务在一变国是,废科举,改革文武制度,洗刷千年陋习,振起天下之元气矣!"他还建议"帖括之无用,科举之无益,不如仿欧美兴大小学校以讲有用之学"①。他的见识超过了一般中国士大夫知识分子,同时也反映了中日民间人士在价值观上的差异和冲突。

通过以上这些近代中日文化交流史上中日两国官员、文人之间的文化观、价值观差异和冲突,不是更可以加深我们对晚清中国和明治日本的认识吗?

---

① 冈千仞:《观光纪游》。

晚清中国形形色色的明治维新观的比较

考察中国近代史,可以发现明治维新曾在中国政治思想界引起强烈的震动和巨大的反响。晚清时代,中国各阶级、各派别、各类人物纷纷站在自己的立场上,结合中国的现实和中日关系的变化,从各种不同的角度去研究明治维新,提出各自的看法。本文拟对辛亥革命前形形色色的明治维新观作一初步的评介。

一、最初的反应

清朝封建统治者长期闭关自守,妄自尊大。鸦片战争后,一些开明的官僚、知识分子虽然张眼看世界,但其注目的重点是西方列强,对近邻日本未予重视,非但对日本的近况若明若暗,模糊不清,甚至连一些基本情况也不掌握,以至像魏源的《海国图志》、徐继畬的《瀛环志略》等研究世界史地的名著,也还把日本说成是由长崎、萨峒马(萨摩)、对马三岛所组成,①表现了对日本知识的贫乏。

中日两国虽然一衣带水,1868年的明治维新,当时却没有引起我国朝野应有的注意。直到1874年,日本公然派军队武装侵略我国台湾,清政府这才大吃一惊,开始注意明治维新,出现了第一批评论文章。

目前所见到的对明治维新最早的评论,是1874年陈其元(浙江海宁人)所写的《日本近事记》。

陈其元在文中赞同江苏按察使应宝时的观点,并大段引用了他给江苏巡抚张树声的信。他们把日本的明治维新看成是一次篡权夺位的改朝换代,而持完全否定的态度。文中说:"往者日本国王不改姓者二千年,国中七十二岛,岛各有主,列为诸侯。"但他把幕府将军误认为日本国王,却把"不改姓者二千年"的天皇重新执政斥为"篡国"。文章写道"自美加多(即日语天皇之译音)篡国,废其前王,又削各岛主之权。岛主失柄而怀疑,遗民念旧而蓄愤,常望一旦有事乘间蠭起"。他们对明治政府学习西方进行变法改革,尤为反感。攻击日本明治维新之后,"一切效法西人,妄思自强"。"彼昏不悟,尚复构怨高丽,使国中改西服,效西言,焚书变法。于是通国不便,人人思乱。"他们竟然异想天开地鼓吹乘明治政府尚未巩固之机,派兵渡海征日,帮助幕府旧政权复辟。主张"选劲旅万人,径擣长崎,进逼倭都"。还建议"号召其前王之旧将与故臣遗民,有愿举义匡复者,俾求故王之后,立以为王,许尽复其国之旧制。各岛主有挈地投诚者,封以王号,使各为自主之国。夫日本之人望变久矣,临以大兵,蔑有不瓦解者"②。当时中国已陷于西方资本主义列强侵略蚕食的境地,这些官僚却还在大肆鼓吹"征日论",甚至企图充当镇压日本维新的"宪兵",实在荒唐之极。

---

① 魏源:《海国图志》(一百卷本)卷十七;徐继畬《瀛环志略》卷一。
② 陈其元:《日本近事记》,见《小方壶斋舆地丛钞》第十帙。

不过,在当时中国知识分子中也有不同的见解,如嘉兴人金安清的《东倭考》一文,对明治维新就给予了较高的评价。他认为日本的明治维新可以与中国古代战国时期赵武灵王的变法相比。他对明治维新"大政复古"的实际情况也比陈其元、应宝时们清楚,指出这是"今之倭王驱将军而自主其权"。当年赵武灵王习胡服骑射,变法图强。而现在日本明治天皇"焚诗书,易服色,其远大之志一如赵武灵王之类,虽国中不尽驯服不顾也。然严令遽设,半已翕从,其强狠沈鸷亦可见其一斑矣"①。因此,金安清坚决反对"征日论"。

这就是近代中国人对日本明治维新最初的两种不同反应。1874年12月10日,负责对日外交的直隶总督兼北洋大臣李鸿章在给皇帝的一份奏折中,也曾经谈到他对明治维新的看法。奏折写道:"该国近年改变旧制,藩民不服,访闻初颇小阋,久亦相安。其变衣冠易正朔,每为识者所讥。然如改习西洋兵法,仿造铁路火车,添置电报,开煤铁矿,自铸洋钱,于国计民生,不无利益。并多派学生赴西国学习器艺,多借洋债,与英人暗结党援,其势日张,其志不小。故敢称雄东土,藐视中国,有窥犯台湾之举。"②

从这份奏折可以看到李鸿章从洋务派的立场出发,对日本明治维新后积极学习西方军事工业技术以及借洋债、派遣留学生等项,表示赞赏,并从中受到启发和推动,鼓舞了他进行洋务活动的决心。但是,他对于日本维新"变衣冠,易正朔",进行政治制度的变革,怀有恶感,表示反对,并对日本欲由此"称雄东土",不无隐忧。

二、走马观花的见闻

近代中国人对明治维新的认识有一个逐步深化的过程,尤其是通过

---

① 金安清:《东倭考》,见《小方壶斋舆地丛钞》再补编,第十帙。
② 李鸿章:《李文忠公奏稿》,卷二十四。

对日本的实地考察,一些人逐渐加深或改变了看法。

1876年,李圭奉命参加美国建国百年纪念博览会。他在途中访问了日本,游览了长崎、神户、大阪、横滨等地,成为明治维新以后到日本作实地调查的第一个中国官员。明治维新后的新气象给他留下了深刻的印象。李圭在《环游地球新录》一书中记载:"大小塾房、邮政局、电报局、开矿局、轮船公司,皆仿西法,而设官为经理,举国殆遍。而于电报邮政两端尤为加意,几堪与泰西比美。"他认为明治维新是日本历史发展由弱变强的一个转折点。"窃谓日本一国,当咸丰初年仍是大将军炳政,君位几同虚设,国势极不振",通过明治维新,"近年来,崇尚西学,效用西法,有益之举,毅然而改者极多。故能强本弱干,雄视东海,而大将军遂不专国政"①。

1877年,清政府正式派出了第一个驻日使团。首任出使日本大臣是翰林院侍讲何如璋,他在赴任日记《使东述略》里谈到了对明治维新的看法。在分析明治维新的原因时,他说:"迩来二十年强邻交逼,大开互市。忧时之士,谓政令乖隔,不足固邦本、御外侮,倡议尊攘。诸国浮浪,群起而和之,横行都下。德川氏狼狈失据,武权日微,而一二干济之材遂得乘时以制其变。"何如璋肯定了维新变法的成绩,同时也预料变法必然会遇到很大阻力,因此对维新最后能否成功仍抱怀疑。他说:"强公室,杜私门,废藩封,改郡县,举数百年积弊次第更而张之如反手,然又何易也!"②

自从中国在日本设立公使馆、领事馆,有外交官常驻日本之后,中国官员、文人联翩东渡。他们游览日本各地,广泛与日本人交往,写了不少游记和诗歌。他们耳闻目睹日本维新后的进步,因此在自己的著作中大多对明治维新表示同情和赞扬。如在1879年访日的王韬和王之春所著的《扶桑游记》和《东游日记》中,描写日本维新后兴修铁路、电信、电灯等

---

① 李圭:《环游地球新录》。
② 何如璋:《使东述略》。

带来的便利,"斗巧争奇,令人目眩"。还盛赞日本的学校教育制度,"诚善法也"①。

但是,也有一些人顽固地站在保守的立场上,戴着有色眼镜观察日本,对明治维新处处看不顺眼。他们出于妄自尊大的中国文化优越感,尤其对日本学习西方十分不满。1880年,任江西吉安府莲花厅同知的李筱圃,在《日本纪游》中指责日本维新改革后,"今则非但不能拒绝远人,且极力效用西法,国日以贫。聚敛苛急,民复讴思德川氏之深仁厚泽矣"②。另一篇《日本杂记》也认为日本因学习西方实行维新改革而贫困,因而对明治维新加以全盘否定。作者说:日本"明治以前称为富庶,迨至通商以后,羡泰西各国之富强,百务更张,效用西法,易衣冠,改岁历,下至饮食刀匕之琐细无不仿之"。接着他便讽刺"明治新改服饰皆改西装,民间不能尽从"。以致有的人剪短发穿西装而著木屐,有的人却不剪发穿和服而又著皮鞋。"讥之者曰:东头西脚,西头东脚,不成东西。"他还严厉批评日本改革历法。"日本历法向同中国,明治新政并历法改之如西洋之不置闰。新历虽颁,民皆不便……古人云法不甚敝不轻改,吾不知其二千余年之历法有何敝坏而轻改之也。"作者甚至连日本仿造西洋机器和用西法训练军队也要加以非难。"现在国中制造军械局、船厂、纺纱、洋钱、洋纸、硝矿、强水、自来火、煤气灯,无不购买西洋机器自行仿造。""复用西法勤练军士,自以为富强可以立待。殊不知慕西法而无生财之道,适足以自耗其财。今自通商改用西法之后,国用不继,不得不苛敛于民。""西人见其各事皆效西法交相夸誉,不知其正以此而致贫,慕虚名而难收实效,富强二字恐不易言也。"③他们出于守旧立场,把日本的财政困难都归罪于明治维新学习西方,实行改革。以此来证明"祖宗之法不能变",一切只能墨守成规。

---

① 王之春:《谈瀛录》。
② 李筱圃:《日本纪游》,见《小方壶斋舆地丛钞》第十帙。
③ 阙名:《日本杂记》,见《小方壶斋舆地丛钞》第十帙。

还有人在1879年写的《日本琐志》中,列举了一些统计资料,对日本的政治经济状况进行分析,得出了明治维新可能要失败的结论。他认为日本潜伏着严重的政治经济危机。"自效西法,废封建为郡县,前后旧职去爵去禄者不知凡几,此乱萌隐伏也。且国计日蹙,不得不多取之于民,而民怨,此亦乱萌隐伏也。"然后他举了日本内债外债的统计数字,"近十一年间,本国债竟积三万六千二百六十二万六千二百八十四元,外国债亦积至一千二百六十二万四千零七十二元"。并指出滥发纸币、货币贬值的危险性。"今日国银纸(即纸币)势必愈出愈多,将来国中金银尽作金瓯羽化,而银纸必贱,货物亦因之以贱,民不聊生。中国前朝银纸流弊,不意今又复见之于日本矣。"他断言"乱必在二十年间"。作者表示不相信日本政府提出的28年还清国债的计划。认为"第此不过掩耳盗铃之论。以今日内乱外患相为隐伏,安得二十八年长享升平而无故邪?"另外,他还指出日本严重的入超、金银外流,人多地狭、社会治安等问题。"计去年东京犯案共有二千四百六十七宗,多于前年者五百零九宗,观此足见盗风日炽。"不过他承认日本尚有希望。"诚能如当道之言,将所揭一千二百五十万元为开垦费用以尽地力,用织绒织布等物以夺外利,设国会以收民心。十余年间,日本可转贫为富,转弱为强国,步正未可量也。"此外,他也看到日本的机器工业正在日益进步,"观其制造洋伞、洋货、火柴等物,虽不及西人亦不亚西人也"①。这位作者虽然对明治维新的分析过于悲观,但他能透过表面现象,看到日本社会潜伏的各种问题,不能不说是观察相当敏锐深刻,有其独到之处。

曾任驻日使馆工作人员的陈家麟稍有一些辩证眼光。他在1887年所著的《东槎闻见录》中,认为明治维新各项改革有利有弊,要加以区别分析。他说:"立学校、整矿务、开铁道、设银行以及机器、电线、桥梁、水道、农务、商务各事,此利政也。""易服色、废汉学、改刑罚(刑律近效泰

---

① 阙名:《日本琐志》,见《小方壶斋舆地丛钞》第十帙。

西,无笞杖名目,故国中盗贼之事近亦屡见)、造纸币(广造纸币故民间大小交易俱无现镪)、加赋税以及用人(凡曾赴外国及能外国语言者无论贤否皆用之,故官场中流品殊杂)、宫室(大小官署皆改造洋房)、饮食(亦仿西式)、跳舞之属,此弊政也。"①这种利弊观可以说是当时中国一般知识分子对日本明治维新比较有代表性的看法。

三、两部有代表性的著作

上面介绍的一些看法,多数来自走马看花、浮光掠影的访日印象。19世纪80年代,一些驻日使馆人员和专门派赴日本考察的官员,对明治维新以来的变革进行了比较广泛深入的调查研究,写出了一批有分量、有价值的著作。其中影响较大的是黄遵宪的《日本国志》和顾厚焜的《日本新政考》。这两部书尽管都对日本维新改革作了深入细致的调查研究,但是由于两位作者的立场不同,对明治维新却提出了完全不同的看法。

刑部主事顾厚焜于1887年到1888年,奉清政府之命,专门考察了日本明治维新后的新政,调查了各地机关、学校、工厂、企业、军队,编成《日本新政考》一书。共分洋务、财用、陆军、海军、考工、治法、纪年、爵禄、舆地等9部90目,记载相当具体,对中国人了解日本维新措施很有帮助。但是,他最后得出的结论却对明治维新大加批评指责甚至讽刺挖苦。他说日本维新后,"国债积而国库匮,汉文轻而洋文重,旧都废而新都兴。有志者抚今思昔,谢职归田,往往于种瓜艺菜之余,欷歔不已。而当轴且以善规西法为得计,一若谓非尽弃旧政万不足富国,万不足强兵"。他不禁连声责问:"噫,是何言欤?是何言欤?"他还感慨不已,"盖慨西法之转移国俗何如此之速也,又慨是邦以轻弃成宪何如此之易也!"当然,大势所趋,他也不能完全拒绝西方先进事物,不得不承认:"海陆军之电扫风驰,

---

① 陈家麟:《东槎闻见录》。

枪炮制之日新月异,邮筒万里,籍电线以飞驰,地宝五金,赖矿师以辨是,诚法所可用者也。"但是,他坚持认为政治制度是决不能变的。因此批评"日人乃好异矜奇,竟一变而无不变也,是诚何道也!""一旦举法度典章一一弃若弁髦,岂得谓是邦之福哉!"①归根到底,顾厚焜反对改变祖宗成法,不许触动政治制度,生怕中国也来一场变法,动摇了封建官僚士大夫们的安身立命之所。

黄遵宪是首任驻日参赞官,1877年随首任公使何如璋出使日本。他在日本的五年期间,广泛结交日本各方面人士,深入调查日本历史和现状,大量收集有关明治维新以后日本政治、经济、文化等各方面资料,尤其是日本政府各机关各地方发布的各种公报、法命、统计表等第一手材料。他从1879年开始,花了八年多功夫,直至1887年完成了《日本国志》这部巨著。全书共40卷,50万字。分为国统志、邻交志、天文志、地理志、职官志、食货志、兵志、刑法志、学术志、礼俗志、物产志、工艺志等12类。黄遵宪与顾厚焜不同,他是站在资产阶级改良派的立场上研究日本,目的是为了找寻中国变法维新、独立富强的道路和方法。因此,他写《日本国志》的重点,放在研究日本明治维新的经验教训上。他在"凡例"中声明:"今所撰录皆详今略古,详近略远,凡牵涉西法,尤加详备,期适用也。"②实际上也就是为中国维新变法提供借鉴。

黄遵宪对日本明治维新的认识也有一个转变的过程。据他自己说,当他1877年刚到日本时,"时值明治维新之始,百度草创,规模尚未大定,论者或谓日本外强中干……纷纭无定论"。他所交往的又大多是些不满变法的旧学家,"徽言刺讥,咨嗟叹息,充溢于吾耳"。因此,起初黄遵宪对明治维新尚抱怀疑态度。然而,随着调查研究和观察的深入,逐渐改变了看法。他说,"及阅历日深,闻见之日拓,颇悉穷变通久之理,乃信其改

---

① 顾厚焜:《日本新政考·序》。
② 黄遵宪:《日本国志·凡例》。

从西法,革故取新,卓然能自树立"。后来黄遵宪又在欧美见到西方国家"其政治学术竟与日本无大异"。遇到西方人士,谈起日本也"辄敛手推服无异辞"。使他真正信服日本明治维新的成功,赞叹日本"进步之速,为古今万国所未有"①。

黄遵宪对日本明治维新评价很高,他在《日本杂事诗》中专门写了一首描写明治维新的诗,下面注曰:"明治元年,德川氏废,王政始复古,伟矣哉,中兴之功也。"②他在《日本国志》里对明治维新的原因、动力、意义以及各项政治、经济、文化、军事改革措施都进行了叙述、分析和评论。他认为日本明治维新是在"霸政久窃,民心积厌,外侮纷乘,内讧交作"这样一种历史背景下发生的。黄遵宪指出:日本原来也和中国一样闭关自守,"直至坚船巨炮环伺于门,乃始如梦之方觉,醉之甫醒"。但是,日本能够举国上下,发愤图强,通过学习西方,变法维新,不但保持了独立地位,而且要与世界强国竞争,这难道不值得中国的爱国志士们深思吗?日本能做到的,中国为什么不能做呢?他特别强调那些维新志士的作用,认为"二三豪杰,遭时之变,因势利导,奋勉图功,率能定国是而固国本"。并歌颂他们"一往不顾,视死如归",真是"何其烈也"!黄遵宪还具体介绍了明治维新后各项制度的改革,如官制、税制、币制、法制、兵制、学制的变化。他非常赞赏日本明治政府大力提倡"殖物产,兴商务"的政策,由国家资助民间商人办工厂、轮船公司以及开矿、修铁路、办邮政,发展资本主义经济。他竭力主张中国也应像日本那样努力学习西方,进行变法改革,大力发展资本主义工商业和文化教育、科学技术。他还表示倾向于兴民权、立宪法、开国会,并预言日本"十年之间必又开国会"③。总之,黄遵宪的《日本国志》是以日本明治维新成功的经验来指点中国革新变法的道

---

① 黄遵宪:《日本杂事诗定稿本自序》。
② 黄遵宪:《日本杂事诗》。
③ 黄遵宪:《日本国志》。关于此书可参见拙稿《黄遵宪〈日本国志〉初探》(《近代史研究》1980年第3期)。

路,用日本资产阶级取得的权益来表达中国民族资产阶级的要求,给予中国知识分子很多新鲜的启迪。它不但是中国近代研究日本的一部集大成的代表作,也是中国维新变法的一部启蒙读物。

四、维新派的以强敌为师

中国近代资产阶级维新思潮的兴起,推动了对日本明治维新的研究,而对明治维新的研究反过来又促进了中国维新变法运动的发展。中国的资产阶级改良派几乎人人谈日本,个个推崇明治维新。他们通过宣传日本明治维新来为中国变法运动制造舆论。

除了黄遵宪以外,改良派代表人物如郑观应、王韬、梁启超、康有为等也都竭力鼓吹仿效日本明治维新。郑观应在《盛世危言》中指出:"考日本东瀛一岛国耳,土产无多。年来效法泰西,力求振作,凡外来货物,悉令地方官竭力讲求,招商集股,设局制造,如有亏耗,设法弥补,一切章程,听商自主,固能百废俱举。"①王韬在《弢园文录外篇》中也说:"日本海东之一小国耳,一旦勃然有志振兴,顿革平昔因循之弊。其国中一切制度,概法乎泰西。仿效取则,唯恐其入之不深。数年之间,竟能自造船舶,自制枪炮,练兵训士,开矿铸钱。并其冠棠文字、屋宇之制,无不改而从之。民间如有不愿从者,亦听焉。"②梁启超则在《变法通议》中谈到:"今夫日本幕府专政,诸藩力征,受俄德美大创,国几不国。自明治维新,改弦更张,不三十年,而夺我琉球,割我台湾也。"③

呼吁学习日本明治维新最有力的乃是改良派领袖康有为。他曾经回忆:"昔在圣明御极之时,琉球被灭之际。臣有乡人,商于日本,携示书目。

---

① 郑观应:《盛世危言》,见中国近代史资料丛刊《戊戌变法》(一),第86—87页。
② 王韬:《弢园文录外篇》,见《戊戌变法》(一),第142页。
③ 梁启超:《变法通议》,见《戊戌变法》(三),第13页。

臣托购求,且读且骇,知其变政之勇猛,而成效之已著也。臣在民间,募开书局以译之,人皆不信,事不克成。"①也就是说康有为早在70年代末就已经读到日本书,开始了解日本明治维新之成效,产生仰慕之心,并主张翻译日本书籍,研究明治维新了。1888年,他在给光绪皇帝的第一次上书中说:"日本崎岖小岛,近者君臣变法兴治,十余年间,百废具举,南灭琉球,北辟虾夷,欧洲大国,睨而不敢伺。"②此后,康有为几乎每次上书都要鼓吹一番仿效日本明治维新在中国实行变法。

1894—1895年发生了中日甲午战争。在日本的大举侵略面前,腐朽的清军一败涂地,清政府被迫与日本签订了丧权辱国的《马关条约》。中国广大爱国知识分子,痛感奇耻大辱,忧虑祖国的危亡。康有为也更加深深体会到以中国之大,"不更化则削弱如此,以日之小,能更化则骤强如彼,岂非明效大验哉"③?因此,康有为明确提出"不妨以强敌为师资"④。他认为只有变法维新才能挽救中国,而"日本维新,仿效西法,法制甚备,与我相近,最易仿摹"⑤。他多次向光绪建议:"以日本明治之政为政法。"⑥并具体分析明治维新成功的经验:"日本之始也,其守旧攘夷与我同,其幕府封建与我异,其国君守府,变法更难。然而成功甚速者,则以变法之始,趋向方针定,措置之条理得也。考其维新之始,百度甚多,惟要义有三,一曰大誓群臣以定国是,二曰立对策所以征贤才,三曰开制度局而定宪法……日本之强,效原于此。"⑦

为了向光绪皇帝提供日本明治维新的详细经验,康有为从1896年开始采集日本史籍编写了《日本变政考》,于1898年3月进呈给皇帝。当年

---

① 康有为:《进呈日本明治变政考序》,见《戊戌变法》(三),第4页。
② 康有为:《上清帝第一书》见《戊戌变法》(二),第129页。
③ 康有为:《上清帝第四书》,见《戊戌变法》(二),第179页。
④ 康有为:《日本变政考》序,故宫博物院藏本。
⑤ 康有为:《康南海自编年谱》。
⑥ 康有为:《上清帝第五书》,见《戊戌变法》(二),第195页。
⑦ 康有为:《上清帝第六书》,见《戊戌变法》(二),第199页。

6月,"百日维新"开始后,康有为又奉旨进呈了经过补充润色并加上详细案语的《日本变政考》。此书共12卷,是一部编年体的明治维新史。从明治元年起至明治二十三年止,按时间顺序,分条记载日本明治维新以后发生的大事,重点是明治政府所实行的各项改革措施。康有为在书前有序,书末有跋,还在很多条正文之后,以"臣有为谨案"的形式加上长短不等的案语。这些案语一方面分析日本政府采取此项改革措施的原因、方法、意义,论述其成效、利弊。另一方面则结合中国实际情况,提出中国如何变法维新的具体建议,集中体现了康有为的变法主张。

《日本变政考》叙述了明治维新变法改革的全过程。康有为在书的跋语里归纳了明治维新改革的要点,认为"其条理虽多,其大端则不外于:大誓群臣以定国是,立制度局以议宪法,超擢草茅以备顾问,纡尊降贵以通下情,多派游学以通新学,改朔易服从易人心数者。其余自令行若流水矣"。实际上,这也是他建议光绪实行变法的总纲。康有为还认为日本明治维新之所以成功,"是皆在日主发愤之一心,而成今日富强之大业也"。"日本所以能自强者,皆由日皇能采维新诸臣之言,排守旧诸臣之议故也"。他希望光绪皇帝能像明治天皇那样,雷厉风行实行变法。他在书末的跋语中宣称:"日本变政备于此矣。其变法之次第,条理之详明,皆在此书。其由弱而强者,即在此矣。""我朝变法,但鉴于日本,一切已足。"[①]尽管光绪得此书如获至宝,参照日本明治维新的做法,发布了一系列改革诏令。但是,中国封建顽固派的势力比日本明治维新时幕府的力量要大得多,他们决不允许维新派掌权走变法自强的道路。"百日维新"只是昙花一现,不久慈禧太后就发动政变,光绪被软禁,谭嗣同等"六君子"被杀,康梁仓皇出逃,连那部集中反映康有为明治维新观的《日本变政考》也被打入冷宫,长期未能公之于世。

---

① 康有为:《日本变政考》。关于此书可参见拙稿《康有为的一部未刊印的重要著作——〈日本变政考〉评介》(《历史研究》1980年第3期)。

五、保皇派与革命派各执一端

戊戌维新失败后,康有为、梁启超等资产阶级改良派重要人物纷纷逃亡日本,有的就在日本旅居,办学办报,著书立说。他们曾经对比研究日本明治维新与中国戊戌维新的异同,来总结中国变法失败的经验。梁启超致日本首相大隈重信书,即后来发表在日本东邦协会报上的《新党某君上日本政府、政党论中国政变书》,就是这一类的代表作。

文章认为,中国戊戌变法时的情况与日本明治维新前夕,"安政庆应之时,大略相类"。"皇上(指光绪)即贵邦之孝明天皇也,西后即贵邦之大将军也,满洲全族即贵邦之幕吏也。"然后,作者分析中国变法比起当年日本明治维新来有三方面不利条件。第一,"贵邦幕府虽威福久积,然于皇室则有君臣之分。敝邦西后则朝权久据,且于皇上冒母子之名。故讨逆幕,则天下之人皆明其义。语及西后,则天下之人或疑其名。其难一也";第二,"贵邦天皇与将军,一居京都,一居江户,不相逼处。故公卿处士之有志者,得出入宫禁,与天皇从容布置,而幕府无如之何。敝邦则皇上与西后同处一宫,声息相闻,且皇上左右皆西后之私人,皇上所有举动,西后无不立知。故此次仅下一密谕,图自保之法,而祸变已起矣。一旦废立,即使外省有举义之兵,兵未及京都而彼已可立置皇上于死地,是皇上直为西后质子也,其难二也";第三,"皇上手下无尺寸之兵柄,与当时贵国之皇室略同。然当时贵国有萨长土佐诸藩相与夹辅,故虽籍处士之功,尤赖强藩之力。藩侯自君其国,经数百年,本藩之士民皆其赤子,彼一举义,幕府无如之何。甚者如毛利公父子,黜其爵,讨其罪而已,而终不能削其兵力,禁其举义也。故王室得其维持,而志士有所凭籍。若敝邦则不然,各省督抚数年一任,位如传舍,顺政府之意,则安富尊荣,稍有拂逆,授意参劾,即日罢官矣。即如此次之事,湖南为人才之渊薮,大邦之长门也,而政变数日,即已将陈宝箴、黄遵宪、徐仁铸等一概罢斥,而一切权柄皆归守旧之徒,无复可用矣。处士以一身毫无凭籍,惟有引颈就戮而已,其难三也"。文章还对比了两国变法时国际形势的不同。"贵邦三十年前,外患未亟,其大忧仅在内讧,故专恃国内之力,而即可以底定。敝邦今日如以一羊处于群虎之间,情形之险,百倍贵国。"①这篇文章虽然对中日两国维新成败的原因作了比较具体的分析,但大多还停留在表面现象上。尤其是他们始终认为皇上能否行使权力是维新成败的关键,死死抱住光绪皇帝不放,把中国改革的一切希望都寄托于光绪一人之上,声称中国"之改革与否,全系乎皇上位权之安危"。时代在前进,革命形势日益成熟。可是,康梁等改良派却逆历史潮流而动,顽固地坚持保皇、反对走推翻清朝的暴力革命道路,终于堕落为保皇派。

中国的封建顽固派出于反对戊戌维新的立场,对日本明治维新也横加攻击。湖南乡绅王先谦编了《日本源流考》22卷,叙述日本历史。他在序中竟指责日本明治维新是"举一国之政,而惟外邦之从"。还说维新后"初效西人,不得要领,衣服、饮食、器用、宫室,刻意规摹,虚縻无算,人民重困,异议纷起,或复旧制,或倡民权。官与官龃龉,则退归而谋乱。民与官不协,则刺杀以泄忿。国是丛脞,亦曰殆哉"。只是靠了甲午战争打败了中国,才使"彼国之士气咸伸而更新之机势大顺矣"。他还声称:"日本得志之后所刊维新史、法规大全诸书,扬诩过情,观之徒乱人意,不可概执为兴邦之要道也。"②

1900年义和团运动以后,清政府被迫实行新政,也派人到日本考察取经。一批御用政客、文人,以谈日本明治维新为名,实际上为清朝涂脂抹粉,鼓吹保皇,反对革命。如《日本变法次第类考》的编者程恩培在"凡例"中就声明:"此书宗旨,尚重尊王,故以宪法冠于首章。"然后在第一章宪法中又说:"按日本宪法,系君主立宪政体,故其大旨在尊重君权,以维

---

① 《新党某君上日本政府、政党论中国政变书》,见《戊戌变法》(二),第601—608页。
② 王先谦:《日本源流考·序》。

持国家独立自主之宗旨,而增进人民之利益,并可垂示后禩,俾世世子孙知尊王之义,视其天皇皆敬之如神明,亲之如父母,而国运亦于以巩固。"①俞樾为此书写的序中也说:"若不审其何者宜先,何者宜后,而但曰法,吾惧其倒行逆施,不特为西人笑,且为东人笑也。""此书乃首重君权,不特知先后,且知本末矣。"他还感叹:"嗟乎,自西学入中国,人人皆曰均权,曰自由,推其弊之所极,不至于无父无君不止。"②

20世纪初,随着大批中国留学生的东渡,以孙中山为首的资产阶级革命派也云集日本。他们以日本为基地,建立革命团体,创办各种革命刊物,进行各种革命宣传和组织活动。资产阶级革命派的明治维新观与顽固派、保皇派截然不同,他们把日本的明治维新与中国的革命紧密地联系起来。早在1901年,秦力山等人在东京主办的《国民报》就通过论明治维新来鼓吹革命。《国民报》第1期上有一篇题为《二十世纪之中国》的文章,在讲到各国富强的原因时说:"日必曰,复幕府之专政,维新而强。且必谓吾之所以能脱之、倾之、去之、除之、复之者,在种吾民革命之种子,养吾民独立之精神。然可一言以蔽之曰:民权而已。"③

1905年,同盟会机关报《民报》创刊,成为革命派的主要舆论阵地。《民报》第3号刊登了《希望满洲立宪者盍听诸》一文,针锋相对地批驳了保皇派的明治维新观。作者认为日本明治维新实际上是一次"政治上之革命"。文章指出:"日本明治维新以前,权在幕府,天皇拥虚名而已。迨与西洋相接,而有攘夷倒幕及开港护幕之两派。迨其结果,乃开港而倒幕。幕府既倒,主权已移,实政治上之革命也。"他用倒幕来暗示推翻清政府,而且指出即使在建立明治政府之后,还经历了很多斗争和曲折才达到了实现立宪的目标。"天皇为万世一系,曩者弁髦大位,无怨于民。归政以后,励精图治。然犹有西乡隆盛挺起于西南,自由党弥漫于国内,然后

---

① 程恩培:《日本变法次第类考》。
② 俞樾:《日本变法次第类考·序》。
③ 《国民报》第1期,(19011年5月)。

二十三年之宪法,乃不能不发布也。"①

　　孙中山也常用日本明治维新的事例来鼓舞革命派的斗志。1905年7月,他在日本东京华侨和学生欢迎会上发表演说《中国民主革命之重要》。他说:"昔日本维新之初,亦不过数志士为之原动力耳,仅三十余年,而跻于六大国之一。以吾侪今日为之,独不事半功倍乎?"②后来,在1924年,孙中山从东方国家走资本主义近代化道路这个意义上,甚至认为"日本维新是中国革命的第一步,中国革命是日本维新的第二步,中国革命同日本维新,实在是一个意义"③。

　　同样是谈论日本的明治维新,改良派把它看做是变法的榜样,保皇派视为保皇之根据,而革命派则认为是革命的先河。立场不同,结论互异。尽管如此,说明中国所有政治派别对明治维新都是十分重视的,从中也可以看到日本明治维新对中国政治产生了何等重大的影响。

---

①　《民报》第3号,(1906年4月),第15页。
②　孙中山:《中国民主革命之重要》,见《孙中山选集》上卷,第66页。
③　孙中山:《对长崎新闻记者的谈话》(1924年11月23日),《孙中山全集》第11卷,第365页。

近现代两次中日战争的比较

1895年4月17日,在日本下关春帆楼上,清政府全权大臣李鸿章在丧权辱国的《马关条约》上签字,宣告第一次中日战争(中国称为甲午战争,日本称为日清战争)以中国失败而告终。

1945年9月2日,在日本东京湾内美国军舰密苏里号上,日本外务大臣重光葵代表天皇和政府、陆军参谋总长梅津美治郎代表军部在投降书上签字,宣告第二次中日战争(中国称为抗日战争,日本称为日中战争或十五年战争)以日本帝国主义的彻底失败而结束。

相隔半个世纪的两次中日战争对于中日两国的历史发展及兴衰荣辱以至亚洲与世界国际关系的变化,都产生了十分巨大和深远的影响。

那么,这两次中日战争之间究竟存在怎样的联系,有着哪些相同点和不同点,并为中日两国乃至全世界留下了什么历史经验教训呢?

本文试图从两次中日战争比较研究的角度,着重对战争的性质、手段、成败因素以及两次战争之间的联系和历史教训等问题,进行初步的分析探讨。

一、两次中日战争性质、目的、手段的比较

两次中日战争最重要的相同点是其性质。从日本方面来说都是对中国的侵略战争,从中国方面来说都是抵抗日本入侵的反侵略战争。如果要说差别的话,日本发动的第一次中日战争还包含了对朝鲜的侵略,而日本发动的第二次中日战争后期则扩大为对亚洲及太平洋地区侵略的太平洋战争。对于中国,第二次中日战争既是一场民族解放战争,又是世界反法西斯战争的一个重要组成部分。

两次中日战争是日本侵华战争的性质本来是无可置疑的历史事实,然而,从战争期间直至现在,在日本一直有人企图对此加以否认和辩解。如声称发动甲午战争是为了"维护朝鲜独立"、"保卫日本的利益线";发动日中战争和太平洋战争则是为了"解放亚洲国家"、"捍卫日本的生存权"等等。这些宣扬侵略有理、侵略有功的论调完全是篡改历史,颠倒黑白。因此我们有必要分析比较一下日本军国主义发动两次中日战争的目的、方式和手段。

首先,日本统治集团发动两次中日战争的目的都是为了侵略中国,称霸东亚。其方针明确,野心昭然,而且蓄谋已久。

早在德川幕府末年日本就流行"海外雄飞论"。如佐藤信渊声称"皇国日本之开辟异邦,必先肇始于吞并中国",并主张"朝鲜中国次第可图也"①。吉田松阴也鼓吹"割取朝鲜、满洲,吞并中国,所失于俄美者,可取偿于朝鲜、满洲之地"②。1868年明治天皇即位时发表的《御笔信》公开宣布要"开拓万里波涛,布国威于四方"。1874年就发生了日军侵犯中国台湾南部高山族地区的事件。当时任陆军大辅的山县有朋曾向天皇"奏

---

① 佐藤信渊:《宇内混同秘策》,《日本思想大系》45,第426页。
② 吉田松阴:《幽囚录》,《日本思想大系》46,第193页。

请率三万之兵,先蹂躏江苏,乘机攻天津,向中国要求城下之盟"①。接着日本加紧对朝鲜的侵略渗透,作为侵犯中国的桥头堡。明治政府以侵略中国和朝鲜、称霸东亚为既定国策,早就开始进行发动侵华战争的准备。在日本三浦梧棲家文书中发现的1887年日本参谋本部局长小川又次大佐起草的《清国征讨方案》就是一份未来中日战争的具体作战计划。他建议派出8个师团分别攻占京津和长江中下游,争取把辽东半岛、山东半岛、舟山群岛、澎湖列岛、台湾全岛以及长江沿岸划入日本版图。并要求每年支出军费1500万日元,5年完成扩军计划。②1890年,日本内阁首相山县有朋在帝国议会公然提出不但要保卫国家的"主权线",而且必须进而保卫领土外的"利益线"的侵略理论,并认为日本的"利益线之焦点在朝鲜"③。日本扩张的利益线不断向前推移,形成了吞并朝鲜,侵占满蒙,征服中国的大陆政策。1892年日本已提前完成海陆军扩军计划。1893年颁布《战时大本营条例》,决定设置由天皇直接统帅的最高军事统帅部战时大本营,标志着日本军国主义已经完成了发动第一次中日战争的准备。与此同时,日本政府和军部还派遣大批间谍特务收集朝鲜和中国的政治军事情报,绘制军用地图,甚至对每一个村庄、每一条道路都标示得十分详尽。因此,欧洲人波尔纳在看到地图后评论道:"这份地图本身就是日本久已蓄意侵略中国的证据,它驳斥了日本当时是被迫作战的说法,相反地,那是一次有意图的、精心策划的侵略行动。"④

　　如果说日本统治集团发动甲午战争的目的主要是侵略中国、吞并朝鲜和称霸东亚的话,那么发动第二次中日战争的野心更大,则妄图灭亡中国、侵略亚洲和称霸世界了。早在1907年,日本首次制定由天皇批准的《国防方针》,正式提出对外扩张采取攻势战略,强调日本的发展命运有

---

① 德富猪一郎:《公爵山县有朋传》中卷,第259—359页。
② 小川又次:《清国征讨方略》,《抗日战争研究》1995年第1期。
③ 《山县有朋意见书》,第196—200页。
④ 丁名楠:《帝国主义侵华史》第1卷,第331页。

赖于中国大陆,把中国作为侵略掠夺的主要对象,并把俄美等列强也列为假想敌国。1911年日本军部曾制定《对华作战方针与计划概要》,提出"在确实占领南满洲之同时,攻占北京,并占领浙江、福建"①。1926年日本军部又制定《大正十五年度作战计划》,计划动员16个师团兵力侵华,并把中国划分为满洲、华北、华中三个作战区域,而且选择了具体作战方向和登陆点②,这实际上就是第二次中日战争作战计划的蓝本。1927年6月27日至7月7日,日本首相田中义一主持召开有内阁、军方、关东军首脑和驻华使领参加的东方会议,制定《对华政策纲领》,进一步明确侵占东北进而侵略中国与亚洲的大陆政策为日本国策。纲领特别强调日本为保护其在东三省的"重大利益关系",将"及时采取适当措施"③。预示将要发动对东北的武装侵略。外间流传的《田中奏折》宣称:"惟欲征服支那,必先征服满蒙,如欲征服世界,必先征服支那。"④不论有无此文件,是否原话,与东方会议精神是完全一致的。第二次中日战争和太平洋战争正是沿着这一轨迹发展的。

1929年开始的世界资本主义经济危机加速了战争的发动。1929年4月,关东军作战参谋石原莞尔中佐提出《扭转国运的根本国策——满蒙问题解决案》,竭力鼓吹"为了消除国内的不安,需要对外战争","满蒙问题的解决是日本的唯一出路"⑤。1931年,参谋本部制定了《解决满洲问题方案大纲》,规定以一年为期对中国东北采取军事行动,并把指令下达给关东军,终于发动了长达15年之久的第二次中日战争。在侵占东北之后,日本军国主义统治集团又把"利益线的焦点"逐步推向中国华北、华中、华南以至整个亚洲太平洋地区,妄图灭亡中国、称霸亚洲和世界。

---

① 《军事史学》(日本)1973年3月号。
② 日本防卫厅研究所:《战史丛书·大本营陆军部(一)》,第30页、276—277页。
③ 同上。
④ 王芸生:《六十年来中国与日本》第8卷,第377页。
⑤ 日本国际政治学会《走向太平洋战争之路》别卷"资料篇",第86页。

1936年日本广田弘毅内阁就决定将"确保帝国在东亚大陆地位之同时,向南方海洋发展"的"北南并进"订为根本国策①。同年参谋本部制定《1937年度对华作战计划》,具体规定动员14个师团进犯,其中8个师团在华北攻占京津;5个师团在华中,占上海,进击武汉;1个师团在华南,占广州、福州②,从而把第二次中日战争逐步扩大为全面侵华战争和太平洋战争。

其次,日本发动两次中日战争,都是采取制造事端、突然袭击的方式。

日本在甲午战争前做好扩军备战的充分准备后,便利用朝鲜发生东学农民起义、朝鲜政府向中日求援的机会,怂恿清政府与日本一起出兵。起义平息后又拒绝撤军,故意制造事端。1894年6月22日,天皇主持的御前会议决定向朝鲜增兵,并向中国发出绝交书。同一天外务省训令驻朝公使大鸟圭介采取一切手段制造战争借口。17日御前会议正式决定对华开战。23日日军占领朝鲜王宫,囚禁国王,实际上已拉开甲午战争的序幕。7月25日日本联合舰队在朝鲜丰岛附近海面突然袭击北洋舰队军舰济远、广乙号,击沉运兵船高升号,终于不宣而战,挑起了第一次中日战争。

丰岛海战后日本却贼喊捉贼、倒打一耙。外务大臣陆奥宗光在致各国公使照会中竟反诬"中国军舰在牙山附近轰击日军"。日本军方编的《二十七八年海战史》也写道:"七时五十二分,彼我相距约三千米之距离,济远首先向我发炮,旗舰吉野立即应战。"③实际上早在7月20日,日本大本营接到北洋舰队船只将赴牙山增援的情报后,就密令海军军令部长桦山资纪到联合舰队基地佐世保传达了到朝鲜海面伺机袭击北洋舰队的命令。7月25日早晨双方军舰在丰岛海面接近时,日舰已下达战斗命令。浪速号舰长东乡平八郎海军大佐在日记中证实:"午前七点二十分,

---

① 广田内阁:《国策基准》,《日本外交年表与主要文书(下)》,第344—345页。
② 《战史丛书·大本营陆军部(一)》,第369页。
③ 日本海军军令部编:《二十七八年海战史》上卷,第88页。

在丰岛海上远远望见清国军舰济远号和广乙号,即时下达战斗命令。"①至于日舰发动突然袭击打响第一炮的确切时间,近年发现的《济远航海日志》上明确记载为,七时"四十五分,倭三舰同放真弹子轰击我船,我船即刻还炮"②。

第二次中日战争日本故伎重演,制造一系列事端,发动和扩大侵华战争。1931年9月18日夜,日本独立守备队副中队长河本末守中尉以巡视铁路为名,在沈阳北郊柳条湖铁路路轨上点燃炸药包,炸断铁轨,以爆炸声为信号,日军开始向附近东北军营地发动突然袭击,这就是震惊中外的"九·一八事变"。当时日军即向旅顺关东军司令部发电报,谎称中国军队破坏铁路,袭击日本守备队。关东军立即进攻沈阳,并在东北各地展开全面攻势。

紧接着1932年1月,日军又在上海制造事端,由日本特务指挥暴徒向中国工人挑衅。1月28日夜,日军突然袭击上海闸北中国十九路军,挑起了"一·二八事变"和淞沪战争。

1937年7月7日,驻北京丰台的日本驻屯军在卢沟桥制造事端,进攻宛平中国驻军,然后大举进攻北京和华北。这就是标志日本全面侵华战争开始的"七·七事变"。当时日本宣传的所谓"一名士兵失踪"和"受到中国军队非法射击"等借口都是十分荒唐可笑的。原来所谓失踪士兵只是因大便暂时离队,20分钟后就已经归队。而宛平城的中国军队经过查证,在受到袭击前不仅从无开枪之事,而且"每人所带子弹并不短少一枚"。

正如当时日本驻华公使重光葵所言,只要"陆军在北方制造事件,在上海的海军也必然要挑起某些事端"③。果然8月13日,驻上海日本海军陆战队便以一名中尉在虹桥机场挑衅被打死为借口,向中国军队发动大

---

① 《东乡平八郎日记》,《中日战争(六)》,第32页。
② 《济远航海日志》,引自戚其章《甲午战争史》,第54页。
③ 重光葵:《日本侵华内幕(中译本)》,第130页。

举进攻,并对上海、南京等城市进行轰炸,制造了"八·一三事变",把战火从华北燃到华中。

第三,日本军国主义在两次中日战争中采取的战争手段都是极其野蛮残酷、惨无人道的。

在甲午战争中,日本侵略军于1894年11月21日攻占旅顺口以后,便接连四天大肆屠杀手无寸铁的无辜平民两万多人,制造了震惊中外的旅顺大屠杀惨案。日本政府却竭力掩盖暴行,外务大臣陆奥宗光竟向各国驻华公使谎称"在旅顺被杀的人大部分被证实是化装成平民的兵士"①。但是墨写的谎言终究掩盖不住血的事实,美国《纽约世界》记者克里曼、英国《伦敦时报》记者柯文、《黑白画报》记者威利阿士等都是当时在旅顺的惨案目击者。他们报道了大量日军滥杀平民、屠杀老人婴孩,以及剖腹挖心等暴行。英国法学家胡兰德博士在《关于中日战争的国际公法》一书中也指出,日军"一连四天,野蛮地屠杀非战斗人民和妇女儿童……在这次屠杀中,能够幸免于难的中国人,全市只剩三十六人。这三十六人完全是为驱使他们掩埋其同胞的尸体而被留下的"②。最近清理死难者万忠墓时,挖出与累累白骨在一起的有不少妇女、儿童的饰物,这是日军屠杀无辜居民老弱妇幼的铁证。

第二次中日战争日本侵略军的战争手段更加残忍,而且使用各种现代化杀人手段。日本法西斯军国主义实行烧光、杀光、抢光的三光政策,焚毁中国城镇和村庄,屠杀中国平民百姓,制造了许多起灭绝人寰的大屠杀惨案,目前在中国已经发现的万人坑就有80余个。据统计,第二次中日战争中国军民伤亡达3500多万人,直接财产损失在1000亿美元以上。重大惨案如1932年9月16日抚顺平顶山惨案,日军把全镇男女老幼集中到洼地用机枪扫射后又用刺刀残杀伤者,共屠杀无辜居民3000多人,

---

① 《陆奥声明》,《中日战争(七)》,第460页。
② 陆奥宗光:《蹇蹇录(中译本)》,第63—64页。

第二天又用32桶汽油焚尸灭迹①。1937年12月,日军烧毁江阴房屋2000多间,杀死居民1000多人。1941年1月25日,河北丰润县潘家峪惨案,日军包围该村后焚毁全村房屋,集中屠杀村民达千余人。最骇人听闻的是1937年12月日军攻占当时中国首都南京后,制造了震惊世界的南京大屠杀。在6个多星期中,屠杀了30余万无辜市民和放下武器的中国士兵,同时使全市1/3房屋化为灰烬。日本法西斯烧杀淫掠、无恶不作,除了枪杀以外,还用砍头、挖心、剖腹甚至进行杀人比赛等残暴手段。英国《曼彻斯特卫报》记者田伯烈在《外人目睹之日人暴行》中认为,这是"现代史上破天荒的残暴记录",是"现代文明史上最黑暗的一天"②。

日本侵略军在第二次中日战争中还公然违背国际公法和人道主义,使用了细菌战、毒气战等现代化杀人手段,残害中国军民。如日军731部队、关东军100部队、第1855部队、荣字1644部队都是专门施行细菌战的机构,进行大规模的细菌研制、生产和散布,还惨无人道地用活人人体做细菌实验。日军还有化学毒气部队,各步兵联队有瓦斯中队,在中国各地施放毒气上千次。③

综上所述,日本军国主义发动的两次中日战争从性质和手段角度分析,都具有侵略性、冒险性、掠夺性、野蛮性等共同特点。

二、两次中日战争胜败因素的比较

两次中日战争最大的不同点是战争的结局。甲午战争前中国官员普遍轻视日本。两江总督刘坤一曾说:"以日本手掌之地,而又土瘠民贫,如欲与中国为难,多见其不知量矣!"④北洋舰队访问长崎时曾震惊日本朝

---

① 日本帝国主义侵华档案资料选编:《东北历次大惨案》,第3—13页。
② 田伯烈:《外人目睹中之日军暴行》。
③ 日本帝国主义侵华档案资料选编:《细菌战与毒气战》。
④ 两江总督刘坤一奏折,见《洋务运动(二)》,第505页。

野。可是战争结果却是陆上几十万湘淮军连战连败,海上北洋舰队几十艘舰艇全军覆没。中国战败求和,被迫签订割地赔款的《马关条约》,给中华民族带来巨大民族灾难,而日本却通过甲午战争大发横财,加速工业和军事的现代化。

第二次中日战争时日本统治集团十分狂妄,认为中国军队一击即溃。参谋本部中国科高桥中佐狂言:"军车通过山海关时中国方面就会屈服。"①然而战争结果却是中国军民经过浴血抗战取得了百年来第一次反侵略战争的完全胜利,而日本帝国主义遭到了彻底的失败。

两次中日战争的结局胜败方发生了根本的转化,其原因究竟何在呢?当然影响战争胜负的因素很多,涉及时代、国情和国内、国际、主观、客观各个方面。下面着重从中国方面在两次中日战争中的四个重要因素的变化来加以比较分析。

第一是战争领导因素。掌握国家统治权和战争指挥权的集团或个人的表现,对战争的胜负起着非常关键的作用。

甲午战争时统治中国的是腐败的清政府。名义上的国家元首是光绪皇帝,但实际上的最高统治者却是慈禧太后,而军事外交大权和战争指挥权则掌握在北洋大臣李鸿章之手。1894年正值慈禧六十大寿,清政府在一年前就开始筹办盛大庆典,庞大开支除要各级官员捐纳外,还提用户部饷需与边防经费,甚至挪用海军军费。11月7日寿辰恰好是日军攻陷大连之日。重镇失守,慈禧太后却照样在宫中升殿受贺,大宴群臣,还让皇帝与大臣陪坐听戏三日,不问国事。指挥战争的李鸿章一方面迎合慈禧太后不希望因战争影响六旬庆典的心理,另一方面为了保存自己控制的北洋舰队和淮军的实力,总的指导思想是消极避战,积极求和。朝廷内后党与帝党钩心斗角,军队内湘系与淮系互相指责,海军中南洋水师袖手观望。前线清军将领有的贪生怕死、临阵脱逃,有的贪污腐化、克扣军饷。

---

① 《日本外交文书》第27卷第1册,第113页。

这样腐败的政府领导指挥战争,怎么可能不失败呢!

抗日战争期间中国实际上存在两个政权和两支军队,一个是国民党领导的中央政府和军队。一个是共产党领导的局部政权(陕甘宁地区和各敌后抗日根据地)和八路军、新四军、游击队。国共两党是在中国近现代不同时期推动中国社会前进最有影响的两大政党。国共第一次合作曾赢得反对北洋军阀的北伐战争胜利,以后两党关系破裂经历了近十年内战。日本帝国主义发动的第二次中日战争使中华民族处于生死存亡关头,中日民族矛盾成为中国社会主要矛盾。中国共产党及时提出停止内战,一致对外,建立抗日民族统一战线的主张。1936年12月通过和平方式解决西安事变,终于迫使国民党同意停止内战,联共抗日。抗日战争中国共两支军队各自担负一定的战略任务,开辟了正面战场和敌后战场,分别牵制着大量日本侵略军,使它处于腹背受敌的境地,遭到重大伤亡和消耗。两个战场互相依存、互相配合、共同对敌,经过艰苦卓绝的奋斗,终于取得了抗日战争的最后胜利。

第二是民众动员因素。战争的伟力最深厚的根源存在于民众之中。甲午战争中清政府不但不发动和依靠人民群众进行反侵略战争,而且压制民众抗日热情,阻挠破坏民众的抗日斗争。如战争爆发不久,就有人建议在天津兴办团练,却遭到李鸿章的斥责。当台湾军民在极其艰苦的条件下与日本侵略军浴血奋战时,清政府竟借口"有碍和约",不但不许接济饷械,连刘永福和台湾义军派人到大陆募集的捐款也被扣留,严重破坏了台湾军民的反割台斗争。

在抗日战争中,中华民族已经觉醒,除了少数汉奸以外,中国各阶级、阶层,各党派、团体,各民族、不同宗教信仰者,包括海外华侨华人,结成了最广泛的抗日民族统一战线,如广大农民积极参加抗日武装,成为抗战的主力军;还为抗日军队运送粮草、站岗放哨、抢救伤员、传递情报等。妇女也组织各种抗日救国团体,慰劳抗战将士。代表民族资产阶级、小资产阶级和知识分子的各爱国民主党派也是抗日民族统一战线的成员,1936年组织了全国各界救国联合会。各少数民族也积极投入抗日斗争,仅东北抗日联军中就有朝鲜族、蒙古族、满族、鄂伦春族、锡伯族、赫哲族等族官兵。还有著名的冀中回民支队,海南岛黎族、苗族的琼崖纵队等。海外爱国华侨除了亲自回国投身抗战外,还大量捐款、捐物,筹赈伤兵难民。总之,中华民族都动员起来投入反侵略战争,使第二次中日战争成为一场真正的民族解放战争。

第三是战略战术因素。制定战略和运用战术正确与否,是决定战争胜负的重要因素。

甲午战争中清政府没有健全的军事指挥和参谋机构,战争的指挥大权基本上操于北洋大臣李鸿章一人之手。李鸿章缺乏积极抗战的战略思想,死守消极防御的战略方针,以致造成清军经常处于被动挨打的地位。陆路清军株守以待,坐失战机。北洋舰队始终执行保船避战方针,不敢主动出击,放弃制海权,最后被困威海刘公岛,坐以待毙,全军覆没。战略战术上也没有从海陆协同角度组织防御。辽东半岛和山东半岛的抗登陆作战,只是单纯守卫、分兵把口,忽视了在军港侧后方设防,以至旅顺、威海相继失守。另外忽视战略战役的侦察,对敌人战略意图和敌情缺乏了解分析,导致一系列战役的指挥错误和失败。

在抗日战争中,中国方面坚持了持久战的总战略方针。毛泽东还把抗日游击战争提高到战略地位,系统地提出了抗日游击战争的六点具体战略方针,即主动地、灵活地、有计划地执行防御战中的进攻战,持久战中的速决战和内线作战中的外线作战;和正规战争相配合;建立根据地;战略防御和战略进攻;向运动战发展;正确的指挥关系。在这些正确战略方针的指引下,中国共产党领导的武装力量,挺进华北、华中和华南敌后,建立根据地,发动群众,广泛开展游击战争,开辟敌后抗日战场,同国民党领导的正面战场互相配合,互相呼应,赢得抗日战争的最后胜利。

第四是国际环境因素,也对战争的胜负有重大的影响。

甲午战争时中国处于很不利的国际环境之中。西方列强都是从维护与扩大自己在中国和朝鲜的侵略利益和在东亚的势力出发,来制定其远东政策。当时远东地区成为西方列强激烈争夺角逐的重要场所,英俄美法等列强的态度直接影响第一次中日战争的发生和发展。英国在中国、朝鲜有巨大经济利益,希望维持在远东的优势,害怕俄国势力南下,因此扶植日本以抵制俄国。战争前夕英日签订新约,使日本发动战争无所顾忌。因此英国外交大臣金伯利在条约签字仪式上说,"此约之性质,对日本来说,远胜于打败清帝国大军"①。在整个甲午战争中,英国的基本态度是既不愿战争损害自己的商业利益,同时又偏袒日本,压迫清政府对日本作更大的让步。俄国虽然一方面不希望日本北进朝鲜和中国东北,以维持自己在东亚的利益范围。但是另一方面也试图讨好日本,避免把日本完全推入英国的怀抱。因此俄国在战争中采取中立观望的态度,俄国外交大臣吉尔斯宣称:"帝国政府所遵循的目标是不为远东敌对双方任何一国的一面之词所乘,也不被他们牵累而对此局势有偏袒的看法。"②美国则企图利用日本作为其在东亚扩张和开放远东市场的工具,因此在整个甲午战争期间都支持日本,并单独操纵调停,敦促中国接受日本侵略要求。前国务卿科士达甚至威胁清政府,如果拒绝批准《马关条约》,"将在文明世界面前失去体面"。

抗日战争时期的国际环境与甲午战争大不相同。虽然前期西方国家曾实行远东慕尼黑纵容日本侵华。但自1939年9月以后,英、法、苏、美先后参战,国际环境有所改善。尤其日本发动太平洋战争后,1942年1月1日,美、英、苏、中等26国签署《联合国家宣言》,正式组成了国际反法西斯统一战线。中国军民的浴血奋战是抗日战争胜利的根本原因。但苏联红军出兵东北和美国在日本本土投掷两颗原子弹,也加速了日本法西斯的崩溃和投降。

---

① 《红档杂志中有关中国交涉史料选译》,第67页。
② 丁名楠:《帝国主义侵华史》第1卷,第369页。

中国人民的抗日战争博得各国人民的广泛同情和支持。1937年8月,国际工会联合会号召各国工人抵制日货发起募捐。1938年7月,共产国际执委会号召加强国际援华运动。国际友人还组织医疗队来华到抗日前线救治伤病员。还有斯诺、史沫特莱、斯特朗等美国进步记者向世界宣传中国的抗战事迹。

三、两次中日战争的联系和历史经验教训

相隔半个世纪的两次中日战争的不同结局之间实际上有着密切的内在联系。

一方面,日本虽然在甲午战争中取得了胜利,却促使军国主义恶性发展,埋下了第二次中日战争日本军国主义最终走向彻底失败的种子。

甲午战争使日本成为亚洲的暴发户,加速了日本的工业和军事近代化,实现了向帝国主义的过渡。《马关条约》中国赔款2亿两白银,加上赎还辽东费3000万两,威海驻兵费150万两,共23150万两,折合35000万日元,几乎相当于日本4年的财政收入。曾任日本外务大臣的井上馨说道:"一想到现在有三亿五千万日元滚滚而来,无论政府或私人都顿觉无比地富裕。"①日本明治政府将这批巨款的绝大部分用作扩充海陆军及扩大军事工业生产经费。据统计其中用于陆军扩张费5680万日元,海军扩张费13926万,军舰水雷艇补充基金3000万,临时军事费7896万,合计已达3亿日元以上。此外还用2000万为天皇皇室基金,1200万为台湾殖民经费,1000万为教育基金。日本还利用这笔巨款建立起金本位货币制度,把日本货币纳入了国际货币金融体系,增强了日本的经济实力和商品输出、资本输出能力。日本政府又通过对朝鲜和台湾的殖民统治,掠夺大量财富和原料。台湾还成为日本帝国主义向东南亚扩张的

---

① 石井宽治:《日清战后经营》,岩波讲座《日本历史(16)》,第54页。

基地。

甲午战争后军部的势力和地位大大增强,军人飞扬跋扈并直接干预国内国际政治。军阀山县有朋、桂太郎等先后担任首相。1900年还规定陆海军大臣必须由现役大将或中将担任。军部可以随时通过拒派陆海军大臣而推翻内阁,标志着日本的政治已向军国主义体制演变。日本政府还强化了军国主义奴化教育。在甲午战争期间和战后,出现了大量神化天皇、赞美战争、讴歌军国主义、宣扬武士道精神的小说、诗歌、歌曲、漫画等,甚至写入了中小学教科书。

总之,甲午战争使日本军国主义者尝到了侵略战争的甜头,刺激了它向外扩张的贪欲,其侵略野心越来越大。此后参加八国联军侵华、在中国东北发动日俄战争、吞并朝鲜、向袁世凯提出灭亡中国的二十一条,出兵山东,侵占东三省,以至发动全面侵华战争,又与德国法西斯相呼应,挑起太平洋战争,妄图称霸世界,最终走向彻底失败与毁灭。

但另一方面,甲午战争中国的失败强烈刺激了中华民族的觉醒,推动了中国人民的爱国救亡运动,加速了民主革命的进程,为最后赢得抗日战争的胜利准备了条件。

甲午战争在给中国带来巨大的历史灾难的同时,也唤起了中华民族的觉醒。正如梁启超所说:"吾国四千余年大梦之唤醒,实自甲午战败割台湾、偿二百兆以后始也。"[①]甲午之败、马关之辱以及接踵而来的瓜分狂潮,使中华民族的各阶级各阶层普遍产生了亡国灭种的危机感、大祸临头的紧迫感和难以立足世界民族之林的耻辱感。危机意识大大增强了中华民族的凝聚力,近代中国的志士仁人正是怀着强烈的危机意识和变革意识,历尽千辛万苦,不怕流血牺牲,去探索和寻找挽救中国的思想和道路。甲午战争以后发生的戊戌维新、辛亥革命、五四运动、北伐战争、抗日战争,以及兴中会、同盟会、中国国民党、中国共产党、抗日民族统一战线的

---

① 梁启超:《戊戌政变记》卷一,《戊戌变法(一)》,第249页。

诞生,都是在"救亡图存,振兴中华"这面爱国主义大旗下进行的。甲午战争以后中华民族的觉醒、进步和团结,成为中国最后取得抗日战争胜利的决定性因素。

通过对两次中日战争的比较研究,可以提供不少历史的借鉴和启示。

第一,历史的辩证法是无情的。

两次中日战争的成败得失深刻体现了历史的辩证法。甲午战争中国失败给中华民族带来巨大历史灾难。但正如恩格斯指出的,"没有哪一次巨大的历史灾难不是以历史的进步为补偿的"①。甲午战败激发了中国人民的觉醒和奋起,推动了中华民族的进步和团结,经过半个世纪的奋斗,终于赢得了抗日战争的胜利,迎来新中国的诞生。而甲午战争日本的胜利使其大发横财,同时也促使军国主义和侵略野心恶性膨胀,踏上走向毁灭的道路。然而,日本军国主义在日中战争和太平洋战争的彻底失败,却又迎来日本民族的新生。

第二,历史的经验教训需要总结吸取。

"前事不忘,后事之师",对两次中日战争经验教训进行认真反思和科学总结,对于振奋民族精神、加强民族凝聚力、推动有中国特色的社会主义现代化建设以及促进中日友好都有很大意义。甲午战争中国的失败说明落后就要挨打,腐败导致失败,愚昧必然落伍。而抗日战争中体现出来的中华民族的凝聚力和意志、勇气、智慧、力量、创造精神都是宝贵的历史遗产。认真吸取历史教训,也是中日两国人民世世代代和平友好的重要前提。

第三,历史不容篡改。

两次中日战争都是日本军国主义发动的侵略战争,给中国人民造成巨大的民族灾难,也给日本人民带来巨大的痛苦,这是用血和火以及无数死难者的生命和尸骨构成的历史事实。必须尊重历史、正视历史,并

---

① 《恩格斯致丹尼尔逊》,《马克思恩格斯全集》第39卷,第149页。

把历史的真相告诉广大人民和子子孙孙。如果有人想用谎言和狡辩歪曲篡改历史，企图为日本军国主义的侵略和暴行辩护，以至复活军国主义的幽灵，必将会引起世界人民的愤慨和谴责，也一定会遭到历史的惩罚。

中国太平天国农民革命与韩国东学农民革命的比较

19世纪下半叶,在东亚地区曾经发生过两次大规模的农民革命,这就是中国的太平天国农民革命和韩国的东学农民革命。中韩两国的学者已经分别对本国的农民革命进行了大量具体深入的研究,取得了丰硕的成果。

太平天国农民革命研究是中国近代历史研究中成果最多、争论最热烈的领域之一。据不完全统计,在中国出版的关于太平天国史研究的著作有一百多种,论文有数千篇。中国学者代表性的著作,如罗尔纲著《太平天国史》,共4册88卷,150多万字;茅家琦主编《太平天国通史》,共3册,130多万字;香港简又文著《太平天国全史》与《太平天国典制通考》,共6册,300万字等。研究的问题涉及太平天国革命的性质,政权的性质,起义的原因、时间,革命的各种纲领、制度、政策、宗教、思想、文化艺术,军事战略战术、失败原因、历史意义,以及各种历史事件、历次战役、各种各样历史人物的分析评价问题等等,并举行过许多次太平天国史的学术讨论会。

韩国学者关于东学农民革命研究的成果也很多,代表性的著作例如卢泰久的《东学革命研究》;韩国历史研究会编《1894年农民战争研究》,共5卷;李观熙的《东学革命史论》等,还有许多研究论文。①

但是,至今为止,把中国太平天国农民革命与韩国东学农民革命两者加以比较的研究还很少见。在中国尚未见到这方面的研究论文,在韩国仅见卢泰久《中国太平天国的民族主义政治思想——与东学革命比较》、姜永汉《作为新宗教拜上帝教和东学的比较》等文。②

笔者在中国北京大学历史系从事中国近代史和中外关系史的教学和研究多年,也曾在韩国高丽大学东洋史系讲学。对中国和韩国近代历史的进程和比较都有兴趣,并曾在北京大学历史系指导韩国留学生进行过这方面的研究和撰写学位论文。因此本文试图运用比较研究的方法,从几个不同的角度,着重对中国太平天国农民革命与韩国东学农民革命的相似点和不同点,进行初步的考察分析和比较。

---

① 中国学者研究太平天国史的代表性著作如罗尔纲:《太平天国史》,中华书局1991年版;茅家琦主编:《太平天国通史》,南京大学出版社1991年版;简又文:《太平天国全史》、《太平天国典制通考》,香港猛进书屋1962年、1958年版等。韩国学者关于东学农民革命研究的代表性著作如卢泰久:《东学革命研究》,白山学堂1981年版;韩国历史研究会编:《1894年农民战争研究》,历史批评社1993—1995年版;李观熙:《东学革命史论》,大光书林1998年版等。

② 对中国太平天国农民革命与韩国东学农民革命进行比较的研究论文在中国尚未见到,在韩国仅见卢泰久:《中国太平天国的民族主义政治思想——与东学革命比较》,《国际政治论丛》第36辑,1996年;姜永汉:《作为新宗教拜上帝教和东学的比较》,《韩国社会学》第31期,1997年。笔者在北京大学历史系曾指导韩国留学生卢在轼进行过这方面的研究并撰写硕士学位论文。

一、太平天国农民革命与东学农民革命的相似点

（一）从其历史地位角度考察，都是本国近代历史上规模最大的农民革命

中国和韩国原来都是农业国，农民占人口的大多数，农民问题是两国的重要社会问题。在中韩两国古代和近代的历史上，曾经发生过大大小小许多次农民起义，然而太平天国农民革命和东学农民革命则是中韩两国近代史上规模最大而且影响最大的农民起义。

中国太平天国农民革命从1851年金田起义到1864年天京失陷，前后持续了14年。太平军战斗过的省份共计18省，占领过的城镇包括当时中国江南最大的城市南京在内达600多个。太平天国号称"百万大军"（实际上至少也有几十万），战争中消灭了清朝政府军和地方武装有几十万。太平天国建立了与清封建王朝对峙的农民国家中央政权和各级地方政权。颁布了农民革命纲领《天朝田亩制度》和中国第一个近代化改革方案《资政新篇》，实行了圣库制度、乡官制度等一系列制度政策。因此太平天国无论是规模之大、水平之高、影响之深，都达到了中国农民革命的高峰，而且也成为东亚甚至世界历史上规模最大的一次农民革命。

韩国的东学农民革命规模也很大，从1894年1月古阜民乱开始到11月全琫准被捕失败，前后历时10个多月。起义以全罗道为中心，几乎波及全国。两度崛起的东学农民军人数达10万余人。农民军曾占领朝鲜南部重镇全罗道的首府全州，并在全罗道53个郡中建立地方自治机构执纲所，提出了有12条内容的"弊政改革方案"。东学农民革命基本失败后，一部分余部还加入了抗日义兵斗争和英学党起义。因此，东学农民革命在韩国近代史上，就其规模、影响和水平来说，也是前所未有的。

（二）从其原因和性质角度考察，都是在外国势力入侵造成严重社会危机的原因下爆发的反封建反侵略性质农民革命

中韩两国历来的农民起义都是由于本国封建地主官僚的剥削压迫引起的，即所谓"官逼民反"。中国从秦末陈胜吴广起义至清代中叶白莲教起义均是如此。

自 1840 年鸦片战争起，西方列强入侵中国，给中国农民带来新的灾难和苦难。除了战争中侵略军的烧杀抢掠外，战后对英国的 2100 万元巨额款和庞大军费开支，大部分变成苛捐杂税向农民摊派。贪官污吏还乘机巧立名目敲诈勒索。战后鸦片大量输入，洋货大量倾销，白银大量外流，不仅造成中国严重财政危机，而且封建统治阶级吸鸦片、买洋货的大量耗费也大多转移到农民身上。大批农民、手工业者贫困破产、丧失土地与生计，甚至流离失所。战后裁撤军队和开通海运，又造成了大批散兵游勇和失业挑夫。1851 年，太平天国革命终于在曾经直接受到外国侵略危害，阶级矛盾尖锐，有反抗斗争传统，还存在土著、客家矛盾冲突的广东广西地区爆发了。可见太平天国革命是在外国势力入侵激化中国社会矛盾背景下发生的具有反封建、反侵略双重性质的农民革命。

韩国自 19 世纪 40 年代以来也遭到法国、美国、英国、俄国等外国势力的入侵，发生过多次"洋扰"事件。特别是 1876 年日本用武力强迫签订《江华条约》而开港以后，日本商人大量涌入，掠夺韩国资源，并依仗条约规定不纳税等特权，控制韩国的对外贸易和金融。日本还从韩国大量进口廉价大米，造成粮食匮乏，米价暴涨。而李朝封建统治者不顾财政困难，仍然挥霍浪费，并横征暴敛，把沉重负担转移到农民群众身上。因此韩国农民对外国势力尤其是日本的侵略和封建统治者的暴政深恶痛绝。1894 年古阜郡守贪官赵秉甲霸占万民洑，强征水税，终于直接引发"古阜民乱"。东学农民革命一开始就提出了"内斩贪虐之官吏，外逐横暴之强敌"的口号。① 说明东学农民革命也是在外国入侵激化韩国社会矛盾原因下爆发的具有反封建反侵略性质的农民革命。

(三)从其发动和组织角度考察,都是由下层知识分子领导者利用宗教形式来发动组织农民进行革命

由于农民的分散、散漫、文化低等特点,农民革命的领导者往往是一些具有一定文化素质的下层知识分子,而且常常利用宗教的神秘力量来发动和组织农民群众。中国历史上如东汉末年农民起义利用太平道、五斗米道,清代农民起义利用白莲教、天理教等等。

太平天国农民革命的发起和领导者是当过农村塾师的下层知识分子洪秀全。他1814年出生于广东花县一个农民家庭,7岁入塾读书,熟读儒家诗书,因家庭困难辍学务农,后被聘为村塾教师。洪秀全4次参加科举考试均告落榜。个人遭遇使他更加痛恨社会的黑暗腐败。在阅读了基督教传教书籍《劝世良言》后,他利用西方基督教的一些教义、教规,加以改造,创立了拜上帝教。洪秀全利用基督教至高无上、无所不能的上帝为旗帜来对抗从皇帝到孔子的封建权威。他又利用《圣经》中耶稣降生的神话,把自己生病和怪梦附会为"上天受命"。自称是上帝次子、耶稣之弟,奉上帝之命讨伐清朝皇帝"阎罗妖"。并用基督教"天堂"、"天国"理想来号召农民建设太平天国"人间小天堂"。他还借助基督教摩西十诫等戒律制订"十款天条"等革命纪律。这样就为这场旨在推翻清朝的农民革命披上宗教外衣,涂上神秘色彩。不仅洪秀全利用自称上帝之子和"上天受命"树立了教主和最高领袖地位,其他领导人如杨秀清、萧朝贵也自称上帝之子并能为天父、天兄传言而提高自己地位并号令群众。拜上帝教在太平天国革命发动和发展阶段曾起到一定积极作用,但到后期宗教迷信和天命思想却越来越产生消极作用。以至南京被清军包围断粮后,洪秀

---

① 东学农民军:《白山檄文》,吴知泳:《东学史》,大光文化社1941年版,第112页。

全仍不肯主动突围,竟迷信"天兵多于水",甚至幻想上帝会降"甘露"拯救太平天国军民①。

东学的创始人崔济愚出生于韩国庆尚北道,父亲是乡村塾师,他8岁就随父学习儒学,10岁丧母,16岁丧父,家道衰落,而且由于庶子身份不能参加科举考试,只得遍游名山,访师求友。他见到西方传教士布道,便萌发了创立新宗教与洋教对抗的想法,于是入千圣山修道。崔济愚与洪秀全一样把个人的坎坷境遇与反对现实黑暗统治结合起来。1860年崔济愚取儒、佛、道三教之长创立了东学道。1862年又设立包接制,自号天主大神师,下面各道有大接主,郡有接主,吸引了大批农民信徒。1864年崔济愚被政府处死。其弟子崔时亨继续传教,并建立严密的教团组织。1892年和1893年以为教祖申冤为名发起了参礼集会、伏阙上书和报恩集会。东学道南接主全琫准,出生于高敞郡一个衙吏属家庭,父亲因反抗郡守暴政被杀。自己幼读史书,略通古今。1894年,全琫准利用东学宗教组织,发动古阜民乱。东学农民革命能从地区性民乱发展成全国性农民战争,东学道的宗教宣传和包接制组织形式起了很大作用。教主下有包(大接主),包下有接(接主),形成严密组织体系。东学农民革命爆发前夕,东学教团已有19个包与大接主。起义首先由以全琫准为首的"南接都所"发起,然后各地纷纷"起包"响应。

(四)从其历史作用和失败原因角度考察,都打击了本国的封建统治和外国侵略势力,但是也都是在本国封建统治者和外国侵略者的联合镇压下失败

太平天国农民革命沉重打击了中国清王朝的封建统治。太平军从广西起义经湖南、湖北、江西、安徽、江苏进军南京,几乎席卷整个长江以南地区。建都南京后又分兵北伐、西征,并有各地各族人民起义响应。太平

---

① 《李秀成自述》,《太平天国文书汇编》,中华书局1979年版,第528、513页。

军 14 年战斗中消灭清朝军队包括八旗兵、绿营兵及湘淮军不下几十万,杀死贪官污吏、土豪劣绅更是不计其数。北伐军曾长驱天津、逼近北京,震惊朝廷,甚至传闻咸丰皇帝要逃往热河。太平天国革命还迫使清朝最高统治者重用汉人官僚,使以曾国藩、李鸿章为首的湘淮系集团崛起,掌握地方军政实权,削弱了清中央政权对地方的控制,造成晚清外重内轻的局面。太平天国农民革命在后期也直接打击了外国侵略势力。太平军曾三次进攻外国侵略势力盘踞的上海,并与英法联军及外国侵略者组织的洋枪队激战,击毙法国海军少将卜罗德(A. L. Protet)、"常胜军"美国统领华尔(Ward)、"常捷军"法国统领勒伯东(Ce Brethon)等人。太平天国经过 1856 年天京事变遭到严重内耗,最终被清政府依靠湘淮军并勾结外国侵略军联合所绞杀。因此太平天国干王洪仁玕被俘后曾沉痛指出:"我朝祸害之源,乃洋人助妖之事。"①

东学农民革命也打击了韩国李朝的封建统治。1894 年 2 月 15 日,全琫准领导古阜农民暴动,袭击了古阜郡衙,郡守赵秉甲仓皇逃跑。5 月 4 日,全琫准又率东学农民军袭击泰仁县,驱逐县监李冕周。各路起义军会师白山,成立湖南倡义军,在一周内连下数郡,5 月 11 日又在黄土岘大败官军。6 月 1 日攻占全罗道首府全州。当时李朝政府惊恐万状,慌忙向中国政府求援,而日本却乘机出兵,大举入侵,甚至占领王宫。东学农民军已与政府谈判签订停战协议,但鉴于日本的侵略和政府的卖国,再次揭竿而起,抗击日本侵略军。日本驻朝公使井上馨报告:"东学曾切断我军用电线,袭击兵站部,虐杀日本商人和人伕等。"②东学农民军在公州附近聚集了 5 万多人,计划先占领公州,然后"驱兵入京"。但由于日军兵力和武器占优势,全琫准指挥农民两次进攻公州均遭失败。最后全琫准被叛徒告密被捕解送汉城,东学农民革命宣告失败。韩国史书称东学农民军"与

---

① 《洪仁玕自述》,《太平天国文书汇编》,第 555 页。
② 戚其章主编:《中日战争(七)》,中华书局 1996 年版,第 37 页。

官军及日兵交战九个月仍罢,死者三十余万,流血之多,亘古未有"。东学农民革命最终在日本侵略军和韩国亲日派政府的联合镇压下失败。

二、太平天国农民革命与东学农民革命的不同点

(一) 其时间先后和所处环境、形势的不同。

中国太平天国农民革命发生于1851—1864年,而韩国东学农民革命则发生于1894—1895年,时间先后差不多相距30多年。由于这个时间差和东亚国际形势的变化,使两次农民战争所处的环境有所不同。

19世纪50年代到60年代初,中国刚经历了两次鸦片战争,实现了打开闭关门户的过程。外国侵略势力还没有普遍深入到中国内地和完全控制中国经济命脉。西方列强尚未在中国展开激烈的竞争和瓜分势力范围的角逐。当时中国社会的主要矛盾尚是农民阶级与封建统治阶级的矛盾,在这种形势下发生的太平天国农民革命斗争锋芒主要指向封建统治者清朝皇帝、贵族和官僚地主。镇压太平天国的主要力量是中国汉族地方武装湘淮军。太平天国一度以为西方侵略者是信仰上帝的"洋兄弟"而幻想得到他们的帮助,而西方列强也曾一度对太平天国采取"中立"观望态度。当时日本尚处于幕府末年同样遭到西方列强侵略,存在沦为半殖民的危险。不但还没有加入到侵略中国的列强行列之中,而且太平天国牵制了西方列强的力量,减轻了对日本的压力,为日本明治维新创造了有利的国际条件。日本维新志士久坂玄瑞在1862年指出:"英法现在还未向我国大动干戈,是因为长发贼(即太平天国)势盛之故。"①

而1894年韩国发生东学农民革命时,国内国际形势已大不相同。韩国自19世纪70年代开港后,遭到西方列强和日本势力的竞相入侵。尤

---

① 久坂玄瑞:《解腕痴言》,详见王晓秋:《太平天国革命对日本的影响》,《历史研究》1981年第2期。

其明治维新后的日本把韩国作为对外扩张的首要目标,大力鼓吹"征韩论"。日本不仅从经济上控制着韩国的对外贸易和经济命脉,而且在政治、军事各方面进行渗透,并支持韩国亲日派发动甲申政变。19世纪90年代韩国已成为日本及英、美、法、俄等列强激烈争夺的对象。日本还把韩国与中国的传统宗藩关系看成妨碍其扩张的重要障碍,同时企图把朝鲜半岛变成其向中国大陆侵略扩张的跳板,因此处心积虑要在韩国挑起与中国的冲突和战争。1894年日本抓住韩国政府请中国派兵帮助镇压东学农民革命的机会,立即大举出兵,制造事端,发动突然袭击,挑起中日甲午战争。同时日军占领韩国王宫,扶植亲日派政府。因此东学农民革命后期的主要斗争矛头针对日本侵略者,而东学农民革命最终也主要被日本军队所镇压。

(二) 其政治纲领、革命措施的差异

中国太平天国农民革命曾经提出了一整套纲领、制度和政策。1853年太平军占领南京后不久,天王洪秀全就颁布了太平天国的基本纲领《天朝田亩制度》。它反映了农民要求土地和平等的愿望,提出按人口平分土地。"凡天下田,天下人同耕","凡分田照人口,不论男妇"。并实行绝对平均主义分配制度。"天下人人不受私,物物归上主",收获除留口粮外,"余则归国库"。还用军事体系把全国人民组织起来,进行生产和各种社会活动。地方乡官则由下面保举。期望建立一个"有田同耕,有饭同食,有衣同穿,有钱同使,无处不均匀,无人不饱暖"的农民理想社会①。这是一个具有鲜明反封建色彩的农民革命纲领,但是由于当时的战争环境和绝对平均主义不利于生产发展,而未得到真正实行。太平天国占领区有些地方把土地分给了农民或减轻地租,多数地方仍执行"照旧交粮纳税"

---

① 《天朝田亩制度》,《太平天国印书(上)》,江苏人民出版社1979年版,第409页。

的政策。太平天国还曾实行统一的分配供给的圣库制度和对手工业生产统一管理的诸匠营百工衙制度,以保证革命战争的需要。

太平天国后期由去过香港的干王洪仁玕在1859年提出了一个向西方资本主义国家学习,进行近代化改革的新政纲《资政新篇》,并得到洪秀全的批准。《资政新篇》介绍了世界各国情况,并提出发展近代交通、工业、邮政等,允许民间投资开矿、办银行、鼓励科技发明、提倡兴办学校、医院、报馆和社会福利事业。还提出"与番人并雄"即与西方列强竞争,建设"新天、新地、新世界"①。《资政新篇》是中国近代第一部要求发展资本主义的近代化纲领,表现出太平天国农民革命已具有向西方学习、探索救国救民道路的新特点。但是当时尚没有实行这些计划的条件和环境,因此无法实现。

比起太平天国来,韩国东学农民革命提出的纲领、措施比较简单。1894年2月,全琫准领导的东学农民军以白山为根据地曾颁布名为《四大名义》的行动纲领,内容是"一曰不杀人,不杀物;二曰忠孝双全,济世安民;三曰逐灭夷倭,澄清圣道;四曰驱兵入京,尽灭权贵"②。体现其反封建反侵略宗旨。1894年6月,全琫准与两湖招讨使洪启薰等经过谈判签订《全州和约》,提出12条"弊政改革案",也可看作东学农民革命的一个纲领性文件。如政治上要求停止政府对东学的镇压,严惩贪官污吏,残暴富豪、不良儒林两班及勾结日本侵略者的韩奸。烧毁奴婢文书,改善"七班贱人"(苦役)待遇,废除以社会身份的歧视。在经济上提出平均分配土地给农民耕作,废除苛捐杂税,取消公私债务。在社会生活方面也提出允许年轻寡妇改嫁等③。这些改革措施反映广大农民的要求,受到农民的欢迎和支持。但不久就发生了甲午中日战争,农民军没有机会在各执纲所全面推行改革,但是一部分改革内容却被后来开化派官员进行的"甲

---

① 《资政新篇》,《太平天国印书(下)》,第679页。
② 曹中屏:《朝鲜近代史》,第150页。
③ 吴知泳:《东学史》,大光文化社,第126—127页。

午更张"改革所采纳。

(三) 对待本国封建政权和儒学思想态度的不同

中国太平天国农民革命的目标是推翻清王朝统治,建立新王朝。洪秀全把清朝皇帝比作"阎罗妖",而清朝官吏、军队则是"妖徒鬼卒",声称上帝命他下凡救世,诛灭妖魔。他曾批评三合会的"反清复明"口号,指出明朝已灭亡200多年,"我们可以仍说反清,但不可再说复明了。无论如何,如我们可能恢复汉族山河,当开创新朝"①。太平天国建立了自己的农民革命政权与清朝封建政权对峙十余年,并派出北伐军进军北京,企图一举推翻清王朝。

而韩国东学农民革命提出的目标是"内惩贪官污吏,外逐外来势力"②。他们认为当时韩国存在的社会危机和农民贫困痛苦,主要是各地贪官污吏的腐败和暴虐造成的,而仍把李朝国王称为"圣上",强调"忠君报国"。东学农民军颁发的倡议文和通文中说"圣明在上,生民涂炭,何者民弊之本?由于吏逋。吏逋之根,贪官之所纪"③。在《四大名义》中也声明要"驱兵入京,尽灭权贵,大振纲纪,立定名分,以从圣训"④。东学农民军在《弊政改革案》中重点要求严惩贪官污吏、残暴富豪与不良儒林两班。可见东学农民革命并不主张推翻李朝统治,只是希望在李朝体制内进行改革,通过打击贪官污吏,革除苛政,任用贤臣来保国济世救民,解决韩国的社会矛盾。

对于在东亚国家占统治地位的传统儒家思想,两国农民革命的态度也大不相同。太平天国前期曾出现强烈的排儒反孔行动,除了由于推翻清朝政治斗争的需要外,也与太平天国信奉拜上帝教的排他性以及洪秀

---

① 《太平天国起义记》,《太平天国(六)》,第872页。
② 吴知泳:《东学史》,第112页。
③ 韩国国史编纂委员会编:《东学乱记录(上)》(影印本),1971年版,第138页。
④ 曹中屏:《朝鲜近代史》,第150页。

全本人屡次科举考试失败的个人经历有关。洪秀全1843年第4次应试落榜后下决心今后再也"不考清朝试",而要自己来开科取士。他仿效基督教创立的拜上帝教,只崇拜"唯一真神"上帝,而废弃一切中国传统的偶像崇拜。洪秀全在1844年首先打掉了村塾中供奉的孔丘牌位,而且编造了上帝斥责孔子"教人之书多错"①,甚至鞭挞孔子并罚他去种菜园的故事。太平军在进军过程中所到之处往往拆毁孔庙、焚烧儒家经书。而在太平天国定都南京后,又成立删书衙,删改儒家经典。但是洪秀全不可能完全摆脱儒家思想的影响,到后期为了巩固其统治地位,仍要大肆宣扬三纲五常等儒家伦理道德观。

韩国东学农民革命所信仰的东学本身就是以继承发扬东方传统文化尤其是儒家思想来对抗西学为己任。东学革命一开始就标榜"忠君保国"、"忠孝双全"等儒家思想,并经常用儒家思想阐明其起义的宗旨目的,而且欢迎儒生参与。如1893年3月16日东学指导部颁发的《东学人令》中说:"伏愿金员道儒,一心同志,扫清妖氛,克复宗社,更睹重光之日月,岂非士君为忠为孝之道乎!"②在1894年5月东学农民军颁布的《四大名义》政纲中更强调"忠孝双全,济世安民","大振纲纪,立名定分"③。体现了浓厚的儒家思想色彩。

(四)利用宗教及对待外国列强态度的差异

中国太平天国农民革命与韩国东学农民革命虽然都利用了宗教,但他们所利用的宗教有很大的差异。太平天国是利用了从西方传来的基督教加以改造而创立的拜上帝教。这是一种与中国过去的传统文化和宗教完全不同的外来宗教,使农民感到新鲜和神秘。洪秀全用基督教的上帝、天堂、天下一家、天条等思想素材加工改造来发动组织中国农民群众,并

---

① 《太平天日》,《太平天国印书(上)》,第38页。
② 《东学乱记录(上)》,第113—114页。
③ 曹中屏:《朝鲜近代史》,第150页。

与清朝政府、地主阶级及封建传统思想相对抗,产生轰动效应。但同时也因沉湎宗教迷信,而丧失斗志,因与传统思想的矛盾冲突,而失去一部分群众特别是知识分子的支持。

太平天国农民革命是中国农民革命史上第一次与外国势力发生关系。他们缺乏国际知识也没有外交经验,尤其是因为宗教的原因,太平天国农民领袖在革命前期一直天真地把西方列强都当成同样信奉上帝的"洋兄弟"而友好相待。1854年4月北王韦昌辉接见英国人密迪乐时,听说英国人也信奉上帝时,就高兴地连声说:"同我们的一样,同我们的一样。"而且表示:"吾等今后不特彼此相安无事,而且还可以成为亲密的朋友。"①并且幻想西方列强会帮助太平天国诛灭"清妖"。在太平天国前期西方列强曾经打出中立幌子,英国、美国、法国公使先后访问了南京。太平天国农民领袖由于受到中国传统华夷思想影响,声称天王洪秀全是"天下万国之真主",而把西方列强公使来访看做是"归顺我朝",希望他们"能随吾人勤事天王,以立功业而报答天神之深恩"②。而西方公使却要求太平天国承认列强与清政府签订的不平等条约和各种特权。可是他们发现太平天国坚持民族独立自主的立场,拒绝承认不平等条约。太平天国东王在一份回答英国船长麦勒西所提问题的《诰谕》中明确表示允许各国往来通商,但必须遵守太平天国法令,开埠之事要等平定清朝后才定,鸦片毒品等"害人之物为禁"③。因此西方列强最后认为太平天国是"一个比想象的还要可怕的团体"④,决定支持清政府镇压太平天国。他们先是帮助清朝地方政府镇压小刀会、红巾军起义,并用炮舰威胁太平军。第二次鸦片战争后,清政府向西方侵略者"借师助剿"。西方列强便完全撕下中立伪装,公然派军队和组织由外国人指挥的洋枪队直接与太平军作

---

① 《英国蓝皮书中之太平天国史料》,《太平天国(六)》,第903页。
② 太平天国东王西王致英国公使文翰复信,《太平天国(六)》,第909页。
③ 东王杨秀清答复英人三十条诰谕,《太平天国文书汇编》,第300页。
④ 罗尔纲:《太平天国史稿》(增订本),第207页。

战。这时太平军才逐渐认识西方列强的侵略真面目,严正拒绝列强提出的不进攻上海,拆除宁波太平军炮台等无理要求。并奋起与外国侵略者战斗,在江苏、浙江战场上痛击了英法联军的洋枪队。

　　韩国东学农民革命利用的宗教东学则是东方传统文化思想的产物。第一代教主崔济愚取儒、佛、道三教之长,创立了东学。东学一开始就包含着对西学强烈的对抗意识,认为西学与西教(西方基督教、天主教)是西方势力向东亚侵略扩张的先导,因此要用东学抵抗它,由于日本对韩国的侵略,并掠夺韩国资源、控制韩国经济,严重影响了韩国农民的生活,因此东学还具有强烈的"斥倭"即反日色彩。1893年3月东学举行"报恩集会"时,就公开提出了"斥倭洋"的口号。在给报恩官衙发送的《通告文》中指出:"今倭洋之贼,入于心腹,大乱极矣。""诚观今日之国都,竟是倭洋之穴。"为此号召群众起来"扫破倭洋"①。还在报恩大都所门前插上"斥倭洋倡义"大旗。1894年全琫准发动东学农民起义后,曾以倡义军大将名义颁布了《四大名义》政纲,其中第三条就是"逐灭夷倭,澄清圣道"②。所以东学农民军始终以外国侵略势力作为自己斗争的对象。特别是当日本出兵后,全琫准决定接受李朝政府的议和建议,经过谈判签订了《全州协议》,其中包括"严惩与日寇奸通者"的内容。甲午战争爆发后,东学农民军再次崛起,并在各地进行抗日斗争,切断日军军用电线,袭击日军兵站部。1894年11月,全琫准在致忠清观察使的信中愤怒谴责"日寇动兵,逼我君父,扰我民黎"③。全琫准战败被俘后,官员问其为什么要再"起包"? 全琫准回答:"因日军入都城,夜半击破王宫,惊动主上,故野士民等,忠君爱国之心,不胜慷慨,纠合义旅,与日接战。"④可见东学农民军再起的原因主要是抵抗日本侵略势力,维护民族独立和主权,体现了强

---

① 《东学乱记录(上)》,第108页。
② 曹中屏:《朝鲜近代史》,第150页。
③ 《东学乱记录(下)》,第383—384页。
④ 《全琫准供草》,《东学乱记录(下)》,第529页。

烈的反侵略爱国主义精神。

结　　论

　　通过上述比较研究可以加深对近代中国与韩国的这两次大规模农民革命的认识,并从东亚地区更广阔的视野和多种视角来考察分析东亚国家的农民和农民革命问题。同时也希望以此进一步推动中韩历史比较研究的进展和促进中韩两国的文化学术交流。

近代中国先驱者世界认识的比较

一个自我封闭的国家,一个不认识世界的国家,是无法实现近代化的。近代中国的先驱者们在认识世界和走向近代化的道路上,经过了漫长、曲折、艰难的历程。本文试图通过比较研究鸦片战争时期的魏源、洋务运动时期的郭嵩焘和戊戌维新时期的康有为这样几位近代中国走向世界的杰出代表人物及其著作,勾画出19世纪下半叶,为争取中国的独立、富强和进步,先驱者们如何一步步认识世界和推动中国近代化进程的历史轨迹。

一、魏源与睁开眼睛看世界

长期以来,中国历代王朝的统治者都把中国看成是世界的中心,以"天朝上国"自居,而把其他国家视为野蛮落后的"夷狄",应向自己朝拜进贡。清朝乾隆皇帝给英国国王乔治三世的敕书中就宣称:"天朝统驭万国,一视同仁。"乾隆年间编纂的《皇朝文献通考》对世界的描述是:"中土居大地之中,瀛海四环。"而乾隆与嘉庆年间所编的两部《大清会典》中,竟把西方国家包括英国、荷兰、意大利、葡萄牙等,都算作中国的"朝贡国"。1840年,英国发动的鸦片战争,像晴空霹雳,惊破了中国封建统治者的迷梦。可是他们对驾着炮舰入侵的英国人,却"实不知其来历"。道光皇帝仓皇向大臣询问英国究竟在什么地方?到底有多大?他甚至连英国是大西洋岛国这样的地理常识都没有,居然提出英国是否与俄罗斯接壤这样荒唐可笑的问题。鸦片战争中国失败丧权辱国的结局,说明了对世界愚昧无知的可悲。

受到鸦片战争的强烈刺激,中国官僚和知识分子中间的一批爱国开明的有识之士开始睁开眼睛看世界,了解国际形势,研究外国史地,总结失败的教训,寻找救国的道路和御敌的方法。而鸦片战争及战后闭关大门的开放,也使他们能够通过收集传入国内的外国报刊、书籍、地图,以及战争中审问英军俘虏和向外国商人、传教士直接询问等各种方式,获得许多世界知识。

林则徐(1785—1850)可以算得是近代中国睁眼看世界的第一人。他被道光皇帝派到广东领导查禁鸦片和抗英斗争时,就组织人翻译各种西方书刊。1841年,他组织翻译了英国人慕瑞的《世界地理大全》,并亲自加以修改润色,编成《四洲志》一书。书中叙述了世界五大洲三十多个国家的地理历史,是中国近代第一部比较系统介绍世界地理的书籍。不过,该书基本上还只能算是一部译作。

林则徐在广东禁烟抗英有功,却遭到投降派的诬蔑陷害,竟被道光皇帝下令革职并流放新疆。1841年6月,林则徐在北上途中经过镇江会见了好友魏源。两人同宿一室,彻夜长谈。林则徐把自己在广州收集翻译的一部分外国资料和《四洲志》书稿交给了魏源,嘱托他进一步研究外国史地,编撰一部新书。魏源(1794—1857),字默深,湖南邵阳人,是当时著名的学者。他受托后立即埋头著述,除了引用《四洲志》全文外,还征引了历代史志、中外著作、翻译书刊、奏稿文件等各种资料,终于在1843年1月编成《海国图志》50卷共57万字。以后又陆续加以修订增补,1847年补充为60卷,1852年又增加到100卷。百卷本全书约88万字,并有各种地图75幅、西洋船炮器艺图说42页。其内容除世界各国的历史地理以外,还有总结鸦片战争经验教训论述海防战略战术的《筹海篇》、翻译西人论述的《夷情备采》及西洋科技船炮图说等。这是近代中国人自己编撰的关于世界史地的第一部重要著作,也是当时东亚国家关于世界知识最丰富的一部巨著。当时中国人编写的其他关于世界史地的著作,还有徐继畬的《瀛环志略》、梁廷枬的《海国四说》等。

魏源的《海国图志》冲破了"中国中心"、"天朝上国"等传统旧观念,树立了中国并非世界中心而只是世界一员,而且应向外国的长处学习的新世界观念。他把香港英国公司绘制的地球全图放在全书之首,如实反映世界整体面貌和中国在世界上的位置及大小。书中强调"以夷人谈夷地",利用外国资料,力图介绍世界各国的真实情况及各种近代自然科学知识。更可贵的是,他在《海国图志》中提出了"师夷长技以制夷"的思想,就是要了解世界形势,学习外国先进的军事和科学技术,以实现富国强兵,抵御外国侵略。开创了中国近代向西方学习、探索近代化道路的时代新风,对以后的洋务运动、维新运动都具有重要的思想启蒙意义。

值得注意的是,魏源的《海国图志》很快就传入日本,广泛流传并引起强烈反响,推动了日本的开国与维新。据长崎进口汉籍账目档案,《海国图志》传入日本最早是在1851年,由中国赴日贸易商船带去3部。但被长崎奉行所官员发现书中有涉及天主教的文字,按德川幕府的《天保镇压西学令》上交幕府,最后由官方的御文库和学问所征用。以后仍不断有《海国图志》输入的记载,而且由于在市场上供不应求,书价不断上涨。《海国图志》受到日本有识之士的重视,纷纷加以翻印、研读、评论。据笔者在日本各图书馆调查所见,仅仅自1854年至1856年的3年之中,日本出版的关于《海国图志》的选本就有 21 种之多。其中按原文翻印的翻刻本和加训读符号的训点本有 6 种,日文翻译的和解本有 15 种,选本的内容有关《筹海篇》、《夷情备采》、武器图说的有 5 种,关于美国的有 8 种,关于英国的 3 种,关于俄国的 2 种,其他关于法国、德国、印度的各 1 种,从中也可以反映出幕末日本人对世界各国不同的关心程度。

中国近代第一部介绍世界史地和海防知识的名著《海国图志》传到日本,对同样面临西方列强冲击、急于了解世界和加强海防的幕末日本人士有很大的启发和帮助。因此当时日本学者杉木达高度评价道:"本书译于幕末海警告急之时,最为有用之举。其于世界地理茫然无知的幕末人士,此功实不可没也。"①学者南洋梯谦甚至推崇《海国图志》是一部"天下武夫必读之书也"②。幕末维新思想家佐久问象山、吉田松阴等都深受《海国图志》影响。象山甚至把魏源称作自己的"海外同志"③。松阴被囚于野山狱中仍潜心钻研《海国图志》,对他们维新思想的形成产生了一定的推动作用。因此中国近代著名思想家梁启超在一篇文章中认为:"日本之平象山、吉田松阴、西乡隆盛辈,皆为此书所刺激,间接以演尊攘维新之活剧。"④

遗憾的是,《海国图志》在中国反而受到统治者的冷落。清朝皇帝和权贵们在鸦片战争后不仅不吸取教训亡羊补牢,改弦更张,反而迷信和议,苟且偷安,依然麻木不仁,不肯积极认识世界。正如魏源所揭露的那样,如果有人主张师夷长技造船制炮,则被斥为"糜费",如果有人建议翻译洋书、了解外情,则必被指责为"多事"⑤。以至日本人士也为之扼腕叹息。学者盐谷宕阴感叹:"呜呼,忠智之士,忧国著书,不为其君所用,而反

---

① 杉木达:《美理哥国总记和解(上册)》跋。
② 南洋梯谦:《海国图志筹海篇译解》序。
③ 佐久间象山:《跋魏邵阳圣武记后》。
④ 梁启超:《论中国学术思想变迁之大势》。
⑤ 魏源:《海国图志·筹海篇》。

落他邦。吾不独为默深悲矣,而并为清帝悲之!"①

二、郭嵩焘与走出国门看世界

19世纪40—50年代最初开眼看世界的先驱者们尚未有机会走出国门。他们描述世界史地的著作,主要是参考西方人编著的书籍、地图和中国的史志、游记等资料编成。由于条件局限,基本上是依靠别人的知识和经验来间接地认识世界。对西方"长技"的认识,也仅停留在武器、科技等方面。

19世纪60年代开始,在太平天国农民起义和第二次鸦片战争的双重打击下,清朝统治集团为挽救自己的统治,进行了一场以"自强"、"求富"为目标的洋务运动。洋务运动以学习西方军事、工业、科技、教育为主要内容。为此,清政府开始陆续派官员出国游历考察,派外交官长驻外国,还派留学生出国留学。中国少数官僚和知识分子终于有机会跨出国门,通过自己的眼睛观察外国,主动地、直接地去认识世界。俗话说"百闻不如一见",这些人自然会产生新的世界认识,同时也会发生与传统保守势力的冲突。郭嵩焘就是这批洋务官僚知识分子中的佼佼者,同时又是一位孤独的先行者。梁启超曾经这样描写过他:"光绪二年,有位出使英国大臣郭嵩焘,做了一部游记。里头有一段大概说,现在的夷狄和从前不同,他们也有二千年的文明。嗳哟,可了不得,这部书传到北京,把满朝士大夫的公愤都激动起来了,人人唾骂……闹到奉旨毁板,才算完事。"②

郭嵩焘(1818—1891),字伯琛,号筠仙,湖南湘阴人。19岁中举人,29岁成进士,历任翰林院编修、江苏道台、代理广东巡抚,兵部、礼部侍郎,跻身于封建士大夫上层。他曾在上海、广东接触过西人、西学,认为办

---

① 盐谷宕阴:《翻刊海国图志》序。
② 梁启超:《五十年中国进化概论》。

洋务必先"通其情、达其理"。郭嵩焘虽然与曾国藩、左宗棠、李鸿章等洋务派首领关系颇深,却批评他们提倡的练兵、制器、造船、筹饷,都是"末也",而认为西方的"政教",即政治、法律、教育,才是"本也"。可见他在出国前见识已超过同时代洋务派官员。

1876年,清政府任命郭嵩焘为"出使英国钦差大臣",这是近代中国向西方派遣的第一位驻外公使。当时,多数封建官僚知识分子都自命清高,轻视涉外事务,甚至把出使外国视为放逐苦差,因此很多人都劝他辞谢使命,以保声名,有人还以为他"可惜"、"苦命"。连慈禧太后也对他说:"这出洋本是极苦差使","你须是为国家任此一番艰难"①。郭嵩焘此时虽已年近60,有病在身,但考虑到国家多难,任重道远,而且可以进一步"通察洋情","探究西学和西洋政教",因此毅然受命。

郭嵩焘于1876年底由上海出发,1877年1月21日抵伦敦,至1879年1月31日离英归国。他在英国虽然只有两年时间,但作为中华帝国出使西方世界的第一位高级官员,经过亲自观察与思考,对世界尤其是西方政治与文化,生发出许多新的认识。首先是通过实际考察,他认为对西洋各国再不能以夷狄视之,指出"西洋立国二千年,政教修明,具有本末"。他敢于承认西方资本主义文明已超过中国封建文明,并列举大量事实说明欧洲国家的文明程度。如出席伦敦万国公法学术讨论会,见其"议论之公平、规模之整肃",在中国从未见过。承认落后是进步的起点,郭嵩焘树立这种世界认识是需要很大的勇气和理智的。

其次,郭嵩焘对西方世界长处的认识不同于一般洋务派官员常说的练兵、制器(办工业),而更注重西方资产阶级民主的政治制度。他认为,"西洋所以享国长久,君民兼主国政故也"。他对西方国家的议会制加以赞扬,不仅亲临会场旁听,而且向人询问并作笔记,还把心得写信告诉亲友、上奏朝廷,希望改革中国政治。他还参观西方监狱等司法机构,对其

---

① 郭嵩焘:《伦敦与巴黎日记》,郭嵩焘言论引文大多出自该书,不再一一加注。

整洁严明赞叹不已。郭嵩焘批评李鸿章等洋务大员"专意考求富强之术,于本源处尚无讨论,是治末而忘其本,穷委而昧其源也"。同时,他还提倡学习西方资本主义的经济、文化和教育。他一边实地考察西方国家的工厂、学校,一边探讨西方的经济、教育理论。他主张在中国发展民族企业,以利民政策达到民富的目的。并强调教育在建设近代文明中的重要作用,建议多办学校,多派留学生,学以致用。他还呼吁加强对西方文化学术的介绍和研究,使中国人了解世界,跟上世界发展潮流。他在日记中曾经详细地记述了希腊学术史和欧洲科学史,可能是近代中国最早的介绍。

值得一提的是郭嵩焘在英国还曾会见日本人士,与他们探讨近代化的途径,并对中日两国学习西方的情况加以比较。他在伦敦曾会见赴英考察的日本前大藏大辅井上馨,畅谈经济税收等问题,并询问井上馨读过哪些洋书,记下了亚当·斯密、约翰·穆勒等名字。他在日记中赞叹井上馨"所言经国事宜,多可听者。中国人才相距何止万里,为愧为愧!"他还比较当时中国在英国的留学生不过数人,而且全是学海军的,而日本在英国的留学生则有200多人,仅伦敦就有90人,学习各种技艺。郭嵩焘就亲自见过20余人,"皆能英语"。有一位名叫长冈良之助,原是诸侯,也在英国学习法律。他深深感到日本全面学习西方,日新月异,连西方人也佩服其"求进之勇",而中国人仍然"自以为安",不禁"深为忧惧"。

由于郭嵩焘的世界认识超过了前人和同时代人,竟遭到保守势力的诋毁和围攻。他出使之初,曾把途经香港、新加坡、锡兰等地到伦敦的50天见闻写成《使西纪程》一书抄寄总理衙门刊印。因为书中赞扬了西方的政治和文化,并批评中国官员不明时势虚骄自大,立刻引起轩然大波,遭到保守势力的围攻。李慈铭竟责问他"不知是何肺肝"?翰林院编修何金寿甚至弹劾他"有二心于英国"[①]。以至清政府下令把《使西纪程》毁板,禁止刊印。

---

① 王闿运:《湘绮楼日记》。

在出使英国期间，郭嵩焘又遭到顽固派副使刘锡鸿的诬蔑陷害。刘锡鸿向朝廷揭发郭嵩焘的所谓"三大罪"，实际上非常可笑。第一件是说郭嵩焘参观甲敦炮台时披了洋人的衣服。他认为"即令冻死，亦不当披！"第二件是指郭嵩焘见到巴西国王时起立，认为"堂堂天朝，何至为小国主致敬！"第三件是揭发郭嵩焘到白金汉宫听音乐，取节目单是"仿效洋人所为"。刘锡鸿还抄录英国蓝皮书中称誉郭嵩焘的一段议论，作为其里通外国的证据。郭嵩焘上疏为自己辩解，反而遭到朝廷的斥责。国内保守势力也纷纷要求将他撤职查办，"以维护国体人心"。在这种形势下，郭嵩焘只得自行引退，奏请因病辞职，清政府很快另派曾国藩的儿子曾纪泽接任驻英公使。郭嵩焘回国后再也不受任用，甚至回到故乡湖南，还受到当地守旧士绅的敌视和谩骂。他却坚定地表示"谤毁遍天下，而吾心泰然"。这位近代中国第一任驻外公使，宁可做一个在认识世界和走向世界历程上充满悲剧色彩的孤独的先行者。

三、康有为与仿洋改制看世界

1894年至1895年的中日甲午战争在给中国带来巨大历史灾难的同时，也刺激了中华民族的觉醒。甲午之败、马关之辱和接踵而来的瓜分狂潮使中国人普遍产生了亡国灭种的危机感和难于立足于世界民族之林的耻辱感。先进的中国人开始把认识世界与顺应世界潮流变法维新、救亡图存紧密地结合起来。戊戌维新运动的领袖康有为就是其中杰出的代表人物。

康有为(1858—1927)，名祖诒，字广厦。号长素，广东南海人。青年时代他除学习传统儒学外也钻研西学，了解世界大势和各国历史。甲午战争后康有为奔走呼号，陈述时势之险恶、救亡之危急。他对世界形势作了新的认识和判断，强调当今世界是一个列国竞争的世界，各国"争雄竞长,不能强则弱,不能大则小,不能存则亡"①,而中国"既不能出大地之外,又不能为闭关之谋",只有在竞争中求生存。康有为放眼世界,比较研究各国历史与政治,一方面看到亚非许多国家被西方列强宰割,都是"守旧不变,君自尊,与民隔绝之国也",说明守旧就会亡国,可作前车之鉴。另一方面他又看到欧美一些国家和日本通过资产阶级革命或改革走上富强之路,可作学习榜样。例如俄国通过彼得大帝改革,"变政而遂霸大地";日本经过明治维新,"改弦而雄视东方"。因此他得出结论:在当今竞争的世界上,要救亡自强,"除变法外,别无他图"②。

过去论者常常强调,康有为的"托古改制"即把儒家圣人孔子说成变法改制的祖师爷,为其发动维新提供历史根据。而笔者认为,康有为的"仿洋改制"才是其发动维新运动的最重要的理论根据,而且更集中地反映了他认识世界、要求向西方学习、走资本主义近代化道路的政治主张。也是他在戊戌维新期间花精力最多的一项工作。

在康有为为首的维新派的大力宣传鼓动下,许多人认识到要救中国只有维新,要维新只有学外国,年轻的光绪皇帝也决心实行变法。可是究竟怎么样学外国,外国有哪些变法经验教训呢?皇帝与大臣们都"不知万国情状"。因此康有为决定下工夫编纂一批列国变政考进呈给光绪皇帝,介绍各国变法经过,"究其本原,穷其利弊",总结历史经验教训,提出中国近代化的蓝图,以供中国变法维新借鉴采用。据康有为自编年谱,他在1898年戊戌维新期间,先后向光绪皇帝进呈了《俄彼得变政记》、《日本变政考》、《波兰分灭记》、《列国比较表》及法国、德国、英国变政考等书。这些书除了《俄彼得变政记》外都没有刊印,以往一般认为经过戊戌政变早已被销毁,难以再睹其真面目了。然而值得庆幸的是,除了英、法、德等国变政考尚无下落外,康有为当年进呈给光绪皇帝的《日本变政考》、《波兰

---

① 康有为:《日本变政考》序。
② 康有为:《上清帝第五书》。

分灭记》等书仍原璧保存于北京故宫博物院内。笔者1980年初在故宫发现《日本变政考》进呈原本后,曾在《历史研究》杂志发表长篇考证评介文章。① 下面对康有为为仿洋改制而写的三部外国变政考略作介绍。

《俄彼得变政记》于1898年3月进呈光绪,并收入同年4月上海大同译书局出版的《南海先生七上书记》之中。康有为希望光绪皇帝"以俄大彼得之心为心法","以君权变法"。他首先要求光绪学习彼得大帝顺应历史潮流树立变法决心。其次要求光绪学习彼得"破弃千年自尊自愚之习",仿行"万国之美法"。第三,针对中国守旧顽固势力千方百计阻挠破坏变法,他希望光绪学习彼得大帝"乾纲独断",雷厉风行打击旧势力。这部书对光绪皇帝下决心下诏维新起了很大作用。

《波兰分灭记》共7卷,是百日维新后期即1898年8月中旬进呈,其目的和重点是如何扫除变法的阻力把变法进行到底。康有为用这部书为光绪皇帝提供了波兰由于变法不及时、不果断,遭到守旧派破坏和外国干涉,以致变法失败被瓜分灭国的惨痛教训,作为中国的"前车之鉴"。光绪阅后很受刺激和启发,增强了变法的勇气,不久就采取了撤去礼部六大臣职务等打击守旧势力的重大行动。

康有为所写外国变政考中最重要的一部,也可以说是他的仿洋改制维新思想的代表作是《日本变政考》。这是他奉光绪皇帝旨意于1898年7、8月间分卷陆续进呈的。我在故宫发现的进呈本正文共2函12卷,另有附录《日本变政表》1卷,约15万字左右。《日本变政考》是一部编年体史书,以明治元年至明治二十三年,按时间顺序分条记载日本明治维新后的大事和各项改革措施,并加上自己的按语,一方面分析日本政府采取此项改革措施的原因、方法和意义,论述其成效、利弊,另一方面则结合中国实际情况,提出中国变法维新的具体建议,集中体现了康有为的变法主

---

① 王晓秋:《康有为的一部未刊印的重要著作——〈日本变政考〉评介》,《历史研究》1980年第3期。

张。可以说是一份中国通过变法维新向西方和日本学习实现近代化的蓝图。

康有为通过对世界的认识和对东西方各国历史的分析比较,选择了日本明治维新作为中国维新变法最理想的榜样。他认为日本经过明治维新达到富国强兵和甲午战争取胜的成效已足以证明变法的必要和可能,而日本明治维新的具体步骤措施也为中国变法指明了改革的途径和方法。日本变法的利弊曲折,则提供了借鉴的经验教训,可以"收日人已变之成功,而舍其错戾之过节"。康有为幻想光绪皇帝像明治天皇一样亲掌大权发号施令,以君权在中国实现自上而下的资产阶级改革。而且日本与中国地理、风俗、文化相近,学习日本变法有许多方便条件和有利的心理因素。因此康有为在《日本变政考》的最后断然宣称:"我朝变法,但采鉴于日本,一切已足。"

《日本变政考》不仅描述了日本明治维新改革的整个过程,也涉及中国戊戌维新所需变革的各个方面。康有为把自己仿洋改制的主张、建议,有时寓意于记载日本维新的史实之间,有时则阐发于自己所写的按语之中。他把这部书进呈给光绪皇帝,希望此书成为光绪皇帝变法的指南、实行戊戌维新和中国近代化的蓝图。所以他在书的跋语中对光绪说:"切于中国之变法自强,尽在此书,臣愚所考万国书,无及此书之备者。""我皇上阅之,采鉴而自强在此。若弃之不采,亦更无自强之法矣!"[①]俨然有欲以一部书救中国的气概。光绪皇帝见到《日本变政考》果然如获至宝,一卷刚进,又催下卷,"日置左右,次第择而行之"。百日维新期间光绪的许多新政命令诏书都参考了《日本变政考》的内容。但是,由于中国戊戌维新与日本明治维新的时代、国情、条件都有很大不同,尤其是中国新、旧势力对比太悬殊,因此,1898年9月21日,以慈禧太后为首的强大守旧势力发动政变,百日维新迅速失败。光绪皇帝被幽禁于中南海瀛台,康有

---

① 康有为:《日本变政考》跋。

为、梁启超被迫流亡海外,连《日本变政考》等书也被长期打入冷宫无人知晓。中国近代化又遭到了一次挫折和延误。

近代中国人认识世界和走向近代化的道路尽管艰难曲折,却在不断前进。中华民族经过一个多世纪的努力奋斗,终于昂首走向世界,自立于世界民族之林,开创了现代化建设的新时代。

康有为三部外国变政考的比较

一、"托古改制"与"仿洋改制"

戊戌维新时期,维新派的代表人物康有为宣传变法思想,发动维新运动,常常运用两种手法:一曰"托古改制",二曰"仿洋改制"。这两者的含义和目的究竟是什么呢?故宫新发现的内府抄本《杰士上书汇录》所收康有为的《恭谢天恩并陈编纂群书,请速筹全局折》提到:"改者,变也;制者,法也。"可见改制即变法也。又说:"凡臣所著,或旁采外国,或上述圣贤。"即有的仿洋,有的托古。"虽名义不同",目的却是一个,"务在变法,期于发明新义,转风气,推行新政,至于自强"。用我们今天的话来说,康有为的"托古改制"和"仿洋改制",一则是"古为今用",一则是"洋为中用",就是运用古今中外历史来为维新变法现实斗争服务。

而"仿洋改制"更反映了康有为向西方学习、走资本主义道路的政治主张。

关于康有为的"托古改制",过去不少史学、哲学论文已有涉及。康有为在《新学伪经考》、《孔子改制考》等著作中,把儒家的圣人孔子打扮成变法改制的祖师爷,为其变法维新提供历史根据和护身符。不过以往不太为人知的是,康有为在前面提到的那份奏折中,还请示光绪皇帝,要不要把《孔子改制考》的书名干脆改为《孔子变法考》。另外,他又报告自己正在编纂《皇朝列圣改制考》一书,"详述列圣因时制宜变通宜民之制"。其用意"亦以使守旧之徒无所借口,以挠我皇上新法"[①]。

至于康有为的"仿洋改制",以前的研究却较少论及。笔者分析其原因,恐怕主要有两条。一则可能是对康有为这方面的工作所起的作用估计不足,通常只把它看成缺乏理论色彩和实践意义的救亡宣传。其实,康有为提出的"仿洋改制"所起的作用很大,它不但为这次戊戌变法树立了活生生的学习榜样,而且总结了各国变法的历史经验教训,从各个方面论述了中国维新变法的必要性、可能性以及具体的步骤和措施。他所著述的外国变政考,不仅集中反映了康有为在戊戌维新期间向西方学习的思想和主张,而且简直就是光绪皇帝实行"百日维新"的具体蓝图;甚至可以说,康有为在"百日维新"期间所花精力最多的工作就是编纂这批各国变政考,向光绪提出仿效外国变法的建议。据《康南海自编年谱》记载,1898 年 6 月,光绪在召见康有为后,即命其将所著各国变政考"立即抄写进呈"。当时,他已被任命为总理衙门章京上行走。康有为"乃片陈谨当昼夜编书,不能赴总署当差"。百日维新开始后,"时上频命枢臣催所著各国变政书,乃昼夜将日本变政考加案语于其上"。"一卷甫成,即进上,上复催,又进一卷。"直至 8 月底,他仍忙于"修英德变政记,日无暇晷"。

---

① 康有为:《恭谢天恩并陈编纂群书,请速筹全局折》,故宫藏内府抄本《杰士上书汇录》。

在进呈了《日本变政考》以后,他又先后于阴历"六月进波兰分灭记、列国比较表,七月进法国变政考,其德英二国变政考至八月上,而政变生矣"①。而光绪皇帝得到这些书,也如获至宝,"阅之甚喜","日置左右,次第择而行之"②。以至连光绪的上谕也常常采自他书中的内容或按语。因而康有为在《自编年谱》中自鸣得意地写道:"新政之旨有自上特出者,每一旨下,多出奏折之外,枢臣及朝士皆茫然不知所自来,于是疑上谕皆我所议拟,然本朝安有是事?惟间日进书,上采案语,以为谕旨。""自召见后,无数日不进书者,朝士不知进书,辄疑摺函中,累累盈帙,故生疑义也。"③这当然有些自吹自擂,夸大了自己的作用,不过,也说明了这批书对光绪影响之大。

另一条原因可能是由于以往这方面资料的缺乏。过去考察康有为仿效外国变法的思想,只能通过他给光绪几次上书以及《戊戌奏稿》所收康有为的奏折与几篇进呈外国变政考的序言,缺乏完整的大部头著作。对于康有为在百日维新期间给光绪进呈的几部未曾刊印的外国变政考,大多以为经过戊戌政变早已被抄没或销毁,难以再睹其真面目了。连康有为的弟子张伯桢的《万木草堂丛书目录》与陆乃翔等的《南海先生所著书目》中,也均称这些书已于戊戌八月政变时被抄没。然而,值得庆幸的是,康有为当时进呈给光绪的13卷《日本变政考》、7卷《波兰分灭记》以及《列国政要比较表》等书和当时内府抄录的康有为条陈《杰士上书汇录》,至今仍然原璧收藏于故宫。近几年来,笔者在故宫博物院同志们的热情帮助下,陆续看到了这批珍本。尽管尚有英、法、德等国变政考仍无下落,但这几部重要著作已为进一步研究康有为的"仿洋改制"提供了极为宝贵、丰富的资料,而且可以纠正《戊戌奏稿》上的大量伪造、改纂之误,进

---

① 康有为:《康南海自编年谱》,《戊戌变法(四)》,神州国光社1953年版,第148—150页。
② 陆乃翔:《康南海先生传(上编)》,第14页。
③ 康有为:《康南海自编年谱》,《戊戌变法(四)》,第150页。

而澄清康有为在百日维新期间的真实思想和主张。笔者曾在1980年第3期《历史研究》上，对康有为"仿洋改制"的代表作《日本变政考》作了初步的评介和探讨，并对康有为的戊戌议会观提出质疑。本文则试图进一步对康有为的三部外国变政考加以比较研究，并对其"仿洋改制"进行一番比较全面的剖析。

二、顺应时代的潮流

在具体考察康有为如何"仿洋改制"和比较康有为的三部外国变政考之前，有必要先分析一下康有为为什么要"仿洋改制"。

当时的中国面临着被帝国主义宰割、灭亡，沦为殖民地的危险，瓜分大祸迫在眉睫。怎样救亡图存，是摆在每一个有爱国心的中国人面前最迫切的问题，也是时代赋予进步的中国人的中心任务。康有为的"仿洋改制"就是在这种历史背景下产生的。

甲午战争失败以后，康有为几乎天天奔走呼号，陈述时势之险恶，救亡之紧急。1898年，他在京师保国会集会上慷慨陈词："吾中国四万万人，无贵无贱，当今一日在覆屋之下，漏舟之中，薪火之上，如笼中之鸟，釜底之鱼，牢中之囚，为奴隶，为牛马，为犬羊，听人驱使，听人宰割，此四千年中二十朝未有之奇变。加以圣教式微，种族沦亡，奇惨大痛，真有不能言者也。"①康有为放眼世界，环顾亚非，看到很多国家被西方列强宰割，而这些国家都是"守旧不变，君自尊，与民隔绝之国也"②，因而指出此种教训"中外同揆，覆车之辙，可为殷鉴"③，用来说明守旧就会亡国，要救亡就必须变法。

---

① 康有为:《京师保国会第一集演说》,《康有为政论集(上册)》,中华书局,第166页。
② 康有为:《日本变政考》序,故宫藏进呈本。
③ 康有为:《上清帝第五书》,《戊戌变法(二)》,第192、195页。

康有为非常强调中外历史比较的重要,他在向光绪皇帝进呈的《列国政要比较表序》中大声疾呼:"凡物进退赢缩之故,率视其比较而已。有比较,则长短、高下、大小立见,而耻心生,惧心生,竞心生;无比较,则长短、高下、大小俱不见,独尊自大,不耻,不惧,不竞,无复有求进之心,则退将至矣。"①他把中外比较视为能否觉醒、自强、变革的关键。

那么,那些欧美强国与日本又是怎么走上资本主义道路富强起来的呢?它们进行资产阶级革命和改革的历史又提供了什么样的经验和榜样呢?康有为在1898年1月《上清帝第五书》中,举俄国与日本为例:"昔彼得为欧洲所摈,易装游法,变政而遂霸大地。日本为俄美所迫,武步泰西,改弦而雄视东方。"②他在《列国政要比较表》中对比了欧美列强不断扩张土地,亚非国家日益丧失领土之后,也指出,"其辟也,变法维新之故。其蹙也,守旧不变或少变而不全变,缓变而不骤变之故"③。通过分析对比世界各国历史,康有为得出结论:"夫今日在列大竞争之中,图保自存之策,舍变法外,别无他图。"④这就是他发动戊戌维新运动的重要理论根据,而且也是对变法维新必要性最有说服力的宣传。

康有为不但论证了中国变法的必要性,还指出了中国仿效外国变法成功的可能性与有利条件。除了中国土地辽阔、人口众多、物产丰富、文化悠久外,还有世界各国变法的经验教训可供借鉴,能够少走弯路,事半功倍,必能后来居上。欧美发展资本主义花了一二百年,日本学习西方明治维新,只用了二三十年就成功了。展望前景,康有为认为,如果中国能够效法西方、日本,进行资产阶级变法维新,"则三月而规模成,一年而条

---

① 康有为《列国政要比较表序》,故宫藏进呈本。
② 康有为:《上清帝第五书》,《戊戌变法(二)》,第192、195页。
③ 康有为:《列国政要比较表》,故宫藏进呈本。
④ 康有为:《上清帝第五书》,《戊戌变法(二)》,第192、195页。

理具,三年而效略见,十年而化大成"①。

在瓜分危机的刺激下,经以康有为为首的维新派的大力宣传鼓动,进步的中国人已普遍认识到:"要救中国,只有维新,要维新,只有学外国。"②但是,究竟怎么样学外国呢?外国到底有哪些变法的经验教训?这又是一个中国的官僚士大夫们不甚了了的新问题。康有为抨击那些权贵大臣,"皆循资格而致,既已裹足未出外国游历,又以贵倨未近通人讲求","或竟不知万国情状,其蔽于耳目,狃于旧说,以同自澄,以习自安"③。而中国多数的知识分子也只是埋头读四书五经,作八股诗文,应付科举考试,很少了解世界大势与各国地理历史。在这种情况下来学外国、讲变法,不啻"夜行无烛"、"瞎马临池",怎么能吸收外国经验,"究其本原,穷其利弊"呢? 康有为不禁惊呼:"今日大患,莫大于昧。"④因此,他决心下工夫编纂一批列国变政考,介绍各国变法经过,总结历史经验教训,以供中国的变法维新运动借鉴、采用,并解决向外国学什么和怎样学的问题。

由于康有为搞变法主要依靠光绪皇帝来进行,所以,他为阐发"仿洋改制"主张而编纂的列国变政考,主要也是进呈给光绪皇帝看的。康有为期望这批书进呈宫内之后,能够出现这样的局面:"皇上劳精垂意讲之于上,枢译诸大臣各授一册讲之于下。权衡在握,施行自异,起衰振靡,警聩发聋,其举动非常,更有迥出意计外者。风声所播,海内憎耸。"⑤他在《日本变政考》的跋中甚至对光绪声称:"切于中国之变法自强,尽在此书。臣愚所考万国书,无及此书之备者。虽使管葛复生,为今日计,无以易此。

---

① 康有为:《请御门誓众,开制度局以统筹大局折》,《杰士上书汇录》,故宫内府藏抄本。
② 毛泽东:《论人民民主专政》,《毛泽东选集》,第1359页。
③ 康有为:《上清帝第五书》,《戊戌变法(二)》,第191页。
④ 同上书,第192页。
⑤ 康有为:《请大誓臣工·开制度薪局折》,《杰士上书汇录》。

我皇上阅之，采鉴而自强在此。若弃之而不采，亦更无自强之法矣。"①俨然有欲以一部书救中国的气概。

总之，康有为的"仿洋改制"是顺应历史潮流而提出的，它不只是一个笼统的口号，而且包含了从促进中国维新变法的目的和需要出发，对各国历史经验教训做深入细致的具体分析。他曾自述："臣二十年讲求万国政俗之故，三年来译集日本变政之宜，日夜念此至熟也。"②由此可见，康有为对"仿洋改制"可谓是煞费苦心。下面，我们分别就现在所能见到的康有为"仿洋改制"的三部重要著作，作些具体的剖析和比较。

三、以俄国彼得改革为"心法"

《俄彼得变政记》是康有为所著各国变政考中唯一公开刊行的一种。此书1册，不分卷，约7000字左右，有序，无按语。《俄彼得变政记》于1898年3月进呈光绪，并收入同年4月上海大同译书局出版的石印本《南海先生七上书记》之中。

康有为为什么要编写《俄彼得变政记》，并期望光绪"以俄彼得之心为心法"呢？

最重要的原因是俄国当时也是个君主制国家，沙皇彼得一世的改革是"以君权变法"。而康有为所设计的中国维新变法道路也是由光绪皇帝"乾纲独断"，"以君权雷厉风行"，自上而下来实现变法。这是与英、美、法等西方国家都不同的。他在《上清帝第七书》中有一段话讲得很清楚："职窃考之地球，富乐莫如美，而民主之制与中国不同。强盛莫如英、德，而君民共主之制，仍与中国少异。惟俄国其君权最尊，体制崇严，与中国同。其始为瑞典削弱，为泰西摈鄙，亦与中国同。然其以君权变法，转弱

---

① 康有为：《日本变政考》跋，故宫藏进呈本。
② 康有为：《进呈日本变政考等书·乞采鉴变法折》，《杰士上书汇录》。

为强,化衰为盛之速者,莫如俄前主大彼得。故中国变法,莫如法俄,以君权变法,莫如采法彼得。"①

康有为希望光绪"以俄大彼得之心为心法"。结合中国当时的具体情况,他究竟要光绪学习彼得大帝哪些方面呢?

首先是要求光绪学习彼得树立变法的决心,也就是顺应历史潮流,"知时从变,应天而作"。康有为在书中特地描写彼得一世在听了法国人雷富卜德讲述西方文学、兵制后,深受刺激,流着眼泪说道:"外国政治工艺皆胜我,何我国不思仿效也?""于是有变政之心矣。"②而且,彼得看到当时俄国"大臣之瞢昧也,政事之荒芜也,民俗之陋拙也",无学校,无练兵,无通商,无制造良工,甚至还要向瑞典割地赔款,"乃慨然叹曰:非大改弊政,将为欧洲大国夷隶,为天下之辱"。这种状况与19世纪末的中国何等相似。因此康有为希望光绪也与彼得大帝一样痛下变法维新的决心。

其次,康有为要求光绪学习彼得"破弃千年自尊自愚之习","纡尊降贵,游历师学",仿行"万国之美法"。彼得一世曾微服简从,亲自游学瑞典、荷兰、英国、德国、法国等国,学习吸收各国的先进技术和政治、法律制度。康有为对此特别赞赏。③ 对比中国的状况,他指出"考中国败弱之由,百弊丛积,皆由体制尊隔之故",以致"谘谋无人,自塞耳目,自障聪明,故有利病而不知,有才贤而不识,惟有引体尊高,望若霄汉而已,比之外国君主,尊隔过之"。他认为"皇上虽天亶聪明,而深居法宫,一切壅塞,既未尝遍阅万国,以比较政俗之得失,并未遍见中国,而熟知小民之困穷","故欲坐一室而知四海,较中外而求自强,其道无由"④。

第三,针对中国守旧顽固势力千方百计阻挠破坏变法维新,康有为还

---

① 康有为:《上清帝第七书》,《戊戌变法(二)》,第203页。
② 康有为:《俄彼得变政记》,见《南海先生七上书记》,1898年上海大同译书局石印本。
③ 康有为:《上清帝第七书》,《戊戌变法(二)》,第203页。
④ 同上书,第205页。

要求光绪学习彼得一世"乾纲独断","排却群臣阻挠大计之说"。他在《俄彼得变政记》中故意强调彼得如何打击反对变法的旧势力。当时彼得要出国游学,守旧大臣纷纷阻挠,"有谓国王宜端居国内,缓为化导,风俗自丕变者;有谓用外国法,须考外国书,与本国恐难适用者;有谓以国王之尊而出外游学,甚为可耻者"。而对于这些言论,"彼得不听"。俄国守旧的贵族大臣们还"恐彼得之取法大邦,力革秕政,不便其平日欺君殃民保位营私之术也,搧亲兵作乱"。彼得知道后坚决果断地"悉聚而歼之"。康有为写的是俄国的守旧派,实际上揭露鞭挞的是中国的顽固派。他说:"盖变政之初,其世家贵族皆久豢富贵,骄倨积久,不与士类相见,又不读书,夜郎自大,皆以己国为极美善,故皆阻挠大计。动曰国体有碍,或曰于民不便。或出于愚昧,不知外国情形。或实惧君上之明,无所售其奸。虽知国势溃乱,漠不动心。以为一旦变法,而失吾富贵,宁使其不行焉。苟得负宠据位,以终吾之身,祸将不吾及。此患得患失之心,以亡人家国者。"他盛赞彼得"雷动霆震","已诛乱党,分别褫黜,遂立志改国政,大臣无一敢阻之者"。彼得变法,制定新律,"屡诏群臣议士共议之。下三十六诏,议未就,继又下二十七诏敦迫"。但是"大臣沮新议者,仍不绝",甚至"以大权倡谣诼,以惑国人"。彼得就使用高压手段,"诛其首恶,废其职。"此外,彼得改革时,贵族世爵子弟"多愚蠢骄蹇,每事阻挠"。彼得一世也采取断然措施,下令"今后勋贵有后嗣,无绩可记者,削其职,祗守禄"。康有为在这方面写了这么多,体现出其"仿洋改制"的苦心,即希望光绪看了后能按彼得大帝那样行动,不听守旧大臣的阻挠,镇压顽固派的破坏,以便雷厉风行变法,使新政通行无阻。

康有为在书末还罗列了所谓彼得遗嘱十四条。虽然,据历史学家考证,"彼得遗嘱"可能是后人伪造,但是康有为觉得这十四条充分反映了彼得一世和俄国"欲蓖灭各国,混一地球","为大地霸国"的扩张野心。而俄国历代沙皇"皆奉彼得遗嘱为大诰宝谟,日以开边灭国为事焉"。其中也包括侵占中国大片领土,"取吾黑龙江乌苏里江六千里地"。因此,把它公布出来,有助于提高中国人对沙俄侵略的认识和警惕性。

康有为在《上清帝第七书》中,盼望光绪皇帝"愿几暇垂览此书,日置左右,彼得举动,日存圣意,摩积激动,震越于中,必有赫然发愤不能自已者。非必全摹其迹,而神武举动,绝出寻常,雷霆震声,皎日照耀,一鸣惊人,万物昭苏,必能令天下回首面内,强邻改视易听。其治效之速,奏功之奇,有非臣下所能窥测者"①。可见,他对这部书的作用寄予多么大的希望。

四、以日本明治维新为"政法"

《日本变政考》是康有为在百日维新开始后,奉光绪旨意,于1898年7、8月间分卷陆续进呈的。此书正文共12卷,故宫所藏进呈正本为2函12册,约15万字左右。最近故宫又发现附录1卷,即第13卷《日本变政表》。这是康有为在戊戌年间最重要的一部著作,也堪称"仿洋改制"的一部代表作。

《日本变政考》是一部编年体史书,从明治元年(1868)起,至明治二十三年(1890)止。按时间顺序,分条记载日本明治维新以后发生的大事。重点是日本明治政府所实行的各项维新变法措施,有时甚至大段摘译其法令、条例、章程或演说的原文。书前有序,书末有跋,还在很多条正文之后,以"臣有为谨案"的形式加上长短不等的按语。这些按语一方面分析日本政府采取此项改革措施的原因、方法、意义,论述其成效、利弊;另一方面则结合中国实际情况,提出中国变法维新的具体建议,集中体现了他的变法主张。

康有为在这部书的跋语中断然宣称:"我朝变法,但采鉴于日本,一切

---

① 康有为:《上清帝第七书》,《戊戌变法(二)》,第206页。

已足。"① 他为什么要选择日本明治维新作为中国变法最理想的样板呢？首先，他认为日本变法的成效已足以证明变法的必要和可能。日本明治维新经过30年变法改革，向西方学习，已见显著成效，初步达到了富国强兵发展资本主义的目标。这正是中国资产阶级改良派梦寐以求的理想。日本在甲午战争中，竟一举打败了老大腐朽的清帝国。康有为和中国广大爱国知识分子一方面痛感奇耻大辱，忧虑祖国的危亡，同时也更体会到日本变法的成效。因此他在《日本变政考》序中明确提出"不妨以强敌为师资"，认为只有仿效日本，变法改制，才能挽救中国。而且日本明治维新的具体步骤、措施，也为中国变法指明了改革的途径和方法。日本变法的利弊、曲折，则提供了借鉴的经验和教训，可以"收日人已变之成功，而舍其错戾之过节"。

其次，日本明治维新采取的是以明治天皇为首的政府自上而下地实行资产阶级改革，这也恰恰正是软弱的中国资产阶级改良派所希望走的道路。康有为幻想光绪皇帝像明治天皇一样亲掌大权，发号施令，"以君权雷厉风行"，在中国实现自上而下的变法，"是在我皇上一反掌间，而措天下于泰山之安矣"②。光绪就是他心目中的明治天皇，他在书中也处处用明治天皇的榜样来劝喻光绪。

再次，康有为指出中国学习日本还有很多有利条件。"其效最速，其文最备，与我最近者，莫如日本。"③因此，中国效法日本改制有很多方便条件和接近的心理因素。"其守旧政俗与吾同，故更新之法，不能舍日本而有异道。"④

《日本变政考》所要阐述的中心思想，就是到底如何效法日本改制。也就是中国的变法究竟应该如何进行的问题。康有为在书中指出："变法

---

① 康有为:《日本变政考》跋，故宫藏进呈本。
② 康有为:《日本变政考》序。
③ 同上。
④ 康有为:《日本变政考》跋，故宫藏进呈本。

之道,必有总纲,有次第。"①他在该书跋里归纳了日本明治维新改革的要点,认为"其条理虽多,其大端则不外于:大誓群臣以定国是,立制度局以议宪法,超擢草茅以备顾问,纡尊降贵以通下情,多派游学以通新学,改朔易服以易人心数者,其余自令行若流水矣"②。这就是康有为在《日本变政考》中叙述日本变法措施的重点,又是他建议光绪实行中国变法的总纲。

康有为指出日本明治维新之所以成功,"皆由日皇能采维新诸臣之言,排守旧诸臣之议故也"③。因此,中国实现变法的关键是要依靠光绪皇帝"乾纲独断,以君权雷厉风行"④。他以明治维新的史实为例,告诉光绪,日本变法改制连废藩这样的难事,"卒能毅然行"。可见,"天下无难事,全在持之以定力耳。若瞻前顾后,委曲迁就,则无一事可办矣"⑤。他还主张"维新之始,宜频有大举动,以震耸之"⑥。为了证明这一点,他故意把日本明治天皇于庆应四年三月十四日发布《五条誓文》一事,说成明治元年元月元日之事,写在第一卷开头,而且改动了誓文的内容和顺序,把原来第四条"破除旧习"放在第一条,以示突出,还加上了一句原文中没有的"咸与维新,与天下更始"的话。又把第五条原文"求知识于世界",也改为"采万国之良法",以符合其写各国变政考的宗旨。

康有为从维新派的立场出发,呼吁光绪广集公议,任用新人,特别是应破格提拔重用像他那样的"草茅之士"掌握新政大权。他在书中多次叙述明治天皇破除常格,重用维新志士,"公卿宰执,皆拔自下僚,起自处士"的做法;在附录《日本变政表》序中,又强调日本明治天皇"用人之始,

---

① 康有为:《日本变政考》卷九。
② 同上。
③ 同上。
④ 同上。
⑤ 康有为:《日本变政考》卷二。
⑥ 康有为:《日本变政考》卷一。

即得三条实美、大久保、伊藤、大隈数人,数十年专信倚任之,其用人不杂也如此"①,其本意也是要光绪皇帝始终信任和重用自己。

在《日本变政考》中,康有为叙述最详细的是关于日本官制的改革,并具体介绍了日本从开对策所到立宪法、设议院的逐步演变过程。他认为变官制是变法之本,设立制度局是日本变法之一大关键:"日本所以能骤强之故,或认为由于练兵也,由于开矿也,由于讲商务也,由于兴工艺也,由于广学校也,由于联外交也,固也,然皆非其本也。其本维何?曰:开制度局,重修会典,大改律例而已。盖执旧例以行新政,任旧人以行新法,此必不可得当者也。故唯此事为存亡强弱第一关键矣。"②这也是为其在"百日维新"期间,反复向光绪帝争取让维新派人士参政,"开制度局于宫中,将一切政事重新商定"的政治纲领服务。

此外,作为中国民族资产阶级上层的政治代表,康有为还大声疾呼,为民族资产阶级争权利、谋利益。他极力推崇日本明治政府以国家力量鼓励发展资本主义工商业的"殖产兴业"政策。同时还注意提倡文化教育方面的改革。他在书中指出:"日本之骤强,由兴学之极盛。其道有学制,有书器,有译书,有游学,有学会,五者皆以智其民者也,五者缺一不可。"③

总之,《日本变政考》描述了日本明治维新变法改革的整个过程,也涉及中国戊戌维新所需变革的各个方面。康有为把效法日本改制的主张、建议,有时寓意于记载日本变政的史实之间,有时则直接阐发于自己所写的按语之中。他把此书进呈于光绪御前,希望成为光绪皇帝变法的教科书、"戊戌维新"的蓝图。因此他在该书最后的跋语中,踌躇满志地宣称:"右日本变政,备于此矣。其变法之次第,条理之详明,皆在此书。其由弱而强者,即在此矣。"并声称"我朝变法,但采鉴于日本,一切已足。其凡

---

① 康有为:《日本变政表·序》。
② 康有为:《日本变政考》卷二。
③ 康有为:《日本变政考》卷五。

百章程,臣亦采择具备,待揩正而施行之。其他英、德、法、俄变政之书,聊博采览。然切于中国之变法自强,尽在此书"①。

五、以波兰被瓜分灭国为"殷鉴"

康有为在百日维新期间进呈给光绪的另一部重要著作是《波兰分灭记》。此书未曾刊印,其进呈本现存北京故宫博物院。全书共有7卷,各卷均以叙述波兰历史为主,而以"臣有为谨案"的形式,联系中国实际,发表评论和建议。

由于康有为进呈该书已值百日维新后期,即1898年8月中旬,因此,康有为编写和进呈《波兰分灭记》的目的和重点已经不是为什么要学外国与怎么学外国变法,而是如何扫除变法的阻力,把变法进行到底的问题。所以,他用《波兰分灭记》为光绪皇帝提供一个由于变法不及时、不果断,遭到守旧派破坏和外国干涉,以致变法失败,被瓜分灭国的惨痛教训,以此作为"前车之鉴"。他在书中讲的是波兰历史,影射的却是中国当时的政治现实,表达的是他对前途和国家危亡的忧虑,并以此激励光绪皇帝把变法进行到底的勇气和决心。

康有为在书中淋漓尽致地揭露波兰的守旧派如何反对、阻挠、破坏变法,实际上也是指桑骂槐,痛斥中国的顽固派,抨击顽固派对变法的猖狂反扑,警告他们不要使中国落得波兰的下场。

康有为在《波兰分灭记》一开始就谈到波兰原是个欧洲大国,面积超过了英、法、意、奥等国,但由于政治腐败,"蠢蠢吏员涎中饱之利,衮衮诸公好为守旧之术",以至"割地赔款,日不暇给,蒙垢忍辱,几不自持"②。即使有少数有识之士,"洞悉时局,痛陈利弊者","而当道豪族皆守旧之

---

① 康有为:《日本变政考》跋,故宫藏进呈本。
② 康有为:《波兰分灭记》,故宫藏进呈本。

人,无不压抑之,诬陷之"。"而每举一事,彼则援旧例以驳之。每进一官,彼则执资格以挠之。"①这不正是当时中国顽固派反对变法的写照吗!接着他追溯波兰国王沙皮贤司几曾一度要改革,但守旧贵族竟敢"素持豪强,多抗王命",阻挠改革的历史,指出:"盖以王之变法图治,革弊维新,将有利于民,必不便于己也。又以王名誉过人而妒之,辄将排击之,以鼓煽民心,使其不服其治。故欲兴一利则贵族阻挠之,欲除一弊则贵族攻讦之。"即使国王是个愿意改革的贤主,"得一中材之佐可以自强,乃竟为权臣所阻,奸佞盈廷,病国病民,法不克复"。国王变法不成,最后郁郁而死。

在卷三中,康有为刻画波兰守旧派的一段话简直就是在替中国顽固派画像:"有言新学者,则斥之曰异端。有言工艺者,则骂之曰淫巧。有言开矿者则阻之曰泄地气,有言游历者则诋之曰通敌人,有言养民者则谤之曰倡民权,有立国会者,则禁之曰谋叛逆,凡言新法新政者无不为守旧者所诋排攻击,甚至倡造谣言,颠倒是非,使言变法者为之噤口结舌。"这里说的是波兰,批判的分明是中国顽固派。卷六中还有一大段对顽固派入木三分的描写。书中写道,当时波兰的爱国志士"欲发愤变法图自立",而守旧的大臣们竟说波兰是"贵族之国,万不可使百姓明白,只可使其恭富贵,即不敢悖君上,如是君位乃可保全"。若遇外国侵略,只需依靠俄国,"不必变法以从人"。有的大臣甚至认为"今波国之法固甚善矣,立国已久,何必听莠言乱政,多事更张"。康有为尖锐地揭穿波兰的贵族大臣们反对变法,其实有的"不知变法为何物",有的则"因虑变法多流弊且无把握"。这些人当中,其有声望者,"一言变法,若不共戴天之仇";其庸庸碌碌者,则"深虑变法之后,失其禄位而已";而其狡黠者,表面上附和,实际上"不过撷拾一二新法,亦乐得大众糊涂,一切权利可为彼播弄"。其贵族更仇恨变法,"盖变法之后,非有才则不用。彼自知无才,虑波王变法

---

① 康有为:《波兰分灭记》,故宫藏进呈本。

即弃也"。于是这伙守旧势力一起攻击新法,"以为不可行之事"。对于忠心热血或通外国情势,晓解新法的维新志士,"大臣皆压抑之,诬为异端乱民,或更诬以欲为民主不道之语传播于国,务陷之罪,以箝众口"。这一大段,借托写波兰史事,实际上把中国顽固派反对变法,攻击维新派的各种心理、动机、言行解剖得淋漓尽致,批判得体无完肤。他还指出有些波兰大臣甚至说:"虽受制于俄,亦不失为国,若变法论才则我辈之国先亡矣。"这不是与中国顽固派军机大臣刚毅之流叫嚷"宁可亡国,不可变法"的论调如出一辙吗!康有为痛斥这伙顽固派"皆不以国之存亡为事,惟以一己之利禄为事。故不思外患,惟日事内讧而已"。针对百日维新中光绪下的新政上谕遭到地方大员敷衍抵制,变法不能实施的情况,康有为也借波兰守旧派之口说出,反对变法最好的办法就是对变法新政"略为粉饰,外似准之,其实驳之,令将来亦不能行",而且"王必不察"。波兰地方官僚皆用此议,"于是择新法而行其一二,而以具文视之,实未行也。忧国者于是知波之亡矣"①。这恰恰就是康有为对中国变法前途的忧虑。

　　康有为编纂《波兰分灭记》的另一个重点是揭露沙俄的扩张野心。针对三国还辽以后,中国官员普遍对俄好感,尤其当权的慈禧、李鸿章之流的亲俄倾向,他指出决不能轻信与依赖俄国。他在书中大声疾呼:"俄为虎狼之国,日以吞并为事,大地所共闻也!"②同时指出波兰君臣"以俄大之足恃也",结果却被俄国蹂躏、蚕食以至吞并。波兰"贵族大臣之阻挠变法,实先助俄自灭自亡"。因此,康有为告诫"欲变法自强者,宜早为计。欲保国自立者,宜勿依人"③。他在书中以大量篇幅描写俄国如何欺凌、干涉波兰。俄国公使竟然操纵波兰政治,下令"一切不可违俄国全权大使之命",否则便要革去官职,没收财产,处以死刑。俄国动用军队、大炮,包围波兰国会,搜捕、屠杀波兰爱国者,并把大批波兰爱国志士流放西

---

① 康有为:《波兰分灭记》卷六。
② 康有为:《波兰分灭记》序。
③ 同上。

伯利亚。还使用卑鄙的收买贿赂的手段,"出金帛以贿波人,于是波廷诸臣向之。守旧不振者,初而畏俄,终而亲俄,皆有从俄之心"①。以此暗指被沙俄用大量卢布收买贿赂的李鸿章之流。最后,俄国公开出兵干涉波王废立,禁止波兰变法,以至一举与普、奥瓜分灭亡波兰。波兰亡国后,"波王母不堪苦辱,仰药死","波王亦忧愤死"。亡国之君下场何等悲惨!这怎么不叫光绪看了触目惊心呢。

　　与这两方面相联系,康有为在书中还反复强调"变法之勇",必须当机立断,排除干扰,把变法进行到底。"当变而不变者,过时则追悔无及。"②他在《恭谢天恩并陈编纂群书,请速筹全局折》中指出,自己"纂波兰分灭之记,考其亡国惨酷之由,因变法延迟之故"。本来波兰也曾有过变法的机会,头两次经俄普分割,"国主才臣并欲变法",但是被"守旧之贵族大臣阻之"。"及经第三次分割后,举国君臣上下咸欲变法,抑可谓不可得之机会,非常之人心矣。"可是已经太晚了,"俄人恐其变法即可自强,俄使挟兵围其议院,勒令废新法而守旧章,不四年而波亡矣"! 康有为联系中国现状不禁感慨万分,"臣编书至此,未尝不废书而流涕也"③! 他认为中国实际上也有过几次变法机会。中法战后,人心激愤,此为"变法第一机会"。甲午战后,举国震怒,又是"变法第二机会也"。可惜都未及时变法以至又失胶州湾、旅顺口。这种情况与波兰两次被瓜分之时相似。现在光绪皇帝赫然发愤,决定国是,实行维新,"不得谓非第三次机会"。必须"君臣同心发愤大变"。如果再"失此第三机会,则一旦强敌借端要挟,无可言者。恐至是吾君臣上下同心欲变,而各国逞其兵力,抑令守旧,将

---

　　① 康有为:《波兰分灭记》卷三。
　　② 康有为:《波兰分灭记》卷七。
　　③ 康有为:《恭谢天恩并陈编纂群书,请速筹全局折》,故宫藏内府抄本《杰士上书汇录》。

为波兰之续,虽欲变而不能矣"①,他写道"奥普忌俄而先据波兰,与今德英忌俄而先据山东真同",不禁哀叹:"吁!我真为波兰矣!"②康有为还在该书序中分析沙俄侵略中国的形势,指出:"我辽东之归地,实借俄力,而以铁路输之,今岁则以旅大与之,动辄阻挠,我之不为波兰者几希!今吾贵族大臣未肯开制度局以变法也。夫及今为之犹或可望,稍迟数年,东北俄路既成,长驱南下,于是而我乃欲草定宪法,恐有勒令守旧法而不许者矣。然则吾其为波兰乎,而凡守旧阻挠变法者非助俄自分之乎?"③

光绪皇帝看到《波兰分灭记》以后,很受刺激与启发。康有为在《康南海自编年谱》中记载:"上览之,为之唏嘘感动,赏给编书银二千两。"光绪增加了变法的勇气和紧迫感,不久就采取了一系列打击顽固派,提拔维新派的重大行动。如9月1日,将守旧派礼部尚书怀塔布等六个大臣,以阻挠主事王照条陈之罪,统统给予革职处分。9月5日,又赏维新派谭嗣同等四人以四品卿衔在军机章京上行走,参与新政事宜。光绪的这些措施虽然挽救不了戊戌变法最后失败的命运,然而多少也反映了康有为的"仿洋改制"尤其是进呈《波兰分灭记》的效果,推动了变法运动的进展。

六、作用与局限

最后,我们再来对康有为"仿洋改制"及对外国变法的比较研究的历史作用与局限性作几点小结。

从其历史作用来看,首先可以说,康有为的"仿洋改制"在当时起到了震聋发聩的启示作用。长期处于闭塞守旧状态的中国士大夫很少了解外国情况,思想狭隘保守,往往坐井观天、夜郎自大,以为祖宗传下来的一切

---

① 康有为:《恭谢天恩并陈编纂群书,请速筹全局折》,故宫藏内府抄本《杰士上书汇录》。
② 康有为:《波兰分灭记》卷五。
③ 康有为:《波兰分灭记》序。

都是好的,不可更变。康有为主张"仿洋改制",介绍了大量外国的历史和现状,揭示了世界各国形形色色生动具体的或由弱变强,或由强变弱,或因变法而兴,或因守旧而亡的实例,打开了中国上自皇帝、大臣,下至一般士大夫知识分子的眼界。对于年轻的光绪皇帝及其周围帝党亲信来说,更不啻击一猛掌,如大梦初醒。当他们读到俄国彼得大帝、日本明治天皇如何变法振兴,转弱为强的事迹,从中获得极大的鼓舞、信心和勇气。而当他们看到波兰被瓜分,国王太后当亡国奴的悲惨处境,以及法国国王路易十六被送上断头台的下场,更是触目惊心,不寒而栗,受到极大的震动和刺激。

其次,康有为的"仿洋改制"又具有探索变法道路的意义。康有为放眼世界,纵观各国历史,目的是为寻找中国救亡图存、富国强兵的道路。他具体地考察分析了俄国、日本、德国的改革与英国、法国、美国革命,以及波兰、土耳其、印度等国衰亡的经验教训,企图从中探索适合中国国情的自强道路。当然,作为资产阶级改良派的代表人物,由于其阶级与历史的局限,他不可能接受资产阶级暴力革命的道路,而只能选择日本、俄国那样以君权自上而下进行资产阶级改革的模式。而且,由于中国资产阶级上层的软弱性、妥协性和中国当时新旧力量的对比,他们比起当年彼得一世与明治天皇改革的勇气和变法的深度、广度也是远远不如的,因而难以避免最后失败的命运。尽管如此,这毕竟是中国资产阶级登上政治舞台的第一次表演,不愧是当时中国先进人物在黑暗中摸索救国道路的一次努力。

第三,康有为的"仿洋改制"有力地推进了这次戊戌维新运动。在"百日维新"前,由于康有为以各国历史为例,奔走呼号,说明中国维新变法的必要性和可能性,促使光绪皇帝和一批爱国官吏、士大夫倾向支持变法。而当光绪下诏定国是开始维新之后,康有为进呈的一批列国变政考,又为光绪提供了如何变法的具体建议、步骤和措施,甚至还提供了发布上谕的素材与措辞。当"百日维新"遭到顽固守旧势力的阻挠、破坏,遭到重重困难时,康有为又以《波兰分灭记》等书激励光绪,敦促光绪采取断然措施打击顽固派,坚持把变法进行到底,从而有力地推动了变法运动的发展。

可是,另一方面,康有为的"仿洋改制"也暴露了他的阶级和历史的局限性。

第一,康有为的"仿洋改制"反映了他对帝国主义的本质还缺乏认识,并抱有幻想。他在历次上书和列国变政考中,揭露和抨击了帝国主义对亚非拉殖民地、半殖民地国家的吞并和侵略,尤其着重揭穿了沙俄帝国主义到处侵略扩张,瓜分波兰并要侵华亡华的狼子野心。但是,如何才能抵制沙俄的侵略呢?康有为在《杰士上书汇录》中有一件过去没有发表过的奏折,即《为胁割旅大,乞密联英、日,坚拒勿许折》。他在这个奏折上提出了拒俄的上、中、下三策,即"密联英、日,赫怒而战,上策也;不允画押,听其来攻,徐待英日之解难,中策也;布告万国,遍地通商,下策也"。幻想英、日必合而"仗义责俄,或陈兵拒俄"[①]。说来说去就是依靠英、日帝国主义去对付沙俄帝国主义,其结果只能是前门拒虎,后门进狼。在《波兰分灭记》中,他曾托波兰改革派之口提出中国变法的措施。其中一条就是"任客卿以办新政"。为此,他曾向光绪建议聘请英帝国主义分子李提摩泰和日本军国主义头子、前首相伊藤博文等人来当中国新政的顾问、客卿。这也充分暴露出软弱的中国资产阶级改良派对帝国主义的依赖和幻想。

第二,康有为的"仿洋改制"还表现出他害怕、仇视和反对革命的心理。康有为在介绍、总结世界各国历史经验教训时,不可避免要涉及对欧美资产阶级革命和各国人民革命的看法。他强烈地表现出对革命的恐惧和仇视。在《进呈法国革命记序》中谈到,"臣读各国史,至法国革命之

---

① 康有为:《为胁割旅大,乞密联英、日,坚拒勿许折》,故宫藏内府抄本《杰士上书汇录》。

际,君民争祸之剧,未尝不掩卷而流涕也"。"流血遍全国,巴黎百日而伏尸百二十九万。""十万之贵族,百万之富家,千万之中人,暴骨如莽,奔走流离,散逃异国,城市为墟。而革变频仍,迄无安息,旋入洞渊,不知所极。"他还感叹:"自是万国惊心,君民交战,革命之祸,遍于全欧,波及大地矣";"而君主杀逐,王族逃死,流血盈野,死人如麻"。他甚至认为"普大地杀戮变乱之惨,未有若近世革命之祸酷者"①。因此,他对革命深恶痛绝,并不断以此敦促光绪赶快"立行乾断",自上而下实行变法,避免革命,避免像法王路易十六那样在革命中上断头台的危险。他在《进呈突厥削弱记序》中,借托描述土耳其苏丹"以其黑暗守旧之治法,晏然处诸欧列强狡宕之中,偃然卧国民愤怒革命之上"的历史,阐发变法势在必行的道理。否则即使不被列强亡国,国内也会爆发革命。正由于坚持反对革命的立场,康有为戊戌维新失败后,逐步堕落为反动的保皇派。

第三,康有为的"仿洋改制"还反映了他的英雄史观。他把中国变法的全部希望寄托于光绪皇帝一人之身,一再强调"自古非常之事,必待大有为之君"②。因此,中国的变法维新就要靠光绪皇帝的"乾纲独断","以君权雷厉风行"来实现。故而,他为光绪树立的榜样就是"以君权变法"的俄国彼得大帝和日本的明治天皇;他的"仿洋改制"的核心就是"以俄彼得之心为心法,以日本明治之政为政法"③。

对于开国会这个资产阶级的根本性政治要求,康有为在《日本变政考》中虽然也认为这是日本变法的"大纲领"、"维新之始基",但是又认为"吾今于开国会,尚非其时也","惟中国风气未开,内外大小,多未通达中外之故"。主张"惟有乾纲独断,以君权雷厉风行,自无不变者。但当妙选通才,以备顾问。若各省贡士,聊广见闻而通下情,其用人议政,仍操之

---

① 康有为:《进呈法国革命记序》,《戊戌变法(三)》,第7—8页。
② 康有为:《上清帝第二书》,《戊戌变法(二)》,第153页。
③ 同上书,第195页。

自上,则两得之矣"①。康有为在《波兰分灭记》中还以波兰国会为反面教材,认为议会内"尊卑之分极严",办事"游移推委",只要"有一人阻之,虽最良之策不得行"②。若开国会反而成为变法的阻碍,还不如像俄国、日本那样以君权变法更有把握。而且,康有为也希望通过尊君权和进入制度局之类机构,充当光绪变法的主要顾问,掌握新政实权。所以康有为在"百日维新"过程中,反复强调的要求是"开制度局于宫中以筹全局"。过去不少治戊戌变法史的学者常引用康有为代阔普通武《请定立宪开国会折》,提出"立定宪法,大开国会","人主尊为神圣,不受责任"是康有为的主张,这是不符合康有为当时思想的。此折与《戊戌奏稿》中的某些奏折、变政考序,都是后来伪造或改篡的。如在《戊戌奏稿》中,还把《恭谢天恩并陈编纂群书以助变法折》改为《谢赏编书银两,乞予定开国会期折》;又把《进呈波兰分灭记序》原文所强调的"开制度局以变法",改篡为"付权于民"、"开国会而听之民献"。这些都是《戊戌奏稿》编者在辛亥革命后,企图掩饰康有为戊戌年间的尊崇君权思想而加上去的,不足为研究康有为真实主张的凭据。

第四,康有为宣传"仿洋改制"时,还常常为了自己的政治需要,篡改或捏造外国的历史事实,曲解外国历史经验。我们认为"洋为中用",即利用外国历史经验教训为本国现实服务,首先应该尊重历史事实,按照客观历史本来面目,科学地总结历史经验教训,阐明历史发展规律。而康有为在利用各国历史为中国变法服务时,却常常篡改历史,甚至把完全是中国的东西硬塞在外国历史之中。如把他的变法主张套在波兰《五·三宪法》之中。有时则夸大史实、曲解史料为自己的观点辩护。如夸大法国革命死亡人数,美化路易十六为"恭俭之君",称三条实美为"草茅之士"等,这都是不可能正确总结历史经验的。

---

① 康有为:《日本变政考》,故宫藏进呈本。
② 康有为:《波兰分灭记》,故宫藏进呈本。

尽管存在以上种种局限性，我们还是应该承认康有为的"仿洋改制"基本上是符合时代潮流和民族利益的，也是摸索救国道路和推动变法运动的一种方式，在当时起了积极作用。这正说明康有为不愧是中国近代向西方寻找真理的代表人物之一。

晚清中国官员三次集体出洋的比较

今天,随着中国的改革开放和世界经济全球化,中国人走向世界早已是极为平常的事情了。可是当我们把目光回溯到一百多年前,中国闭关自守的大门刚被西方列强敲开的时候,主动走出国门走向世界的中国人尤其是政府官员,却只是凤毛麟角、屈指可数,而且步履是那样蹒跚踉跄。本文试图以清政府官员从19世纪60年代至20世纪初的三次大规模集体出洋为例,比较其出洋的背景、动机、成员、活动及走向世界的效果、影响等层面,进而探讨晚清中国官员走向世界的轨迹及其历史经验教训。

实例之一:蒲安臣使团(1868—1870)
——由洋人带队的中国第一个外交使团

晚清中国官员初次集体出洋,跨出走向世界和国际社会的第一步,应是清政府1868年派赴欧美的第一个正式外交使团蒲安臣使团。尽管在此前二年的1866年,清政府曾派前山西襄陵县知县斌椿率其儿子和三个同文馆学生,随回国休假的海关总税务司英国人赫德赴欧洲游历,开了晚清官员出洋的先例,不过那仅仅是一次试探性的观光旅行。

清政府首次向海外遣使乃形势所迫,同时也颇具戏剧性。19世纪60年代以来,西方列强陆续派遣公使常驻北京,而中国却尚未遣使出洋。清政府已深感:"近来中国之虚实,外国无不熟悉,外国之情伪,中国一概茫然,其中隔阂之由,总因彼有使来,我无使往。"①尤其是1858年《天津条约》规定的十年修约之期将至,清政府担心西方列强趁修约之机"索要多端",急欲事先遣使笼络各国。可是使臣的遴选和中外礼仪纠葛却成为两大难题。无论未出过国不通外语的总理衙门官员,或是毫无外交经验的同文馆师生,都不堪当此重任。"若不得其人,贸然前往,或致狎而见辱,转致贻羞域外,误我事机。"②

正当主持总理衙门外交事务的恭庆王奕䜣和文祥等大臣百般焦虑,忧心忡忡之时,在欢送卸任美国公使蒲安臣的宴会上,听到蒲安臣表示"嗣后遇有与各国不平之事,伊必十分出力,即如中国派伊为使相同。"③奕䜣等不禁灵机一动,何不干脆请洋人为使呢?既可达到遣使出洋的实效,又能避免中外礼仪的纠葛。在取得蒲安臣的同意和赫德的支持之后,奕䜣正式向朝廷上奏"请派蒲安臣权充办理中外交涉事务使臣"。奏折中赞扬前美国公使蒲安臣"其人处事和平,能知中外大体,遇有中国为难不便之事,极肯排难解纷"。而且说明由于中外礼仪不同,"用中国人为使臣,诚不免于为难,用外国人为使臣,则概不为难"④。

于是开始组建清政府第一个外交使团。前美国公使蒲安臣摇身一

---

① 《筹办夷务始末》,同治朝,卷50。
② 同上。
③ 《筹备夷务始末》,同治朝,卷51。
④ 同上。

变,成了中国皇帝的钦差,率领中国外交使团的"办理中外交涉事务大臣"。为了维护大清帝国的面子,清政府又任命了两名级别不太高的总理衙门章京,即记名海关道志刚和礼部郎中孙家谷,"赏加二品顶戴",也以同样的名义,会同蒲安臣办理中外交涉事务。为了不得罪英国和法国,寻求列强之间的平衡,又特地聘请英国驻华使馆翻译柏卓安和法藉海关职员德善分别担任"左协理"和"右协理"。此外,使团还包括中国随员、译员(大部分是同文馆学生)等共约三十多人。

蒲安臣使团于1868年2月25日从上海出发,先乘船横渡太平洋到美国,访问了旧金山、纽约、华盛顿等城市。然后又横渡大西洋赴欧洲,访问了英国、法国、瑞典、丹麦、荷兰、普鲁士、俄国、比利时、意大利、西班牙等国。直至1870年10月18日回到上海,历时两年八个月,先后访问了11个国家。①

对于蒲安臣使团应该给予客观全面实事求是的评价。

一方面,蒲安臣使团表现了清政府外交的半殖民地和屈辱色彩。近代中国第一个外交使团居然要由外国人来率领,晚清中国官员的第一次大规模集体出洋竟是在洋大人的带队和搀扶下,摇摇晃晃地迈出国门,小心翼翼地走向国际社会。美国人蒲安臣基本上操纵了使团的领导权。尽管组建使团时总理衙门曾有限制蒲安臣权限的如意算盘,向皇帝报告说:"凡于中国有损之事,令其力为争阻;凡于中国有益之事,令其不遂应允,必须知会臣衙门覆准,方能照行。在彼无可擅之权,在我有可收之益。倘若不能见效,即令辞归。"②使团出发前又给蒲安臣8条训令,要求他前往各国,所办之事,所到之处,都应与中国使臣"和衷商酌",大小事件都要"逐细告知"。遇到重大事情,必须与中国使臣一起"咨明中国总理衙门

---

① 关于蒲安臣使团的详情可参见王晓秋指导闵锐武撰写的博士论文《蒲安臣使团研究》,中国文史出版社2002年版。
② 《筹办夷务始末》,同治朝,卷52。

候议,再定准否"①。未授予其订约之权。可是当使团出国以后,蒲安臣便独揽大权,包办各种谈判交涉,甚至擅自订约。如在美国,蒲安臣多次单独与美国国务卿西华德秘密会谈,商订有利于美国输入华工及在华贸易、传教的《中美续增条约》(俗称《蒲安臣条约》)。中国官员直到举行签约仪式时,才被请去出席并画押、盖印,清政府事后也不得不予以批准。中国使臣志刚、孙家谷在前期几乎成了点缀品和观光客,主要活动是参观游览。直到1870年2月蒲安臣在俄国彼得堡因病去世,使团才由志刚主持。

另一方面,蒲安臣使团作为中国政府出访欧美的第一个正式外交使团,毕竟跨出了晚清官员走向世界、迈向国际社会的第一步,成为中国外交从传统走向近代、从朝贡体系转向条约体系的开端。出洋期间,蒲安臣还为使团设计了第一面中国国旗,即黄地蓝镶边,中绘一龙,长3尺,宽2尺,"与使者命驾之时,以为前驱"②。作为中国象征的黄龙旗飘扬在欧美各国,标志着中国第一次以主权国家面目出现在国际社会之中。蒲安臣使团在一定程度上完成了"笼络各国"的外交使命,得到了美、英等国政府不借修约干涉中国的承诺。《中美续增条约》也在客观上对赴美华工、侨民起了某种保护作用。同时,蒲安臣使团也为以后中国近代外交使节制度的建立开辟了道路。当时李鸿章就指出,此次乃"权宜试办,以开风气之先,将来使回,如查看有效,另筹久远章程,自不宜常令外国人充当"③。19世纪70年代清政府终于开始陆续派出驻外使节。蒲安臣使团里的中国官员也通过这次出访大开眼界,接触新事物,吸收新思想,并锻炼了外交才干。如使臣志刚参观美国国会后,赞扬议会制度可使"民情达而公道存"④,并深感国际交往之必要。志刚在出访期间也锻炼了外交能

① 《筹办夷务始末》,同治朝,卷52。
② 志刚:《初使泰西纪》,卷2。
③ 《筹办夷务始末》,同治朝,卷55。
④ 志刚:《初使泰西纪》,卷2。

力,因此能在蒲安臣病逝后担当起领导使团的重任,主持了访问俄国等国时的交涉。参加蒲安臣使团的晚清中国官员对世界的认识、见闻和思想变化,可以从他们所写的几部游记,如志刚《初使泰西纪》、孙家谷《使西述略》、张德彝《欧美环游记》等书中看出来。

实例之二:海外游历使(1887—1889)
——几乎被历史遗忘的出洋盛举

19世纪70—80年代,清政府陆续向国外派遣驻外公使和外交官。第一位是1875年任命、1877年正式到伦敦上任的驻英公使郭嵩焘,以后又派出了驻美国、日本、法国、德国、俄国等国的公使。1885年有一位御史谢祖源上奏,批评以往出使人员大多非科举正途出身,素质较差,对外国调查研究也不够,建议选拔一批文化修养较高的中央各部官员出国游历,可为国家培养外交和洋务人才。此奏得到皇帝重视,命总理衙门议奏和实施。由此引出了1887年清政府派遣一批海外游历使集体出洋、周游世界之举。①

在蒲安臣使团出洋20年之后的这批晚清官员集体出洋,又跨出了近代中国人走向世界新的一步,至少打破了好几项历史记录。

首先,这次出使的全部是中国官员,清政府破天荒第一次为中央各部保举出国的官员举行了别开生面的选拔考试。这次考试完全不同于以往的科举考试,考试由总理衙门主持,在同文馆举行。考试内容不考四书五经和八股诗文,而只做关于边防、史地、外交、洋务方面的策论。考试于1887年6月12—13日举行,由总理衙门大臣曾纪泽等亲自出题、监考、阅卷。吏、户、礼、刑、兵、工六部共保送了76名官员,实际应考者54人,

---

① 关于1887年海外游历使的详情,可参见王晓秋、杨纪国著《晚清中国人走向世界的一次盛举》一书,辽宁师范大学出版社2004年版。

经笔试初步录取28人。第一名是兵部郎中傅云龙,其试卷《记明代以来与西洋交涉大略》还被刊登在1887年10月28日《申报》的头版头条。初试录取之28名官员又经总理衙门大臣面试,"观其器识",然后再向皇帝引见。最后由光绪皇帝亲自用朱笔圈定傅云龙等12人为钦定海外游历使。如果对这些人作个数量分析的话,可发现以下特点:他们都是科举正途出身,其中进士9名、监生3名;都是中央六部五六品中级官员(如五品郎中、员外郎,六品主事),而且基本上都是候补官员;籍贯以江浙籍居多,年龄大多三四十岁。

其次,清政府同时派遣12名海外游历使,分赴亚洲、欧洲、南北美洲的二三十个国家,进行为期两年的游历考察,最远到达南美洲的智利和加勒比海古巴等国,其路程之远及所到国家之多,也是前所未有的。

总理衙门把12名海外游历使及其随员、译员,分成5个组,分别派赴亚洲、欧洲、南北美洲,指定重点游历的国家已有美、英、法、日等21个国家。而实际上根据游历使们的报告和游记,他们所到的国家已大大超过这个数字。举傅云龙一组为例,他们先到日本考察6个月后,乘船横渡太平洋到美国,又乘火车横穿美国。然后到加拿大游历,回到美国,又乘船赴古巴考察。然后经加勒比海的海地、多米尼加和中南美洲的哥伦比亚、巴拿马、厄瓜多尔,到秘鲁游历。又绕道智利、阿根廷、乌拉圭到达巴西游历,然后经西印度群岛回到美国作第三次考察,再乘火车横贯美国东西部到旧金山,乘船再次横渡太平洋到日本又作5个月考察才坐船回到上海。傅云龙一行此次游历自1887年9月2日从北京启程,到1889年11月20日回到北京销差,共26个月770天,总行程120844里,重点游历6国,顺途考察5国,往返共经14国。不少地方如美洲南端麦哲伦海峡,恐怕是中国官员第一次经过的。而当年蒲安臣使团只到了欧美11国,在美洲仅访问了美国。这些海外游历使们在所到各国进行了不少外交礼仪及文化交流活动,会见了不少国家总统、国王和部长,加强了中外联系和友谊。他们还进行了大量参观访问和调查考察活动,涉及政府机关、军事设施、工厂矿山、学校图书馆、博物馆、动植物园等等。

第三,这次游历考察所取得的对外国调查研究的成果也是空前的。游历使们分别撰写了几十种对外国调查研究的著作、考察报告及海外游记、日记和诗文集。其中仅傅云龙一人就撰写了游历日本、美国、加拿大、古巴、秘鲁、巴西等六国的调查报告(称为《游历图经》)、游记(称为《游历图经余记》)和纪游诗,共达110卷之多。奉命游历欧洲的刘启彤也写了《英政概》、《法政概》、《英藩政概》、《欧洲各国火轮车道纪略》等著作。

因此我把这次清政府派遣海外游历使之举称为19世纪80年代"中国人走向世界的一次盛举"。可是令人惊讶的是,这批游历使回国后却没有受到重用,更没有在外交岗位上发挥作用。这样一次出洋盛举竟然渐渐被历史所埋没和遗忘,以至过去在各种清史、近代史、中国外交史和中外关系史的教材和著作中基本上都没有记载。

为什么会出现这样的怪现象呢?分析起来原因很多。首先清政府1887年派遣海外游历使之举,一开始就立意不高,目标不明确。当时总理衙门制订的《游历章程》,仅仅着眼于海外调查考察,要求游历使"将各处地形要隘,防守之大势以及远近里数、风俗、政治、水师、炮台、制造厂局、火轮舟车、水雷炮弹,详细记载,以备考查"①。并没有指出求知识于世界、借鉴外国经验等更远大的动机和目标,也没有把这批海外游历使真正作为外交人才来加以培养、锻炼、使用。因此他们回国后仍然是回到六部或是派遣地方任职,而不是利用他们通过这次宝贵的海外游历实践获得的海外知识和外交经验,发挥其外交人才的作用。12名游历使中竟没有一个出任外交官,著述最多的傅云龙和刘启彤也不过加赏二品衔以道员分派北洋,任北洋机器局和海防支应局的会办。

其次是受到保守势力和社会偏见的打击压制。早在选拔考试和派遣出洋时,已有人冷嘲热讽,讥笑这些官员只是在六部提升无望,才冒险以

---

① 《清季外交史料》,卷71。

海外游历为升官捷径和出路。游历使在海外期间又有人造谣诽谤,诬告他们谋取私利、行为不端。待游历使快要回国时,又有人妒忌他们可能得到格外保举升迁太快。御史何福堃甚至专门上奏,要求"请薄其奖叙,即有佳者,只可发往南北洋当差"。以致他们回国后,总理衙门不敢提拔和重用他们出任公使等外交职务。

第三,与海外游历使本身的地位及素质也有关系。这次选拔和派遣的海外游历使级别和地位太低,只是五、六品候补官员,人微言轻,其言论和著述难以产生更大影响,甚至连所到游历国家也常加以轻视怠慢。游历使们周游世界辛辛苦苦写下的调研报告交到总理衙门后,大多被束之高阁,有的书后来还是他们自己花钱印刷出版的。另外他们基本上都是科举出身传统文化培养出来的旧学人才,西学和外国知识很少,更缺乏外交经验而且不通外语,因此在国外调查与交流都遇到很多困难。

第四是受到经费的制约并与驻外使馆发生矛盾。清政府由于财政困难,拨给游历使出洋的经费不足,而且这笔4万两银子经费还是从各驻外使馆人员经费中克扣出来的(每人节省20%薪俸),因此造成驻外使馆人员与游历使间的矛盾,有的使馆不仅不提供方便反加种种刁难。

由于以上种种原因,1887年清政府派遣海外游历使集体出洋的盛举,尽管又跨出了走向世界的一大步,甚至远至南美洲偏僻之地都出现了中国官员的身影。可是此举最终对中国政治、外交所起的作用和影响不大,致使这批风尘仆仆历尽千辛万苦周游世界的海外游历使多数在历史上默默无闻,渐渐被世人遗忘。这次走向世界的盛举也逐渐湮没于历史的尘埃之中而鲜为人知了。

实例之三:五大臣出洋(1905—1906)

——王公大臣走出国门考察政治推动立宪

19世纪末至20世纪初,随着清末新政改革的需要和推动,晚清官员出国游历考察逐渐形成风气,而且出现要求王公大臣出洋的呼声,考察外国政治特别是宪政,也被提上日程。1905—1906年的五大臣出洋,标志着晚清中国官员在走向世界的历程上又迈出了一大步。

早在1895年张謇为张之洞起草的《条陈立国自强疏》中就建议"亲贵大臣及满汉世家子弟,尤宜选其贤者,遣出游历",因为"风气自上开之,视为下者事半功倍"①。1898年戊戌维新期间,康有为特地代御史杨深秀起草了《拟请派近支王公游历折》。礼部主事王照甚至上书请光绪皇帝奉慈禧太后东游日本,"藉以考证得失,决定从违",结果被顽固派大臣斥为"用心不轨"。

20世纪初,经过了义和团运动、八国联军战争,清王朝内外交困,统治摇摇欲坠。1901年1月,镇压过戊戌维新的慈禧太后被迫宣布要"取外国之长"以"补中国之短",实行变法新政。②同年张之洞、刘坤一联名所上《江楚会奏变法三折》中也明确提出"拟请敕派王公大臣"分赴各国游历。其理由是"亲贵归国,所任皆重要职事,所识皆在朝之达官,故其传述启发,尤为得力"③。1902年以后逐渐出现官员出洋游历尤其是赴日本考察的热潮,对推动清末新政的进展起了一定的作用。

1905年由于日俄战争和民族危机加深的影响,要求立宪的舆论日益高涨,驻外公使和地方督抚也纷纷奏请仿效日本及欧美政治,实行君主立宪。清廷决定派王公大臣出洋,深入考察欧美及日本等国政治,归国报告后再作决策,于是就有了1905—1906年的五大臣出洋。

这次五大臣出洋的特点是级别高、随员多、目标明确、效果显著。

清廷所派考察政治出使大臣的人选几经变动,最初曾想派贝子载振、军机大臣荣庆、户部尚书张百熙和湖南巡抚端方,后荣庆、张百熙不愿去,改为军机大臣瞿鸿禨与户部侍郎戴鸿慈。以后又因载振、瞿鸿禨公务在

---

① 《张謇全集》,卷一,江苏古籍出版社1994年版,第39页。
② 《义和团档案史料》下册,中华书局,第914页。
③ 《光绪朝东华录》,第4755页。

身,不能出洋,改派镇国公载泽、军机大臣徐世昌,不久又追加商部右丞绍英。1905年9月24日正值使团在北京正阳门车站上车准备出发时,遭革命党人吴樾炸弹袭击。绍英等受伤,徐世昌兼任巡警部尚书也走不了,又改派山东布政使尚其亨和顺天府丞李盛铎。因此最后真正出洋的五大臣是载泽、戴鸿慈、端方、尚其亨、李盛铎,全部是高级别的一、二品大员。镇国公载泽,姓爱新觉罗,满洲正黄旗人,是嘉庆皇帝第五子惠亲王之孙,其妻是光绪皇后隆裕之姐妹,属近支王公,宗室贵胄,故出洋后常被外国报纸称为"亲王殿下"。他是深得慈禧太后宠信的满族亲贵。出洋前任盛京守陵大臣,回国后不久就升任御前大臣、度支部尚书。户部侍郎戴鸿慈与湖南巡抚端方都曾在慈禧西逃时护驾有功,获慈禧赏识,刚出洋就分别被升为礼部尚书和闽浙总督,回国后端方更调任两江总督兼南洋大臣。尚其亨是二品布政使,汉军旗人,并与慈禧沾亲。而李盛铎原是慈禧宠臣荣禄之心腹,此时被任命为出使比利时大臣兼考察政治大臣。可见五大臣都是地位显赫之高级官员。

五大臣出洋还选调了大批随员,选拔标准是"必须择其心地纯正见识开通者,方足以分任其事"①。随员不仅人数众多,而且级别较高、素质较好,不少人后来成为政坛和外交界的风云人物。他们先是奏调了38人名单,实际上后来分两路出发时,仅载泽一路在其日记上提到的随行或先遣人员名单已达54人。②戴鸿慈一路,其日记所记同行随员也有48人。随员中包括部分京官,如御史、内阁中书、翰林院编修,各部郎中、员外郎、主事等,不少人级别已超过当年海外游历使。还有地方官员,如道员、知府、知县,海陆军官如参将、都司,以及地方督抚派的随员和留学生等,有些是精通外语和外国情况曾经留学欧美、日本的归国留学生。其中包括民国时代当过内阁总理或部长、公使的熊希龄、陆宗舆、章宗祥、施肇基等人,

---

① 《清末筹备立宪档案史料》(上),中华书局1979年版,第3页。
② 载泽:《考察政治日记》,第571页。

还有袁世凯的长子袁克定。随员们各有分工,分别担任先遣联络、考察、翻译、编撰等任务。

五大臣出洋目标远大,任务明确,调研细致。1905年7月16日上谕规定目的是"分赴东西洋各国,考求一切政治,以期择善而从",并要求在国外"随事谘询,悉心体察,用备甄采,毋负委任"[①]。临行之前,慈禧太后和光绪皇帝连日召见考察大臣,认真听取了端方演讲《立宪说略》,[②]并让考察大臣带上些宫廷御点路上充饥。光绪帝还面谕军机大臣:考察政治是今天当务之急,务必饬令各考察大臣速即前往,不可任意延误。

载泽、尚其亨、李盛铎一行于1905年12月11日出京,1906年1月16日抵达日本,后经美国赴英国、法国,最后到比利时,7月12日回到上海。戴鸿慈、端方一行于1905年12月7日出京,也先到日本参观,1906年1月23日抵美,后取道英、法,抵德国,然后考察奥地利、俄国、意大利,并游历丹麦、瑞典、挪威、荷兰、瑞士,7月21日回到上海。实际上前者重点是考察日本和英国、法国,后者重点则是考察德国、美国和俄国。

戴鸿慈与端方在出洋途中与随员详细讨论和制订了考察方针和计划,立宗旨,以考察各国政体、宪法为中心。并作分工、专责任、定体例,勤采访,广搜罗,以图"他山攻玉","纲举目张"。[③]

两路考察大臣出洋为时半年左右,前后到了14个国家。每到一国游历结束时,都及时向清政府奏报考察经过和心得,并介绍该国的政治体制和统治得失、经验教训。他们考察虽以政治特别是宪政为中心,但实际调查范围很广,包括议会、政府机关、工厂、银行、学校、警察、图书馆、博物馆、动植物园,以至监狱、浴池等。并请外国政治家、学者讲解宪政原理和

---

① 《清末筹备立宪档案史料》(上),第1页。
② 《时报》,1905年9月17日。
③ 戴鸿慈:《出使九国日记》,第333页。

各种制度,还大量收集、购买、翻译各类图书、资料。①

五大臣出洋收获丰硕,效果显著,推动了预备立宪的决策。1906年回国后,载泽等编辑了书籍67种146册,并将其中30种分别撰写了提要,进呈光绪和慈禧御览。另将购回的400余种外文书籍送交考察政治馆备考。戴鸿慈、端方也带回许多书籍、资料,并赶写出介绍欧美各国政体制度的《欧美政治要义》供朝廷采择。以后又编写了介绍各国政治的源流和概况的《列国政要》133卷。这些书对清末新政和预备立宪的各项改革和制度建设具有重要参考价值。

五大臣出洋所起的最重要作用是推动了清政府预备立宪基本国策的确定。他们一回到北京就直奔颐和园复命,慈禧太后和光绪皇帝立即召见他们。前后计召见载泽、戴鸿慈各2次,召见端方3次,尚其亨1次。他们在召见时力陈"中国不立宪之害及立宪之利",并一连上了好几份奏折,详加阐述。其中最重要的是载泽的《奏请宣布立宪密折》,为解除慈禧太后对立宪的思想顾虑,着重指出君主立宪有三大利,即"皇位永固"、"外患渐轻"、"内乱可弭",②为维护清王朝的统治开了一副包医百病的药方,令慈禧读后颇为动容。端方也上了《请定国是以安大计折》,洋洋万言,阐述考察欧美各国政治的结论:"东西洋各国之所以日趋强盛者,实以采用立宪政体之故。"因此"中国欲国富兵强,除采取立宪政体而外,盖无他术矣!"③1906年8月25日,清廷命醇亲王载沣和各军机大臣、政务处大臣及北洋大臣袁世凯等共同阅看考察大臣的条陈各折并会议讨论。这实际上是决定国策的重臣会议。会上多数人赞同立宪,少数人尚有保留。8月29日慈禧太后与光绪皇帝召见诸大臣,决定预备立宪。三天之后,即1906年9月1日,清廷正式颁布"仿行立宪"的上谕。可见五大臣出洋

---

① 关于五大臣出洋的详情可参见王晓秋指导陈丹撰写的博士论文《清末考察政治大臣出洋研究》,社会科学文献出版社2011年版。
② 《清末筹备立宪档案史料》(上),175页。
③ 《端忠敏公奏议》,卷6。

在清政府确定实行预备立宪国策的过程中起了十分关键的作用。

可是,五大臣出洋和清政府的预备立宪仍然不能挽救清王朝的覆灭。虽然以后又实行了改革官制,颁布宪法大纲,设立谘议局和资政院等一系列措施,但清王朝的腐败专制统治已像一座基础腐烂快要倒塌的房屋一样不可救药了。1911年,清政府实行了镇压立宪派国会请愿运动、成立皇族内阁、宣布铁路干线国有等倒行逆施,最终引发了保路运动和武昌起义。1912年2月12日,清帝正式宣布退位,统治中国二百六十多年的清王朝终于寿终正寝。

通过以上三个实例的比较,我们可以看到晚清中国官员走向世界的发展轨迹。从在洋大人带领下走出国门,到中国人独立周游世界;从选拔中下级官员海外游历,到派遣王公大臣出洋考察;从泛泛调查异国风情,到重点考察外国政治;从回国后默默无闻几乎被历史遗忘,到推动立宪国策发挥重要作用……晚清中国官员在走向世界、认识世界的艰难历程中一步一步地前进,逐步融入国际社会,登上世界外交舞台。但同时也暴露了清王朝的衰败和腐朽,终究不能挽救其灭亡的命运。

辛亥前孙中山在日本和南洋革命活动的比较

从1895年策划广州起义失败到1911年辛亥革命爆发,这15年间孙中山先生的绝大部分时间都是在海外度过的。其中时间最长的是日本,辛亥前进出日本十余次,居住五年多。其次是南洋(包括今东南亚的越南、新加坡、马来西亚、泰国等国),也进出多次,居住四年左右。① 日本和南洋成为孙中山和中国革命党人进行革命活动最重要的两个海外基地,对辛亥革命的发动起了重大的作用。本文试图以世界眼光和亚洲视角,从历史事实出发,用比较研究的方法,对孙中山辛亥前在日本和南洋的革命活动,作一番初步的比较。

一

孙中山先生赴日本和南洋,虽然都是因其革命活动遭到挫折而被迫

---

① 据《孙中山年谱长编》、《孙中山日本史事编年》等资料统计。

流亡海外,但他不畏艰难,百折不挠,以其顽强的革命毅力,在日本和南洋开展了大量革命组织和宣传活动,终于使日本和南洋成为中国革命党人海外活动的两个重要基地。

1895年10月孙中山策划兴中会广州起义,因消息泄露而流产。他遭到清政府通缉,从广州逃到香港,清政府又要求香港英国殖民政府引渡,11月被迫离港赴日,这是他第一次流亡日本。

1896年10月孙中山在英国伦敦遭清政府驻英公使馆的绑架囚禁,经英国友人救援脱险,于1897年8月再赴日本开展革命活动。

1900年6月,孙中山第一次下南洋,先到越南西贡(今胡志明市),再到新加坡,营救其日本友人宫崎寅藏与清藤幸七郎出狱,但不久即被英国殖民当局勒令离境。同年10月在台湾策划惠州起义,又因饷械无继而失败,只得又一次流亡日本。

1905年7月,孙中山由欧洲赴日本,筹建中国同盟会。10月,日本政府在清政府要求下,决定驱赶孙中山出境。于是孙中山再度流亡南洋,在越南、新加坡发展革命组织,筹集革命经费。1906年10月返回日本,不久即再次遭到日本政府驱逐。

1907年3月,孙中山又赴南洋,在越南策划指挥中国西南边境的多次反清武装起义。1908年1月,被越南法国殖民当局驱逐出境,但他仍坚持到新加坡、马来亚、暹罗(今泰国)进行活动。

1910年6月,孙中山由美国赴日,又遭日本政府下驱逐令,被迫再下南洋,先到新加坡,再到马来亚,在槟城策划广州黄花岗起义,1910年11月,再遭英国殖民当局驱逐。

从以上简要回顾孙中山辛亥前的海外流亡经历,可以看到他处于何等艰难境地,屡遭革命失败挫折和清政府的通缉、追杀以及日本政府与英法殖民当局的驱逐、迫害。但孙中山先生以大无畏的坚强革命意志和毅力,不仅没有气馁灰心,而是顽强奋斗,终于把流亡地日本和南洋变成中国革命党人海外革命活动的两个重要基地。主要表现在以下三个方面:

首先是孙中山在日本和南洋建立和发展革命团体,使其成为中国革命党人的海外组织基地。

1895年11月,孙中山首次赴日不久,就在日本横滨建立了兴中会横滨分会,成为中国革命党人在日本的第一个革命团体。

1902年12月到越南后,又组织了兴中会河内分会,建立了南洋华侨中的第一个革命团体。

1905年8月,孙中山在日本创建中国同盟会,成为辛亥革命的领导核心,也是中国第一个革命政党。孙中山担任同盟会总理,制定了三民主义革命纲领,总部下设3部6科,及国内外5大支部,包括南洋支部。

1905年10月,孙中山亲自到南洋,首先在越南建立同盟会西贡堤岸分会。1906年4月,到新加坡,组织同盟会新加坡分会。8月又赴马来亚建立同盟会吉隆坡分会,以后在马来亚槟榔屿(槟城)、芙蓉、怡保、瓜拉庇劳、麻坡和关丹等地也先后成立了同盟会分会。甚至还派人到印尼爪哇成立了荷属东印度的同盟会分会。①

1908年秋同盟会新加坡分会升格为同盟会南洋支部,成为南洋的革命活动中心。孙中山亲自为此发了《通告》。② 1910年10月,南洋支部迁到马来亚槟城。

其次,孙中山在日本和南洋大力开展革命宣传活动,使其成为中国革命党人的海外宣传基地及与保皇派论战的主要战场。

孙中山在日本通过发表演讲、谈话、文章,创办报刊、学校,发行书籍等各种方式进行革命宣传,传播革命思想,扩大革命影响。

1895年孙中山刚到日本,就把带来的《扬州十日记》、《原君》、《君臣》等反清革命宣传品让横滨华侨、经文印刷店主冯镜如广为印刷散发。

---

① 〔澳〕颜清湟:《东南亚华人之研究》,香港社会科学出版社有限公司2008年版,第109页、126页。

② 孙中山:《设立中国同盟会南洋支部通告》,《孙中山全集》第1卷,中华书局1981年版,第394页。

1899年他还亲自绘制了《支那现势地图》,鼓动中国有志之士"感慨风云,悲忧时局","奋发为雄,乘时报国"①。他还指示刘成禺撰写《太平天国战史》,并亲自为之写序,宣传反清革命。②影响最大的则是孙中山1905年8月13日在东京中国留学生欢迎大会上的演说和1906年12月2日在《民报》创刊周年庆祝大会上的演说,系统阐述了孙中山的三民主义革命纲领,③使其深入人心,成为发动辛亥革命的指导思想和理论基础。孙中山还在同盟会机关报《民报》上发表《发刊词》等重要文章,制定了《中国同盟会革命方略》等重要文件。面对保皇派对革命的攻击,在日本,孙中山与革命派以《民报》等报刊为阵地,与保皇派的《新民丛报》等报刊,展开了一场激烈的论战,最后取得了论战的胜利,促进了革命形势的发展。

孙中山在南洋也用各种方式开展革命宣传。如孙中山亲自给南洋华侨和同盟会员写信,仅《孙中山全集》第一卷中就收有他给新加坡华侨领袖陈楚楠、张永福和马来亚华侨领袖邓泽如等的50多封书信。还有一些演讲、谈话,如仅在马来亚槟城就曾发表4次公开演讲,宣传民族主义和革命思想。④

在南洋,孙中山和革命党人还采取创办报纸、书报社和剧团的形式进行革命宣传。如孙中山的支持者在新加坡创办的《图南日报》、《中兴日报》、《星洲晨报》、《南侨日报》和槟城的《光华日报》,大力制造革命舆论,传播革命信息。各地还办了许多书报社,免费提供《革命军》等革命书刊,广泛传播革命思想。当时在新马两地至少设立了58个鼓吹革命的书报社,著名的如新加坡的星洲书报社、同德书报社、开明演说阅报社和

---

① 孙中山:《支那现势地图》跋,《孙中山全集》第1卷,第187—188页。
② 孙中山:《太平天国战史》序,《孙中山全集》第1卷,第258—259页。
③ 孙中山:《在东京〈民报〉创刊周年庆祝大会的演说》,《孙中山全集》第1卷,第323—331页。
④ 如孙中山:《在槟榔屿中国同盟会骨干会议上讲话》(1910.11.13),《孙中山全集》第1卷,第493页。

槟城的槟城书报社(又称槟城好学会)等。① 在越南西贡,一些粤剧团还上演《梁红玉》、《岳飞》、《戚继光》等历史剧,以激发华侨的民族观念和爱国心。

新加坡还成为革命派与保皇派论战的第二个重要战场,以革命派的《中兴日报》与保皇派喉舌《南洋总汇新报》为主要阵地,双方亦发表了数百篇文章,围绕革命与改良展开激烈论战。孙中山还亲自化名"南洋小学生",撰写了三篇文章刊登在《中兴日报》上参与论战,即《论惧革命已瓜分者乃不识时务者也》、《平实尚不肯认账》和《平实开口就会错》②。前者对保皇派攻击革命会招致瓜分的论调进行有力反击,后两篇则批判了改良派的时势观。

第三,孙中山还在日本和南洋,策划和组织、指挥兴中会和同盟会的多次武装起义,使其成为中国革命党人辛亥前发动反清武装起义的海外基地。

1900年孙中山先在日本,后到当时日本的殖民地台湾,策划和指挥兴中会发动会党举行的惠州起义。他还准备以菲律宾独立军在日本购买的军火供惠州起义军使用,并有一些日本志士参与了这次起义。1905年孙中山在日本创立中国同盟会后,也立刻开始策划发动华南武装起义,同盟会本部还在横滨设立了制造弹药的机关。

由于孙中山制订了在华南粤、桂、滇三省特别是边境地区发动武装起义的战略,加上日本政府对其革命活动的限制,因此1905年10月以后,孙中山把在海外策划、指挥武装起义的主要基地迁到了南洋,着重在南洋华侨中筹饷、筹款和动员组织起义队伍,并就近指挥起义行动。他在越南河内甘必达街61号设立指挥机关。先后策划组织了1907年5月的潮州黄冈起义、6月的惠州七女湖起义、9月的防城起义、12月的镇南关起义、

---

① 〔澳〕颜清湟:《东南亚华人之研究》,第111页。
② 见《孙中山全集》第1卷,380—383页、383—385页、386—388页。两报论战文章可参见《辛亥革命史资料新编》(5),湖北人民出版社。

以及1908年3月钦州起义、5月的河口起义等一系列武装起义。这些起义的经费大半出自南洋各地华侨之捐款。1908年3月的钦州起义,主力就是由200余名越南华侨组成的中华国民军南军。河口起义也是由越南河内同盟会员黄明堂、王和顺等发动的。① 南洋华侨在历次起义中或筹措经费,或输送武器、接济粮草,或参加起义,冲锋陷阵,发挥了重要作用。1910年11月孙中山亲自到马来亚槟城召开会议,具体策划辛亥年的广州起义,会议决定以广州为起义地点,向南洋华人募集10万元经费,以新军为起义骨干,并选出500名革命志士为先锋。② 据统计,1911年4月27日广州黄花岗起义中,牺牲的革命党人共86人,其中南洋华侨就有27人。③ 此外,南洋也成为历次武装起义失败后革命逃亡者的避难所。1907年12月镇南关起义失败后,就有数百名革命志士逃亡到南洋栖身。

二

孙中山先生辛亥前在日本和南洋的革命活动也有一些不同的特点,主要表现在其革命活动发动依靠的对象和革命工作重点的差异,这是由于两地不同的国情、形势、社会环境和孙中山革命战略和策略所造成的。

首先是孙中山在日本和南洋进行革命活动主要发动和依靠对象的不同。孙中山刚到日本时,最初接触的也是旅日华侨。1905年11月组织兴中会横滨分会时,主要成员基本上都是旅日华侨商人,如印刷业侨商冯镜如、冯紫珊,洋服业侨商谭发、杂货业侨商赵明乐等人。④ 但1898年戊戌变法失败后,康有为、梁启超等改良派领袖流亡日本,华侨界却多数倾向于改良派,连孙、康两派合办的横滨大同学校也被康派把持。由于留日

---

① 冯自由:《华侨革命开国史》,第40页。
② 颜清湟(澳):《东南亚华人之研究》,第135页。
③ 邹鲁:《广州二月二十九日革命史》,长沙商务印书馆1944年版。
④ 冯自由:《革命逸史》第4集,第15页。

潮的出现,形势才发生了变化。

20世纪初出现了一个大批中国学生涌向日本留学的热潮,其人数从1900年的百人左右到1903—1904年的一两千人,再到1905—1906年形成高潮达七八千人,以后每年仍有三五千人。大约辛亥前十年至少有两三万中国学生先后赴日本留学。之所以出现这样一个声势浩大的留日热潮,主要是民族危机严重,爱国救亡思想的高涨,同时也与清政府实行清末新政,废除科举,鼓励留学以及日本明治政府吸引留学生政策有关。这些青年学子到日本接触到新思想、新文化,又因祖国贫弱而遭日本人歧视侮辱而受刺激,更痛恨清政府的腐败卖国,通过1903年拒俄运动和1905年反对日本《取缔规则》风潮等爱国运动,思想日益革命化。正如鲁迅先生描写的留日学生们"一到日本,急于寻求的大抵是新知识,除学习日文,准备进专门的学校之外,就赴会馆,跑书店,往集会,听讲演"①。孙中山也指出"赴东求学之士类,多头脑清洁,志气不凡,对于革命理想,感受极速,转瞬成为风气"②。这个群体成为孙中山在日本宣传革命、组织革命团体最理想的发动、依靠对象。1905年孙中山创建的中国同盟会,其领导骨干和最初成员,除孙中山外绝大多数都是留日学生,如黄兴、宋教仁、胡汉民等,同盟会机关报《民报》的编辑、撰稿人,同盟会总部派往各省和海外各地的主盟人,也几乎都是留日学生。所以孙中山后来说,当年在日本组织同盟会主要依靠一万多留日学生,"发起救国,提倡革命的风潮"③。

孙中山先生在南洋主要发动、依靠的对象则始终是南洋各地的华侨。他在南洋的革命活动几乎完全以华侨社会为中心。中国人移居南洋,历史悠久,尤其是17世纪中叶以后,广大华侨在南洋各国历尽艰辛,勤劳创业,为南洋各国的开发做出了重大贡献。但自从西方列强势力东渐,南洋

---

① 鲁迅:《因太炎先生而想起的二三事》,《鲁迅全集》第6卷,第558页。
② 孙中山:《建国方略》,《孙中山全集》第6卷,第235—236页。
③ 孙中山:《在广州全国青年联合会的演说》,《孙中山全集》第8卷,第322页。

越南、新马、爪哇均沦为法国、英国、荷兰殖民地，华侨受到殖民当局各种歧视和压迫，而且还受到清政府的刁难和迫害。清政府把华侨视为甘愿"自弃王化"的天朝莠民，使华侨成为有国难归、有苦难诉的海外孤儿。因此，广大南洋华侨具有浓厚的民族意识和强烈的爱国思想，他们既痛恨殖民主义侵略压迫和清政府的腐败卖国，又急切期望祖国的独立富强，所以他们比较容易接受和理解孙中山的革命思想，从而积极支持和参与孙中山的革命活动。

当然具体到南洋各地和各阶层华侨对孙中山革命活动的态度也不完全一样。如越南华侨有一部分是明末清初辗转流落到越南的明清遗民后裔，还有一部分是太平天国农民起义失败逃亡到越南的起义军以及曾在越南抗法的刘永福黑旗军将士及其后裔，他们的反清革命意识就比较强烈。在南洋华侨的富商和上层人士中，受保守和传统观念影响较深，并受到康、梁改良派的影响较大，还担心清政府对他们在国内的亲属实行报复，因此对孙中山的革命思想和行动尚有疑虑。但也有一部分较激进的分子成为孙中山的坚定支持者和南洋革命团体的骨干。而华侨下层如店员、小商贩、种植园工人、码头工人则很多成为孙中山革命活动的积极支持者和参与者。

第二，孙中山在日本和南洋进行革命活动的工作重点也有所不同。

孙中山在日本除了发动组织留日学生参加革命外，另一个工作重点就是争取日本政府和日本各界人士支持和援助中国革命，他为此投入了大量的精力和时间。这是与孙中山的中日联合抵御西方的"兴亚"思想及与日本大陆浪人的交往分不开的。孙中山早在甲午战争前就肯定日本明治维新的成效，他在1894年《上李鸿章书》中指出"试观日本一国，与西人通商后于我，仿效西方亦后于我，其维新之政为日几何，而今日成效已大有可观"[①]。他后来甚至说："日本明治维新是中国革命的第一步，中国

---

① 孙中山：《上李鸿章书》，《孙中山全集》第1卷，第15页。

革命是日本明治维新的第二步。"①孙中山倡导中日两国联合起来,共同抵御西方侵略以复兴亚洲的思想,因此对日本政府和各界人士支持中国革命寄予厚望。他在日本流亡期间广泛交往日本各界人士,包括政治家、财界、军力、外务省官员、大陆浪人、文人学者以至妇女界领袖(如下田歌子)等,积极对他们做争取工作。而这些人对孙中山和中国革命则抱着形形色色的动机和态度,对孙中山革命活动的支持度也大不相同。其中确有一批日本人真诚希望中日友好合作,并始终坚定支持孙中山的革命事业,如宫崎寅藏、梅屋庄吉、南方熊楠、菅野长知等人,他们为孙中山革命事业奔走出力、捐钱筹款,甚至献出生命(如惠州起义中牺牲的山田良政)。但也有一些人则主张以日本为盟主,日中提携,实现兴亚,如黑龙会的头山满、内田良平等。至于日本政府及其政界、军界、外交界要员们更多是从日本国家利益和大陆扩张政策出发,有时利用孙中山和革命党势力牵制清政府,实现其南进侵略意图。而当清政府对日妥协让步时,便接受清政府要求,将孙中山驱逐出境,如1906年清政府庆亲王奕劻奉西太后之命致函日本驻韩国总监伊藤博文要求驱逐孙中山。1907年2月伊藤便通过内田良平,劝告孙中山"自动出境"。1910年10月孙中山从美国前往日本,又遭到日本桂太郎政府的驱逐,使孙中山寻求日本政府援助的工作遭到重挫。

孙中山在南洋虽也曾求助过越南法国殖民当局,但很快放弃了幻想。1900年孙中山从日本赴南洋前曾在东京会见过法国驻日公使哈马德,请求法国政府援助起义军火被拒绝。到越南后,法国殖民总督韬美只派一名助手会面,毫无结果。1902年孙中山应邀参观越南河内工业博览会,法国总督仅派其私人秘书接待他,并按法国政府的指示,拒绝支持孙中山的革命活动。因此,孙中山在南洋革命活动的工作重点,除了进行革命宣传和组织革命团体外,主要放在向南洋华侨筹款,特别是为发动武装起义

---

① 孙中山:《与长崎新闻记者的谈话》,《孙中山全集》第11卷,第365页。

集资筹饷之上。他认为经费是武装起义取得成功的关键,有了经费才可以购买武器弹药,发给队伍军饷,收买清军官兵,以及一旦起义失败时转移安顿革命志士。南洋华侨人数众多,财力雄厚,所以他号召南洋华侨对革命最有效的贡献莫过于捐款。实际上孙中山在南洋策划发动的粤、桂、滇六次武装起义的经费,大部分出自南洋华侨的捐助。据他自己估计,历次起义共用经费约20万元,其中越南、暹罗(泰国)华侨捐款约五六万元,新马、爪哇等地华侨捐款至少也有四万多元。① 孙中山这项工作取得了相当的成功。

孙中山在南洋还做了一些支援亚洲殖民地国家民族解放运动的工作。他曾总结南洋各国受西方殖民主义侵略亡国的历史教训,并把中国革命与亚洲各国争取民族解放的斗争联系起来。1905年孙中山在日本东京曾与越南民族解放运动领袖潘佩珠进行过两次长时间笔谈。他的民主革命思想对潘的影响很大。1907年,孙中山在越南活动期间,曾与越南爱国人士取得密切联系。孙中山与越南东京义塾的教员做过几次笔谈,并向他们表示:一旦中国革命的大事告成,不论越南兄弟需要什么样的帮助,都将乐意给予。②

孙中山先生曾指出:"世界潮流,浩浩荡荡,顺之则昌,逆之则亡。"③百多年前,孙中山先生正是顺应世界民主革命和民族解放的历史潮流,以大无畏的革命精神,通过艰苦卓绝的革命活动,使日本和南洋成为辛亥前中国革命党人宣传革命思想,组织革命团体,发动武装起义两个最重要的海外基地,对辛亥革命的发动起了重大作用。孙中山在日本和南洋的主要发动和依靠对象——留日学生和南洋华侨也为辛亥革命做出了巨大贡献。这些革命事迹和历史经验教训是值得我们认真深入研究和总结的。

---

① 孙中山:《致吴稚晖函》,《孙中山全集》第1卷,第421—422页。
② 杨万秀、周成华:《孙中山与越南》,见林家有、李明主编《孙中山与世界》,第549页,吉林人民出版社,2004年。
③ 《孙中山集外集》上海人民出版社1990年版,第660页。